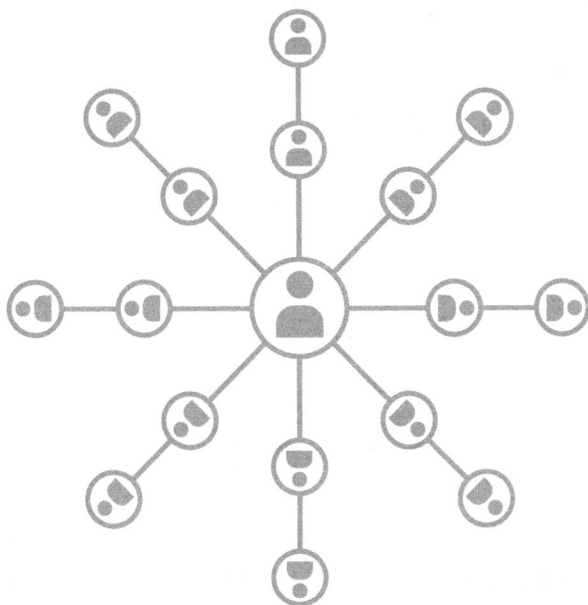

产品经理方法论

构建完整的产品知识体系

赵丹阳◎著

人民邮电出版社

北京

图书在版编目（CIP）数据

产品经理方法论：构建完整的产品知识体系 / 赵丹阳著. -- 北京：人民邮电出版社，2021.11（2023.12重印）
ISBN 978-7-115-57114-4

Ⅰ．①产… Ⅱ．①赵… Ⅲ．①企业管理－产品管理
Ⅳ．①F273.2

中国版本图书馆CIP数据核字(2021)第159014号

内 容 提 要

本书系统地介绍了产品经理需要掌握的知识，包括产品的基本概念、撰写产品文档的方法、绘制流程图的方法、绘制产品原型图的方法、研究和分析用户的方法、管理需求的方法、设计产品的方法、分析数据的方法、理解技术的思路、管理项目的方法、产品设计实践、产品学习方法等。

本书适合产品经理或想要成为产品经理的读者阅读。

◆ 著　　　　 赵丹阳
　 责任编辑　 谢晓芳
　 责任印制　 王　郁　 焦志炜
◆ 人民邮电出版社出版发行　　北京市丰台区成寿寺路 11 号
　 邮编　100164　 电子邮件　315@ptpress.com.cn
　 网址　https://www.ptpress.com.cn
　 北京七彩京通数码快印有限公司印刷
◆ 开本：800×1000　1/16
　 印张：15.25　　　　　　　　　2021 年 11 月第 1 版
　 字数：336 千字　　　　　　　 2023 年 12 月北京第 13 次印刷

定价：79.80 元

读者服务热线：(010)81055410　 印装质量热线：(010)81055316
反盗版热线：(010)81055315
广告经营许可证：京东市监广登字 20170147 号

推荐序一

记得上小学学习数学时，我就特别爱背公式，我认为很多题目考查的其实是同一个原理或同一个公式的应用。到了期末复习的时候，老师会帮助我们总结一整套公式，以及各种题型的解法。这不仅是方法论，还是对知识体系的梳理。

本书介绍了产品经理应该掌握的大量工具、方法。本书的作者曾经是我的同事，他是一名学习能力超强并且非常愿意思考的产品经理。几年前他就独立运营了一个微信公众号，专门记录他在产品方面的想法，以及各种思维模型、方法，并且他一直坚持做了下来，这非常难得。

他多次修改本书的书稿，持续打磨了一年多，就是为了让刚入行或者准备转行做产品经理的读者能够快速积累相关知识和方法，少走弯路。

知识体系是成长宝典的核心要素

产品经理这个职业需要一套完备的知识体系，产品经理不仅要重视对经验的总结传承，还要像本书作者这样，不断地优化，形成一整套实战性非常强的知识体系。

一个人的成长并不是一蹴而就的，我们从小学到大学学习的文化知识一直处于螺旋式上升的态势，难度逐渐增加。随着知识面逐渐拓宽，我们遇到的问题逐渐变多、变难。然而，这一切都囊括在一个知识体系里，谁能够更好地把知识串起来，把所有的知识形成图谱，谁就能更好地应用这些知识，并能够在学习和工作中取得好的成绩。

我们要更新观念——产品经理并不是一个技能型的岗位，并没有一个技能可以让你在学完之后就终身受益，其实产品经理的工作更像一台大型计算机的运转，这台机器要有非常严谨、可靠的体系结构，一个体系的力量远比任何一个元素的力量要大。不管是在大公司中参加系统化培训，还是在小公司中历练，它们都只是成为产品经理的环境与手段，关键是我们最终可以达到什么样的状态，形成什么样的知识体系。

每个人的成长宝典都应该是持续完善的

在工作中经常会出现突然有了想法的时刻，而这种时刻似乎总会在不经意间出现。因为我们在不断地学习，不断地实践，不断地完善自己的知识体系，所以更应该把新的想法、新的工作感悟更新到属于自己的成长宝典中。

成长宝典可以公开，如通过分享给朋友，获得多维的观点，让自己成长得更快。"得到"App 就公开了生产内容的白皮书，这本白皮书现在成为行业的重要参考。"得到"团队公开了非常详细的执行方法，每一个人都可以查看在生产内容时可能遇到的各种问题和解决方案。他们不担心这些工作经验被窃取，因为他们知道只获得了一些知识是没有用的，关键是要能够将其内化到自己的知识体系中，持续优化自己的成长宝典。同样，希望你能和周围的朋友共读本书，从而成长得更快。

知识体系是可以传递的

知识体系也可以称为知识结构。合理的知识结构既有精深的专业知识，又有广博的知识面，还要有对众多知识的高度概括，具有可快速复制的特性。

现在很多产品经理的知识结构是偏理工科的，他们对计算机软件的操作很熟悉，但缺少要用软件做什么的想法，以及洞察用户需求、规划产品、创造商业价值的能力。所以本书呈现了完整的知识体系，就好像一张知识图谱、一本成长指南。合理的知识结构是担任产品经理的必要条件，是人才成长的基础，也是培养更多优秀的产品经理的有效工具。

做事有章法会提高协同力

产品经理在实际工作中应该有一个基础的知识体系，在此基础上可以任意发挥，不至于完全依靠某一个人的背景知识。产品是否能够成为"爆款"不应该取决于某个人的灵感乍现，好的产品是团队协同的结果，是应用方法论的结果。

产品经理是团队的一部分，协同力就是团队战斗力的影响因素之一。如果团队成员有共同的产品理念，共同的工作方法和流程，大家就比较容易齐心协力，融合成一个强大的整体。

总而言之，知识体系并不是什么神秘的东西，产品经理的整个工作过程都可以用本书的内容去解释。如果我们能持续不断地完善自己的知识体系，就能获取更多信息、更多灵感。这个过程能让我们的知识体系更加完备。

何文彬，《商业产品经理：腾讯教我的产品工作思维》的作者

推荐序二

　　刚开始做产品经理时，我连最基本的独立访客（Unique Visitor，UV）、日活跃用户（Daily Active User，DAU）等名词都不知道，很长一段时间内我对产品经理所需要的知识、技能等的认识都处于混乱和模糊的状态，甚至不知道自己处于职业生涯的哪个阶段。那时候，求知若渴的我一边怀着极大的热情在公司做产品项目，一边利用业余时间在"人人都是产品经理"等网站上阅读各种文章，通过理论联系实践，花了大概一年的时间，才勉强搭建了非常粗轮廓的知识体系，才了解了产品经理的工作内容。

　　读完本书，在感叹内容齐全的同时，我也羡慕"产品新人"能直接阅读和借鉴书中的知识体系。本书可以在一定程度上让读者绕开我曾经走过的弯路，为产品知识体系的搭建和职业道路上的进阶节省更多的时间。

　　产品经理这个职业最初诞生于市场，高校并没有开设相关的专业和课程。如今虽然其价值不断地被市场认可和强化，产品经理已经成为不可缺少的一种职业，但是整个行业对产品经理所需要的知识、技能等还没有统一的标准和规范。大部分读者可能遇到过我曾经作为产品新人时遇到的问题。对于刚进入一个行业的新人来说，如果没有一个完整的知识体系来指导他的学习和成长，那么他在职业初期一定是迷茫的，他的成长一定是缓慢的。

　　同时，整个行业对产品经理知识体系的非标准化，导致"人人都是产品经理"这个口号一度成为行业内的笑谈。当初说这句话的人原意并非如此，但是在信息碎片化的时代，这句话的真实含义确实被严重地扭曲了。2020 年 6 月，腾讯公司内部对产品经理这一职位进行了规范界定，将一定级别以下的产品经理改名为产品策划人员或者产品运营人员。早期大量涌入的那些不具备上升实力的产品经理被淘汰了，所谓的"人人都是产品经理"的时代结束了，整个行业逐渐恢复理性。在未来，产品经理一定会有严格的职业准入门槛、完整的知识体系、明确的技能要求，以及成熟的能力模型，而本书让我看到了这样的未来。

行业内的前辈先后写了不少产品类的图书，却一直没有一本按照流程详细介绍产品经理知识体系的书。看完本书，我的内心是激动的，这不就是曾经作为新人的我非常想看到的书吗？我坚定地相信，本书一定能帮助到需要了解、搭建和完善自己产品知识体系的读者。

我关注作者的公众号两年多，看过他的很多文章，它们可谓"篇篇原创"，写得很有深度。他邀请我写推荐序时，我又惊又喜。很荣幸受邀提前拜读了本书，即使我已经入行好几年，也依然能从本书中获得大量启发，同时对我自身的知识体系做了一次完美的迭代更新。因此我强烈推荐本书，相信你在阅读本书之后，一定会有所收获、有所成长。

詹涵，"人人都是产品经理"专栏作家

前　言

说来挺有趣，我当初选择成为一名产品经理最直接的原因竟然是一个比喻。在《乔布斯传》里，乔布斯把产品经理比喻成一个交响乐团的指挥家，他指挥着乐团成员演奏动人的作品。

从那个时候起，"指挥家"的形象就在我的心中埋下了种子，我希望自己大学毕业后能成为一名产品经理，设计出优秀的产品来改变世界。时至今日，虽然我当初的想法稚嫩，但是它点燃了自己产品经理职业生涯的火种，这粒种子值得长久地守护。

工作后不久，基于平时对产品工作的思考和总结，我开始写一些文章，并将其发表在"人人都是产品经理"网站以及自己的微信公众号上，至今已经有了几十万次的阅读量。一些读者留言，希望我可以写一本书来系统地介绍产品经理的基础知识体系和能力模型等相关内容。受到读者的认可是一件让我很开心的事情。其实我一直有写书的想法，通过图书传播经验，从而影响一些人，是一件很令人兴奋的事情。

于是，2020 年年初，我便开始投入本书的写作。这既是对自己产品经理工作和学习的一个总结，也是给那些对我寄予厚望的读者的一个交代。

写书就像做产品，读者就是用户，只有书的内容满足用户的需求，才能彰显其价值。在写作初期，我一直在想，处于职业成长阶段的产品经理到底想要阅读一本什么样的书，这也是我在构建本书的内容框架时思考最多的问题。结合自己的工作经历，我发现大多数产品经理在职业成长过程中存在以下 3 个方面的学习需求。

- 没能形成产品经理所需的完整的知识体系，希望构建完整知识体系。

- 缺乏学习产品知识和技能的方法论，希望掌握学习方法。

- 对产品经理的职业进阶路径，以及每个阶段所需具备的能力模型没有清晰的认知，希望进行职业进阶规划以及能力建设。

所以，本书的内容结构就是围绕着满足以上 3 个方面的需求来设计的。本书共 16 章。主要内容如下。

第 1 章首先介绍了用户、需求和产品这几个概念，然后讲述产品经理的角色定位、好产品的定义，以及产品经理的知识体系。

第 2 章主要介绍了如何撰写产品文档，展示了可以直接在工作中使用的文档模板。

第 3 章主要介绍了产品流程图的定义、作用和画法，并结合实际案例讲述了如何画好一般流程图和泳道流程图。

第 4 章不仅介绍了如何画好产品原型图，还讲述了常用的原型设计工具，并对产品原型设计经验进行了总结。

第 5 章介绍了业务架构图、功能架构图、信息架构图、混合架构图的画法。

第 6 章以用户研究与分析为核心，介绍了进行问卷调研与用户访谈以及构建用户画像的方法。

第 7 章以需求管理为核心，介绍了如何挖掘用户的真实需求，如何评估需求的价值、评估需求的优先级、管理需求、拆解需求，并详细说明了需求研发过程中和上线后产品经理应该做的事项。

第 8 章讨论了产品设计模型库的概念，完整性、高内聚低耦合等设计原则，以及交互设计定律和产品分析方法。

第 9 章总结了数据分析的方法，并讨论了常用数据指标、维度、漏斗模型、AARRR 模型、RARRA 模型、埋点技术与无埋点技术。

第 10 章介绍了产品、业务、技术三者的关系，讲解了产品思维和技术思维的差异，讨论了产品经理如何学习基本的技术知识并培养技术思维，如何更好地与技术人员进行沟通和协作。

第 11 章讲解了产品经理需要具备项目管理能力的原因，对瀑布模型和敏捷模型进行了说明，并对如何创建完整的需求、如何设计完整的项目流、基于 TAPD 的项目管理工具，以及管理跨部门协作的项目的方法进行了详细介绍。

第 12 章主要介绍了如何做好行业分析和商业分析。

第 13 章讲述了账号体系、CRM 系统、权限体系、会员体系的产品设计思路，同时介绍了支付体系。

第 14 章主要介绍了产品经理工作中一些好的学习方法，以及一些职业进阶方法，帮助读者在更加有效地学习新知识的同时，更快地取得进步。

第 15 章主要介绍了产品经理的职业成长路径，同时对如何转行做产品经理，以及产品经理面试求职等问题进行了解答，还说明了产品经理的专业化和职业化要求，并提出了结构洞的产品职业进阶概念，最后介绍了从产品经理到产品总监的管理瓶颈。

第 16 章主要介绍了产品之外的一些方法和理论，包括如何理解学习和成长过程中的秩序和混乱，如何学习一个新领域的知识，如何克服 VUCA 时代的知识焦虑，如何甄别优秀的图书和课程，还介绍了以积极乐观的心态面对日常工作的方法。

在写作本书的初期，我一直有两种心态，对这两种心态的选择决定了本书会以一个怎样的内容框架来呈现。一种是"工人心态"，即以工人的心态写本书，就好像车间里的师傅传授一些个人的经验和方法给徒弟一样。在这种心态下，怎么做比为什么这样做更重要，只需拼凑平时工作过程中零碎的思考分析和经验总结，输出内容，并稍加分类以构成目录，即可成书。以这种心态写书，无须总结全面的知识体系，以及具体的产品知识和技能学习的方法论，这样做对我来说自然是轻松的。

但我内心更喜欢另一种心态——"学者心态"，即以学者的心态来完成这本书。工人心态更注重"1+1=2"的使用，注重对零散的经验和方法的总结，而学者心态更注重"1+1=2"的证明，注重整个知识体系的完整性。要构建从概念到基础、从基础到中阶、从中阶到高阶，以及职业和成长这样的结构，写作自然是不易的，但我始终觉得，无论是对自己还是对读者来说，用这样的心态写作都是更有价值的。

1927 年，美国宝洁公司设置了产品经理（product manager）的职业，这标志着产品经理诞生于商业和市场，整个知识和技能体系都在行业、商业和市场的驱动下发展。就像电子商务一样，它最初诞生于商业和市场，但后期在高校中开设了电子商务专业，并向社会输出电子商务专业的人才。

因此，我始终对未来抱有一种不成熟的期待，假如产品经理所需要的整个知识体系最终形成一门学科——"产品学"，能像"电子商务"一样作为高校的一门主修或选修课程，那么这门课程一定需要教科书，到那时候，产品、需求、用户这些概念就不能只停留在大家都明白即可的基础上了，一定需要严谨地定义和规范地使用。同时，大量严格定义的产品概念、完整的产品理论、科学的用户研究方法、严谨的需求分析方法、系统的产品设计方法，以及完整的产品经理工作技能模型会出现在教科书上。这是一个诞生于商业和市场并在组织分工过程中形成的泛化的知识体系，该知识体系逐渐学术化，最终专业化。

也许读者在阅读本书时也会有两种心态：一种是"工人心态"，只关心经验、技巧和方法的习得，不关心这些知识内在的机制，对这些知识的要求是实用就行；另一种是"学者心态"，抱着求知、解惑、追智的心态来阅读本书，以塑造自己的产品知识体系为目的。

我更希望读者以学者心态来阅读本书，以学者心态来学习产品知识，从短期来看，这在实用性层面也许没有明显的优势，但是这种在学习过程中体现出的溯源精神、求知精神、追智精神一定会潜移默化地影响我们的学习心态、学习方法以及学习习惯，也必将在职业成长这个长期的过程中体现出它的价值。

同时，我希望未来的"产品学"能和项目管理学、市场营销学、软件工程学等学科一样，成为一种工具，培养学生的专业知识，并帮助学生形成这门学科的知识体系所带来的思维方式。学习产品学的读者大学毕业后并非要做产品经理，但是他们一定很懂产品，具备用户视角、产品思维以及商业格局；学习软件工程学的读者大学毕业后不一定要做程序员，但是软件工程方面的知识与设计思想注定会影响他们的思维方式，让他们对这个世界的认识更加多维。

产品经理是一个有趣的职业，从中可以学到多样的知识，并培养自己多元的能力。产品之路是一条充满创造和创新的道路，是一条需要不断地学习才能走下去的道路。希望正在读这本书的产品经理和想成为产品经理的读者重视产品思维和产品观，以学者心态作为学习和成长的武器，让优秀成为一种常态。本书难免疏漏之处，还望各位读者雅正。

致　　谢

　　首先要感谢我的家人一直以来对我的支持和鼓励，让我有条件、有信心专注于自己想做的事情，让我无论是在工作还是在生活中，遇到再大的困难和挫折，都能从容勇敢地去面对。

　　其次，写书的过程是费时且费心的。一方面，要在一个宏大的知识体系中搭建一个完整的结构，需要不断地学习、研究，谨慎求证，这个过程要感谢任明、王玉成、孟天林和"大梨"等行业前辈的帮助与指导。另一方面，要进行多次的修改和校对，不断地让一本书的内容结构和语言描述趋于完美，这个过程要感谢人民邮电出版社的各位编辑。

　　另外，还要感谢在工作中帮助过我的领导、同事，在梳理整个产品经理的知识体系的过程中，他们分享的很多方法、观点以及经验在很大程度上帮助我丰富了本书的内容，完善了本书的结构。

服务与支持

本书由异步社区出品，社区（https://www.epubit.com/）为您提供后续服务。

提交勘误信息

作者和编辑尽最大努力来确保书中内容的准确性，但难免会存在疏漏。欢迎您将发现的问题反馈给我们，帮助我们提升图书的质量。

当您发现错误时，请登录异步社区，按书名搜索，进入本书页面，单击"提交勘误"，输入勘误信息，单击"提交"按钮即可，如下图所示。本书的作者和编辑会对您提交的勘误信息进行审核，确认并接受后，您将获赠异步社区的 100 积分。积分可用于在异步社区兑换优惠券、样书或奖品。

详细信息	写书评	提交勘误

页码：□ 页内位置（行数）：□ 勘误印次：□

B I U ABC ☰ ▾ ☰ ▾ 〃 ⌐ 🖼 ☷

字数统计

提交

与我们联系

我们的联系邮箱是 contact@epubit.com.cn。

如果您对本书有任何疑问或建议，请您发邮件给我们，并请在邮件标题中注明本书书名，以便我们更高效地做出反馈。

如果您有兴趣出版图书、录制教学视频，或者参与图书翻译、技术审校等工作，可以发邮件给我们；有意出版图书的作者也可以到异步社区投稿（直接访问 www.epubit.com/contribute 即可）。

如果您所在的学校、培训机构或企业想批量购买本书或异步社区出版的其他图书，也可以发邮件给我们。

如果您在网上发现有针对异步社区出品图书的各种形式的盗版行为，包括对图书全部或部分内容的非授权传播，请您将怀疑有侵权行为的链接通过邮件发送给我们。您的这一举动是对作者权益的保护，也是我们持续为您提供有价值的内容的动力之源。

关于异步社区和异步图书

"异步社区" 是人民邮电出版社旗下 IT 专业图书社区，致力于出版精品 IT 图书和相关学习产品，为作译者提供优质出版服务。异步社区创办于 2015 年 8 月，提供大量精品 IT 图书和电子书，以及高品质技术文章和视频课程。更多详情请访问异步社区官网 https://www.epubit.com。

"异步图书" 是由异步社区编辑团队策划出版的精品 IT 专业图书的品牌，依托于人民邮电出版社几十年的计算机图书出版积累和专业编辑团队，相关图书在封面上印有异步图书的 Logo。异步图书的出版领域包括软件开发、大数据、人工智能、测试、前端、网络技术等。

异步社区

微信服务号

目　　录

第1章 产品的基本概念

1.1 用户、需求和产品

如果把产品经理所需要的知识体系称作一门学科，可以叫作"产品学"，那么用户、需求和产品这3个概念是构建整个学科的元概念。所谓元概念，就是起到支撑整个学科知识体系作用的基本概念。若干个元概念就可以衍生出整个知识体系，两者的关系就好像"加减乘除"之于数学，"元素"之于化学，"力"之于经典物理学等。元概念如此重要，那么对于整个产品知识体系而言，用户、需求和产品这3个概念是怎么定义的呢？

在图1-1所示的用户-需求-产品关系模型中，3个元概念之间的关系被清晰地展示了出来，用户产生需求，产品基于需求被设计出来，从而服务于用户。需求决定了产品从哪里来，而用户决定了产品到哪里去。

用户-需求-产品关系模型清楚地定义了3个基本概念之间的关系，但并没有定义元概念本身。用户、需求和产品这些基本概念在百度百科、维基百科中有明确的定义，但这些定义都是基于特定的学科或者行业的，例如用户的定义基于互联网行业和IT行业，需求的定义基于经济学，产品的定义则基于经济学和营销学。

显然，这些基于特定的学科和行业所下的定义都不适用于产品知识体系。因为各行业对这3个概念的定义是相互独立的，只为自己特定的知识体系服务。而产品知识体系里的用户、需求和产品紧密关联，不能独立存在。当我们提到用户的时候，这个用户一定是基于一个产品，是属于某个产品的用户，这个产品可以是有形的，也可以是无形的，可以是已经设计完成的，也可以是在规划之中的。同理，当我们提到需求的时候，这个需求一定是基于用户的，是属于某一个用户或某一群用户的。当我们提到产品的时候，这个产品一定是基于用户需求设计出来的。

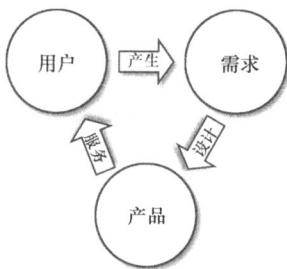

▲图 1-1 用户-需求-产品关系模型

用户-需求-产品关系模型之所以不能给出 3 个元概念的明确定义,是因为它们之间是相互关联且依赖的,不能用用户来定义需求,又用需求来定义产品,最后再用产品来定义用户,这会陷入典型的"循环论证",是无意义且无效的。

为了打破用户-需求-产品关系模型中的循环论证,我们在关系模型中引入"人/群体"这个概念。"人/群体"这个概念已在自然科学和社会科学中明确定义。这里的"人/群体"是一个集合名词,人/群体产生各种需求,根据不同的需求设计出不同的产品并服务用户,而用户就是群体中直接使用或潜在使用产品的人/群体。

在图 1-2 所示的新关系模型中,首先,由"人/群体"定义需求这个概念,需求是人/群体在生理或者心理上产生的某种需要和诉求。然后,用需求定义产品,产品是满足人/群体在生理或心理上的某种需要和诉求而被设计出来并服务用户的实体或虚拟物品。狭义的产品包括我们使用的计算机、手机、App、保险等,广义的产品还包括组织、地点、思想等。最后,用产品定义使用产品的用户,用户是群体中直接使用或潜在使用产品的人/群体。

▲图 1-2 人/群体-用户-需求-产品关系模型

综上所述,在用户-需求-产品关系模型中,引入"人/群体"这个基本概念,能使得每个概念的定义都遵循一个完整的逻辑关系。至此,整个"产品学"知识体系下的 3 个元概念就被清晰地定义出来了。

1.2 产品经理的角色定位

在社会生活中，我们每个人都被赋予了多种多样的角色，这些定义好的角色指导着我们的行为，规范着我们的生活和工作。在社会上，我们可能是医生、教师、工人或学生等角色；在家里，我们可能是子女、配偶、父母等角色；在公司中，我们可能是员工、领导等角色。

但即使拥有同样的角色，每个人也会对自己有不同的角色定位。同一个角色在每个人心中的定位不同，就必然导致不同个体在具体实践活动中的动机和目的不同。

产品经理这个职业也是如此。从不同的视角来看，产品经理这个角色有不同的定位，如图 1-3 所示。下面分别从产品视角、职业视角、自我视角 3 个方面来分析总结产品经理的角色定位。

产品视角	用户研究员
	需求分析师
	产品设计师
职业视角	需求管理者
	产品管理者
	项目管理者
自我视角	产品工作者
	产品缔造者
	用产品改变世界的人

▲图 1-3　产品经理的角色定位

1. 产品视角

从产品视角来看，产品经理首先是一个用户研究员，他不仅要懂用户，要理解用户，要会做用户调研和访谈，还要会构建用户画像。其次，他是一个需求分析师，要能挖掘用户的真实需求，能对用户的需求进行价值判断。最后，他是一个产品设计师，要会画原型图、会写文档，会进行产品设计的评审和交付。

2. 职业视角

从职业视角来看，产品经理首先是一个需求管理者，内外部所有的需求都会汇集到产品经理这里，他需要对各种需求进行真伪鉴别、价值评估、优先级排序、评审、研发、上线等管理工作。其次，他是一个产品管理者，负责多个产品线，或者一个产品的多个版本的规划。最后，他是一个项目管理者，从需求分析到产品设计，再到产品研发和交付上线，这个过程中的所有活动过程称为项目，产品经理要负责整个过程中的需求分析、方案评审、研发追踪、上线验收等一系列事项。

3. 自我视角

从自我视角来看，产品经理或者是一个产品工作者，负责分析用户需求，然后把有价值的需求设计成产品；或者是一个产品缔造者，与完成本职工作相比，还融入了一些自我价值实现的需求。乔布斯把产品经理比喻成一个交响乐团的指挥家，指挥着乐团的成员，为观众演奏动人的作品，这也是把产品经理定位成一个缔造者。还有一些产品经理把自己定位成用产品改变世界的人。

以上从 3 种不同的视角来看产品经理这个角色的定位。对比这 3 种定位，从长远来看，真正能拉开人与人之间的差距的，其实是自我视角的定位差异。一个定位自己是一个园丁的老师与一个定位自己是一个教育工作者的老师相比，他们的教学任务和本职工作是一样的，但是前者一定会给予学生更多的关心和关爱。同样，一个定位自己是乐团指挥家、用产品改变世界的人的产品经理，一定会在产品上投入更多的热情。而这些热情随着时间的积累必然会潜移默化地对其职业成长和发展产生积极的影响。

希望产品经理能对自己的职业角色有更高的定位，而不是仅定位自己是一个听需求、画原型、设计功能、推动产品上线的产品经理。希望大家能找准自己内心的高价值的产品经理角色定位并将其作为原动力，在漫长的职业生涯里，驱动自己进阶和成长。

1.3　好产品的定义

到底什么样的产品才算是一个好产品？站在不同的视角和维度看，人们会有多种理解。有的人认为，满足用户需求，让用户觉得有用的产品就是好产品；有的人认为，用户体验好，实际使用感受超出预期的产品就是好产品；有的人认为，能给公司带来利润，具备持续发展能力的产品才是好产品。

总结下来，3 个基本要素决定了一个产品是否会被视为一个好产品，如图 1-4 所示。这 3 个基本要素分别是有用、好用、有价值，下文将对这 3 个基本要素做详细介绍。

▲图 1-4　好产品的 3 个基本要素

1. 有用

有用这个要素规定了产品一定是基于真实需求被设计出来的，能满足用户的需求，是用户需要的。

2. 好用

好用这个要素在有用的基础上，更加强调用户体验。好用的产品不仅能满足用户的实际需求，还能给用户带来超乎预期的使用体验。如果说一个产品做到 60 分是及格，可以满足用户的基本需求，那么把产品做到 80 分，甚至 100 分，就是在"好用"这个层面上努力了。

3. 有价值

这里的价值，并非指的是产品的"使用价值"，因为"使用价值"已经包含在"有用"这个要素中了。这里的价值强调的是产品的商业价值。

对于一个好产品加一个坏的商业模式和一个好的商业模式加一个坏产品，你会选择哪个？

想必大多数人会选择后者。显然，我们都认同一个好的商业模式比一个好产品更重要。产品再怎么有用、好用，如果没有一个好的商业模式支撑，基本不可能成功。

而好的商业模式不仅强调产品的有用和好用，还会在此基础上考量产品本身满足的是否是刚性需求、是否是高频需求、是否是大众需求、具备多大的市场，以及产品的渠道通路、竞争格局、商业变现、商业增值等一系列其他要素。

所以，上文中"好产品和坏的商业模式"中的"好产品"只能称为狭义的"好产品"，而广义的"好产品"的定义本身就包含了商业模式的范畴。一般我们称赞一个好产品，会形容其"物美价廉"，"物美"就突出了产品的"好用"和"有用"，而"价廉"则需要一系列的商业闭环（例如生产销售闭环、成本利润闭环、运营营销闭环，增长增值闭环）的支撑。所以，"价廉"实际上强调的是产品背后的商业逻辑闭环。

这个世界上除少数类似于阳光和空气这样的自然物品（事实上，阳光和空气并不属于"产品"，虽然阳光和空气满足了人类的生理需求，但是从这种生理需求到阳光和空气之间并不存在一个人为的设计，在经济学中，它们也不被定义为商品）外，大多数为满足人们某种需求而被设计出来的产品遵守一个基本的逻辑，那就是"商业逻辑"。

为什么说商业需求文档（Business Requirement Document，BRD）是三大文档（商业需求文档、管理需求文档、产品需求文档）之首？因为一款产品在设计初期，最重要的就是要让它符合基本的商业逻辑。一些产品即使具有有用、好用的特征，但是投入产出比太高，也不具备商业上的可行性，例如乔布斯的 Lisa 计算机。Lisa 计算机是一款具有划时代意义的计算机，可以说没有 Lisa 计算机就没有 Macintosh 计算机（在开发 Mac 计算机的早期，很多系统软件是在 Lisa 计算机上设计的）。它是具有 16 位 CPU、鼠标、硬盘，以及支持图形用户界面和多任务的操作系统。Lisa 计算机在当时全世界的计算机行业中处于至少领先 5 年的水平，但是高昂的价格使其成为一款夭折的产品。物即使再美，但价不廉，也违背了商业逻辑，因此 Lisa 计算机不具备商业价值，亦不能被称为好产品。

好产品必须具备三大基本要素——有用、好用、有价值，三者缺一不可。若违背了"有用"的要素，就好像为了一个伪需求去设计一个产品，结果将其投放到市场上，发现找不到用户。若违背了"好用"的要素，则产品的使用体验很差，很快会被其他竞品超越，最终被淘汰。若违背了"有价值"的要素，就像上文中提到的 Lisa 计算机一样，产品做得再好，但违背了基本的商业逻辑，用户都买不起，"有用"和"好用"对于用户来说又有什么意义呢？

1.4　产品经理的知识体系

很多看似复杂的知识体系往往是建立在一些基础的概念或理论之上的，了解并掌握支撑整个知识体系的基本概念和理论，是打开这个知识体系大门最好的方法。例如，经典力学建立在"牛顿三大定律"的基础上，整个几何学建立在几条公理之上。

事实上，产品经理的知识体系也是建立在 3 个基本概念所形成的框架之上的，这个底层的框架支撑了整个产品知识体系的发生和发展，它就是前文中提到的用户-需求-产品框架。我们来看看整个产品知识体系是如何围绕这个基础框架展开的。

1. 从基本概念展开

首先，围绕着用户这个基本概念，衍生出用户挖掘、用户分析、用户调研、用户访谈、用户画像等知识。

其次，围绕着需求这个概念，衍生出需求识别、需求分析、需求真伪评估、需求价值评估、需求评审、需求优先级评估、需求池管理等知识。

最后，围绕着产品这个基本概念，衍生出产品定位、产品分析（竞品分析）、行业分析、商业分析、产品设计、产品管理、产品数据分析等知识。

2. 从概念之间的关联关系展开

首先，从用户和需求的关系展开，用户产生需求，产品经理需要掌握挖掘用户需求并撰写用户需求分析报告等知识。

其次，从需求和产品的关系展开，从需求到产品的过程，指的是需求分析、产品设计，以及产品研发的过程。整个过程中，产品经理要掌握基础文档的撰写方法，以及产品原型图、流程图、架构图的画法等知识；在产品研发的过程中，产品经理需要和技术人员、设计人员、测试人员及运营人员等协作，所以也要掌握一定的技术、测试、设计、运营等知识。除此之外，产品经理还要掌握从需求分析到产品设计再到产品研发上线，整个过程中所需要的项目管理知识。

最后，从用户和产品的关系展开，产品经理不仅要掌握提升用户体验的知识，还要掌握产品上线后的数据分析、用户反馈、版本迭代等知识。

以上从几个基本概念和概念之间的关联关系衍生出的知识模块构成了产品经理所要掌握的产品知识体系的所有内容。细心的读者会发现，本书的内容结构也是基于这个基础框架而设计的。

无论是刚担任产品经理的读者，还是已经工作了好几年的产品经理，都可以试着用用户-产品-需求这样的基础框架，从基本概念和概念之间的关联关系出发，审视自己目前所掌握的产品知识，哪里不会补哪里，逐步构建属于自己的完整的产品知识体系。

第 2 章　如何撰写产品文档

2.1　撰写产品文档的基本方法

文档撰写能力是产品经理必须具备的最基本的能力之一。在实际的产品工作中，产品经理要输出各种类型的文档，例如商业需求文档、市场需求文档、产品需求文档以及竞品分析文档等。写作本质上是把自己的思考进行文本化表达的过程，最终目的是让阅读对象清晰地阅读并理解文档的内容。撰写产品文档并不需要产品经理拥有很强的文字驾驭能力（当然，有这种能力更好），只要掌握基本的文档撰写方法和规范，就能写出合格的产品文档。

图 2-1 是产品经理在撰写产品文档的过程中可以使用的一套完整的产品文档撰写方法，这个方法有 3 个步骤，分别是定范围、选模板、守规范。本节将详细介绍如何利用这 3 个步骤撰写一篇产品文档。

1. 定范围

当产品经理要撰写一个产品文档时，首先要定好产品文档的范围，通常要明确以下几点。

- 文档标题（要求定位清晰、内容明确，如果文档还在修订中，需要在标题后面加上版本号）。

- 文档目的（用清晰简洁的语言描述文档的用途）。

- 文档归属/阅读对象（通常文档归属于文档的撰写人或其所在的组织，文档的撰写人或其所在组织对文档内容拥有解释权。阅读对象则是适合或有权阅读此文档的人或组织）。

- 创建时间/更新时间（创建时间和更新时间在文档刚创建时是一致的，后续每次更新，创建时间不变，更新时间随文档的更新而改变）。

● 其他范围（补充文档范围内的其他要素，例如一些文档有关于保密等级的说明等）。

▲图 2-1 撰写产品文档的基本方法

2. 选模板

确定文档范围后，接下来进入文档正文的撰写阶段。先根据文档类型选择一个合适的模板，模板提供了一种通用的格式框架，文档输出者可以直接套用格式框架，无须重新设计，在提高文档输出效率的同时，这也在一定程度上使得不同时期、不同人输出的文档具备统一性和规范性。

而产品工作中的很多文档类型（例如产品经理经常需要写的三大文档，以及产品体验报告、用户调研报告、行业分析报告等）有比较固定的模板。产品经理在撰写文档时，只需要按照固定的模板填充需要的内容，就可以快速、高效地输出专业的文档。

3. 守规范

规范化是产品经理在职业成长过程中需要具备的一项基本职业素质。规范包含的内容很多，小到文档撰写、原型设计的规范，大到用户调研、需求分析以及产品设计的规范。做事规范化是产品经理专业化的基本要求之一，文档撰写通常需要遵守以下几个规范。

- 命名规范。

产品文档标题的命名不仅要考虑标题是否可以准确表达文档的定位和类型，还要考虑标题名称是否会引起歧义。通用的命名规则为描述对象+版本号，例如，"CRM 系统产品需求文档 V1.0.0"文档通常用这个格式来命名，标题中加版本号的目的是记录整个文档在输出过程中的迭代过程。当然，如果输出的文档是最终版，且以后也不会再次修订，则无须添加版本号。

- 表达规范。

在文档撰写过程中，要注意文本表达的规范，尽量避免使用口语化的表达，如"我认为""我觉得""接下来我们""那咱们"等表达句式。这种口语化的表达会降低文档的专业性和严谨性，也会给阅读对象留下不专业的印象。

- 版本号规范。

一个文档经常会被修订多次才输出最终版，因此每次编辑结束的时候都需要进行版本的更新，以保证其他编辑者了解上个版本编辑过的内容，同时让阅读者能了解文档的更新历史。版本更新的内容包括版本号、修订人（当前版本的修订人）、修订时间（当前版本的修订时间）、修订内容（当前版本新增或删除了哪些内容）、备注（对当前版本的一些附加说明）等。

其中版本号是用来识别当前版本的命名方式，标准的版本号采用"VX.Y.Z"的格式。例如，V1.1.0 中，V 表示版本号，即 Version Number；X、Y、Z 为非负的整数，X 是主版本号，Y 是次版本号，Z 为修订号。首次发布的版本命名为 V1.0.0，后期每更新一个版本，就在主版本号上加 1。

以下是文档版本更新的一些通用规则。

- 当对文档进行小规模的修订时，修改、叠加第 3 位数字，即 Z+1，其他不变。例如，V1.0.0 变为 V1.0.1。

- 当对文档进行中等规模的修订时，修改、叠加第 2 位数字，即 Y+1，其他不变。例如，V1.0.0 变为 V1.1.0。

- 当对文档进行大规模的改动时，修改、叠加第 1 位数字，即 X+1，其他不变。例如，V1.0.0 变为 V2.0.0。

- 位于前面的数字叠加后，后面的数字从零开始计算。例如，V1.0.1 变为 V1.1.0，V1.2.1 变为 V2.0.0。

最后，除按照以上几点要求规范自己的文档输出之外，读者还可以在平时的产品工作中不断地实践和积累，总结出一套属于自己的规范，为产品工作的专业化和职业化打好基础。

2.2 三大产品文档的定义与作用

BRD、MRD 和 PRD 是产品经理日常工作中接触最多的三大产品文档。三大产品文档整体符合做什么、为谁做、怎么做的文档定位，是从产品立项到投入研发的过程中，在不同阶段面对不同对象输出的需求说明文档。本节结合图 2-2 对三大产品文档的定义与作用进行详细介绍。

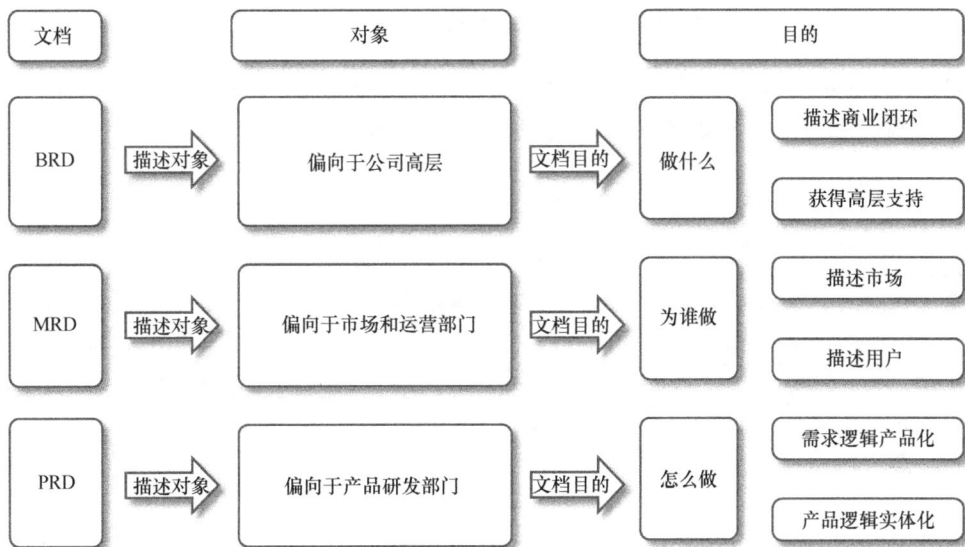

▲图 2-2 三大产品文档图解

BRD（Business Requirement Document）叫作商业需求文档，是在整个产品生命周期中最早创建的文档，作用是描述整个项目的商业模式闭环。BRD 以"做什么"来展开，汇报对象偏向于公司高层和整个项目团队，目的是在获得高层的支持的同时与整个团队达成产品商业目标的共识。

MRD（Market Requirement Document）叫作市场需求文档，在产品项目中属于"过程性"文档，是产品项目由准备阶段进入实施阶段时输出的文档，其作用是对 BRD 中规划的产品进行市场层面的说明。MRD 主要写给市场和运营部门，以"为谁做"贯穿整个文档的主题，目的是描述市场格局以及给用户分群和画像。MRD 在产品项目中起到一个"承上启下"的作用，向上是对不断积累的市场数据的整合和记录，向下是对后续工作的方向说明和工作指导。

PRD（Product Requirement Document）叫作产品需求文档，是产品项目从概念设计到原型设计的直接产物。PRD 主要输出给产品研发部门，以"怎么做"贯穿整个文档的主题，目的是让研发人员按照文档的需求逻辑一步步开发出满足需求的产品。

以上介绍了三大产品文档的基本定义和作用，回答了 What（是什么）和 Why（为什么要写）的问题，本章接下来会分别介绍如何写好三大产品文档，回答 How（如何写）的问题。

2.3　如何写好 BRD

图 2-3 给出了一份标准的 BRD 模板，考虑到 BRD 的输出目的和展示对象，在对文档格式没有特定要求的情况下，一般采用 PPT 输出 BRD。

BRD 模板主要包括 6 个模块，分别是方案背景、方案预测、产品规划、盈利模式、收益和成本以及风险和对策。下文将介绍每个模块的详细内容。

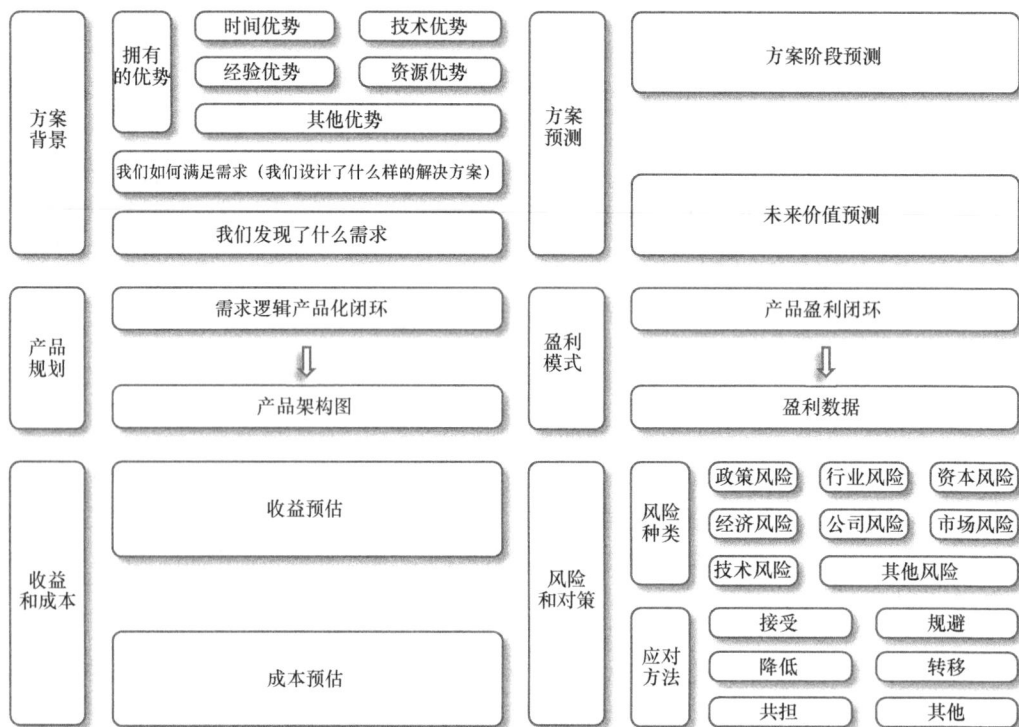

▲图 2-3　BRD 模板

1. 方案背景

方案背景主要说明发现了什么需求，为了满足需求设计了什么样的方案，方案具备什么样的优势。其中具备的优势包括以下几种：

- 时间优势（我们最先发现需求并提出了可行的解决方案，我们的产品将会率先打入市场从而占领市场）；

- 技术优势（执行这个方案，我们具备哪些技术优势）；

- 经验优势（执行这个方案，我们具备哪些经验优势）；

- 资源优势（执行这个方案，我们拥有哪些资源优势）。

在 BRD 方案背景模块的描述中，要尽可能地提供多维度的优势作为论据，以说明产品方案的可行性。

2. 方案预测

方案预测分为方案阶段预测和未来价值预测两个部分。方案阶段预测主要描述方案所经历的阶段，以及描述每个阶段所要达成的阶段性目标。未来价值预测主要描述整个方案在未来完成后可能产生的商业价值。

3. 产品规划

产品规划模块主要包括需求逻辑产品化闭环和产品架构图两个部分，其中需求逻辑产品化闭环指的是方案背景中介绍的解决方案具体做出了什么样的产品，这个产品可以是一个 CRM 系统或者一个 App 等。

而产品架构图则主要介绍产品的设计架构，根据介绍需求，选择展示产品的业务架构图、功能架构图、信息架构图或者混合架构图。关于产品架构图的定义和画法会在第 5 章详细介绍。

4. 盈利模式

盈利模式需要体现两个方面——产品盈利闭环和盈利数据。其中，产品盈利闭环主要介绍产品的盈利方式有哪些，以及这些方式是否具备可持续性。介绍产品盈利闭环的同时需要用盈利数据作为支撑，从而使盈利模式更加有说服力。

5. 收益和成本

收益和成本也体现在两个方面——收益预估和成本预估。其中，收益预估需基于盈利模式中的盈利数据做更全面的描述，即这个产品方案有哪些盈利点，整个盈利模式可以产生多大的收益。

成本预估则需要罗列出各种成本支出，包括但不限于方案执行过程中的各种成本，以及后期产生的运营和维护成本，最后还需要得出总的成本支出，作为投入产出比的计算依据。

6. 风险与对策

风险与对策同样体现在两个方面——风险种类和应对方法。风险种类主要描述从方案立项到项目执行过程中所存在的风险。基于不同的方案背景，这些风险包括但不限于政策风险、行业风险、资本风险、经济风险、公司风险、市场风险、技术风险等。面对风险一般的应对方法包括但不限于接受、规避、降低、转移、共担等。在进行 BRD 风险与对策模块的介绍时，要根据具体的方案背景，找出可能存在的风险以及应对风险的方法。

2.4　如何写好 MRD

图 2-4 展示了撰写 MRD 的通用模板，和 BRD 一样，在对文档格式没有特别要求的情况下，通常都使用 PPT 输出 MRD。

整个文档框架主要分为 4 个模块，分别是市场说明、用户说明、产品说明、竞品说明。下文将对每个模块的内容做详细介绍。

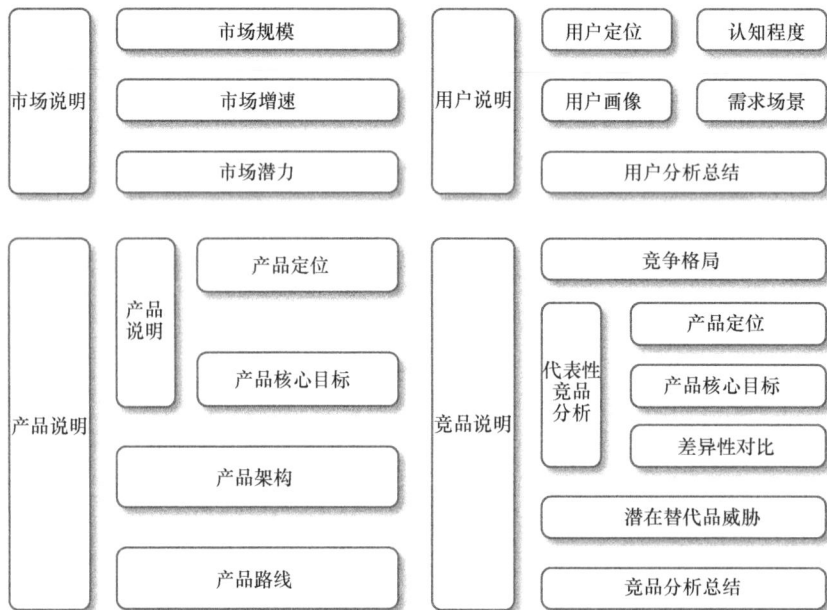

▲图 2-4　撰写 MRD 的通用模板

1. 市场说明

市场说明模块主要包含 3 个部分的内容，分别是市场规模、市场增速、市场潜力。

市场规模的大小直接决定了产品最终的利润大小，这也是整个 MRD 中最核心的模块。对于不同类型的产品，市场规模的描述方式也有所不同，直接产生现金流的产品一般用交易额来描述市场规模，而间接产生现金流的产品则通常用用户量来描述市场规模。

计算市场规模在时间维度上的变化，就可以得出市场的增速（值得注意的是，增速有正负之分）。在实际输出市场说明模块的内容时，建议将市场规模和市场增速放在一起用图表进行展示。

市场潜力预测是指在某种市场环境下，对市场需求所能达到的最大数值的测算。基于市场规模和市场增速，给出合理的市场潜力预测值。

2. 用户说明

用户说明模块主要包括 5 个部分，分别是用户定位、认知程度、用户画像、需求场景、用户分析总结。

在 MRD 中，用户定位最好能用一句话清晰地描述，例如淘宝的用户定位是 18～65 岁有网购需求的消费人群，keep 的用户定位是有健身需求的大众人群，钉钉的用户定位是有办公需求的商业组织或个体。

认知程度通常是新兴产品或者行业需要调研分析的一个重要维度。例如，对于一些 VR（Virtual Reality，虚拟现实）、AR（Augment Reality，增强现实）以及人工智能（Artificial Intelligence，AI）产品，认知程度要说明用户对新技术、新产品的态度以及预期，是否愿意接受和尝试。了解用户对产品的认知程度，在很大程度上可以帮助产品经理做前期的设计决策，以及中后期的营销、运营决策。

用户画像主要介绍用户的人群分布特征，例如性别分布、年龄分布、地区分布、职业分布、收入分布等。

需求场景主要描述用户与产品交互过程中需求发生的主场景，以及要描述清楚在该场景下产品是如何满足用户需求的。

最后对用户说明模块的整个内容与分析过程进行整理，形成完整的用户分析总结。

3. 产品说明

产品说明模块主要包括 3 个部分，分别是产品说明、产品架构、产品路线。

首先，产品说明部分要说明该产品的产品定位和产品核心目标。产品定位需要用形象且简洁的语言，准确地传达产品的核心能力和边界，例如，微信小程序定位自身是一种连接用户与服务的工具。通过简洁的短句传递产品的定位，产品说明对内可以明确产品的核心能力和发展导向，对外可以占领市场，提高用户对产品的认知度。

产品定位和产品核心目标都是对产品的能力与边界的描述，前者以静态视角描述产品是什么，后者以动态视角描述产品会怎样。例如，微信的核心目标是连接人与人，满足人们的社交需求；淘宝的核心目标是连接人与商品，满足人们的购物需求；百度的核心目标是连接人与信息，满足人们的搜索需求；钉钉的核心目标是连接人与工作，满足人们对办公和协作的高效率需求。

其次，MRD 中的产品架构和 BRD 中的产品架构是一样的，目的都是描述实体产品的设计框架，根据侧重点，选择展示产品业务架构、产品功能架构，或者产品混合架构等。产品架构图的定义和画法会在第 5 章详细介绍，这里不再赘述。

最后是产品路线部分，这部分主要描述从需求到产品需要经历哪些阶段，对此有一个明确的计划，例如常规的产品路线包含需求输出、产品方案设计、产品上线发布、产品启动、产品运营等阶段，MRD 要说明每一个阶段的目标以及时间节点。

4. 竞品说明

竞争说明主要分为 4 个部分，分别是竞争格局、代表性竞品分析、潜在替代品威胁、竞品分析总结。

竞争格局主要描述当前市场同行业内存在竞争关系的所有产品以及其所属公司的信息，将所有产品按照某个具有代表性的指标（例如市场份额、交易额、用户量）进行排名，以不同的竞争维度对比分析当前的竞争状况。一般的竞争维度包括产品获客的竞争、产品功能的竞争、用户体验的竞争、产品价格的竞争以及其他竞争等，根据不同竞争维度下的对比分析，总结出当前市场的竞争格局。

代表性竞品分析主要分析竞品的 3 个方面，分别是产品定位、产品核心目标、差异性对比。目的是针对一个或两个典型的竞品，分别分析这些竞品的产品定位和产品核心目标，从不同的维度分析竞品的优劣势，并和自己的产品进行对比，输出竞品分析报告。

潜在替代品威胁指的是当前市场上是否有自身产品的替代品或替代方案，如果有，要进行介绍说明，并分析替代品的威胁程度，以及给出应对方案，最后结合竞品分析的内容和分析结果进行整理和总结。

2.5 如何写好 PRD

图 2-5 是撰写 PRD 的模板，整个模板框架主要分为 6 个部分，分别是基本规范、文档概述、产品说明、功能需求、非功能需求和附录。

前面介绍 BRD 和 MRD 时，建议采用 PPT 的表现形式来输出，而 PRD 的目的和阅读对象决定了它更适合用传统的 Word 文档形式来输出。本节将会对 PRD 的每个模块的内容做详细介绍。

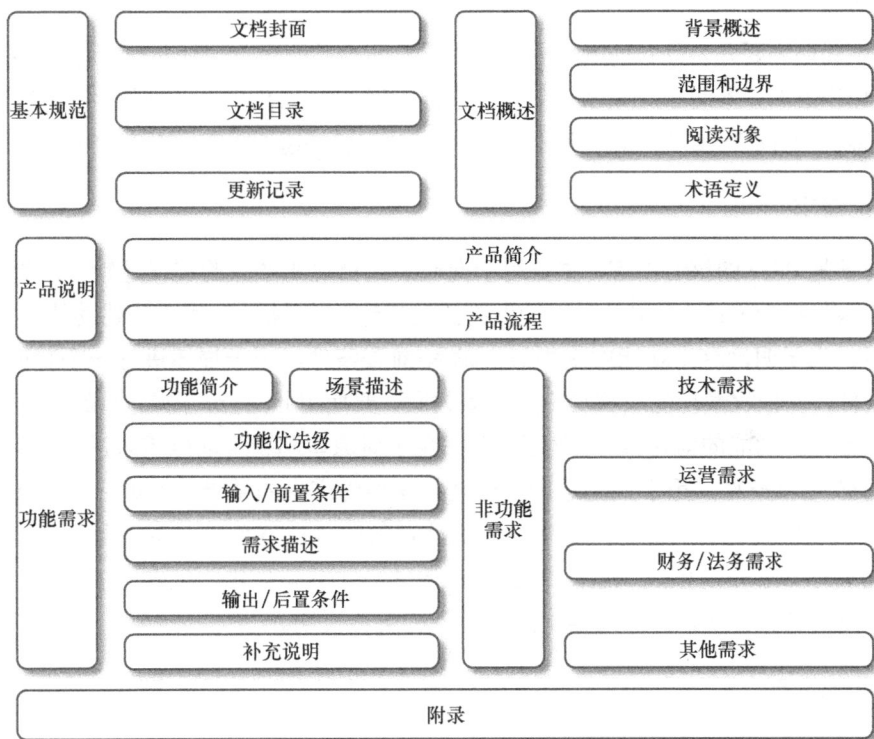

▲图 2-5 PRD 的模板

1. 基本规范

基本规范模块包含 3 个部分——文档封面、文档目录、更新记录。文档封面尽量只包含简洁的标题和版本号，文档中注意添加页脚和页眉元素辅助说明内容。关于文档的撰写，建议使用 Office 软件自带的标题格式，这样完成后用户可以自动生成文档目录。文档更新记录指的是在文档迭代的过程中，每次改动需要进行版本号的变更，以及记录变更的内容。

2. 文档概述

文档概述模块主要分为 4 个部分，分别是背景概述、范围和边界、阅读对象、术语定义。其中背景概述主要描述整个项目的初始需求背景，目的是让未参与过项目的人能通过背景概述了解该项目。

范围和边界主要定义了项目的影响规模，包括产品边界、业务边界、运营边界、技术和人力资源边界等。阅读对象主要用来限制哪些组织或者个人可以阅读此文档，有利于控制文档的传播效率和查看权限。术语定义主要用来详细介绍文档中可能出现的专业术语，确保所有术语都有唯一的注解。

3. 产品说明

产品说明模块主要分为两个部分，分别是产品简介和产品流程。产品简介作为背景概述的补充，主要用于介绍产品的基本情况，包括产品定位、用户使用场景以及产品的功能介绍等。产品流程则提供核心功能的业务流程图以及操作流程图，以方便阅读者快速了解产品的核心流程。

4. 功能需求

功能需求是 PRD 的核心内容，主要用于向研发人员说明产品的实现逻辑，如图 2-6 所示。功能需求主要包括功能简介，用于对功能做简洁的描述；场景描述，用于描述功能的使用场景；功能优先级，用于明确这个功能的优先级；输入/前置条件，用于描述进行一个功能操作所需要的前置条件，例如收藏功能通常与账户体系关联，要使用此功能，需要登录才可以，所以用户已登录就是收藏功能的前置条件；需求描述，用于对原型和整个功能需求进行原型展示和详细描述；输出/后置条件，用于描述进行一个功能操作将产生的结果，例如，很多 App 有夜间模式，开启夜间模式是一个功能，这个功能的后置条件就是整个 App 的视觉风格变得适合夜间阅读，如果打开了夜间模式，但是 App 的视觉风格并没有变化，说明出了 Bug，则需要定位问题并修复；补充说明，用于对需求进行其他的解释说明。

5. 非功能需求

非功能需求是对功能需求的辅助和补充，非功能需求一般包括但不限于技术需求、运营需求、财务法务需求、其他需求等。

6. 附录

附录指附在产品说明文档后与正文有关的其他文档或参考资料，是文档的说明或补充部分，并不是必需的。

功能简介		
场景描述		
功能优先级		
输入/前置条件		
需求描述	原型展示	
	详细描述	
输出/后置条件		
补充说明		

▲图 2-6 功能需求描述范例

第3章 如何画好流程图

3.1 流程图的定义、作用和画法

流程图和产品文档以及原型图一样,都是日常产品工作中经常用来表现业务逻辑和产品逻辑的载体,本节主要从 3 个方面介绍流程图的相关知识,分别是流程图是什么,流程图的意义和作用,流程图的基本画法。流程图的整体内容框架如图 3-1 所示。

1. 流程图是什么

流程图的由来如图 3-2 所示。它最早来自 UML,UML(Unified Modeling Language)是软件工程专业的术语,中文名称为统一建模语言,用于对面向对象系统的产品进行说明,以构建一个开放的面向对象的软件密集系统。

在 UML 系统开发中有 3 个主要的模型——功能模型、对象模型和动态模型。功能模型从用户的角度展示系统的功能,包括例图等。对象模型采用对象、属性、操作、关联等概念展示系统的结构和基础,包括类别图和对象图等。动态模型用来展现系统的内部行为,包括序列图、活动图、状态图等。

UML 动态模型中的活动图就是对流程图的专业描述。关于流程图,行业内有多种定义描述,通俗且贴切的一种定义为"流程图=流程+图"。流程是特定主体进行特定活动遵循的一系列逻辑关系。图是通过标准化的符号及连线将活动的逻辑关系可视化表达的载体。

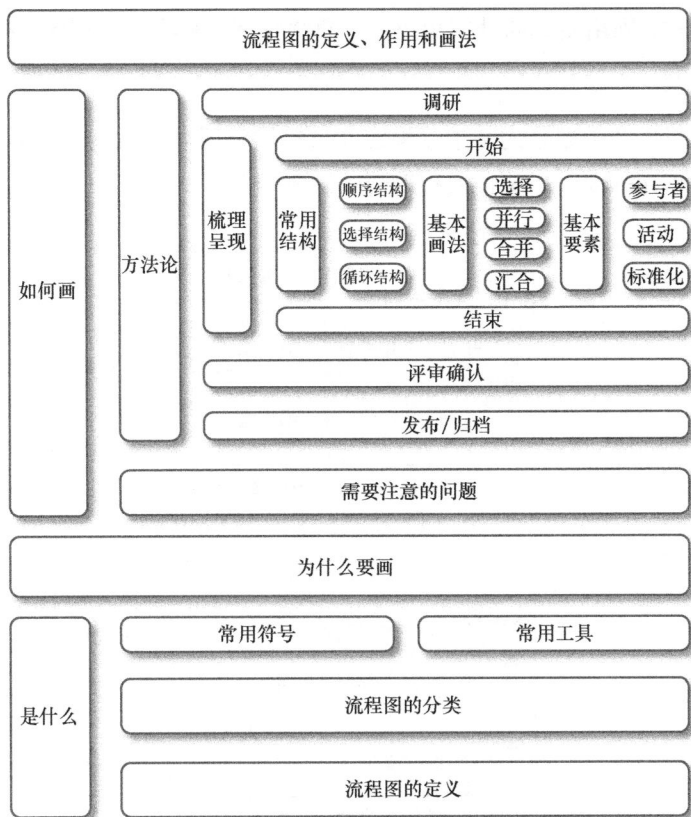

▲图 3-1 流程图的整体内容框架

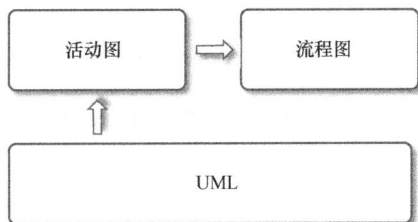

▲图 3-2 流程图的由来

按照不同的划分标准，流程图的类型有多种，如图 3-3 所示。

按照表达对象主体，流程图可划分为业务流程图（主要描述的主体是业务逻辑），数据流程图（主要描述的主体是数据流），程序流程图（主要描述的主体是程序软件的操作流程），系统流程图（同时在流程图中体现系统的操作流程和数据流）。

按照表现形式，流程图可划分为一般流程图（不在多个角色之间穿插交互，如果描述过程中需要其他角色参与，则用简单的动宾短语进行直接描述）和泳道流程图（在多个角色之间进行流程的穿插交互）。

　　按照复杂度，流程图可划分为基本流程图（只描述整理大致的流程框架，省略流程细节）和完整流程图（要求详细地画出整体流程的每一个细节）。

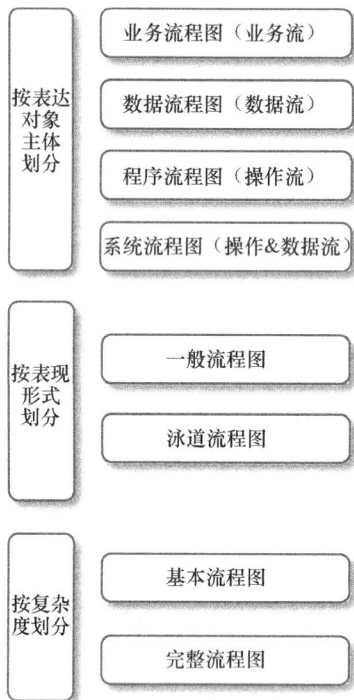

▲图 3-3　流程图的类型

　　以上按照不同的划分标准列举了常见的流程图的类型，让我们对流程图的类型有了一个全面的认识。

　　图 3-4 列举了绘制流程图的过程中的一些常用符号。流程图符号相当于语言的语法，遵守语法逻辑是建立有效沟通的前提。同样，流程图符号的规范使用是输出规范化流程图的前提。所以，在实际绘制流程图的过程中请使用标准符号，以避免引起歧义和误解。

　　工欲善其事，必先利其器。对于简单的流程图，建议直接在 Axure 中画；对于复杂一点的流程图，建议使用 Visio 来画。当然，还有其他很多优秀的线下或线上的绘制流程图的工具，这里不做过多介绍。

常用符号	符号名称	使用方法
	开始/结束	表示流程图的开始或结束的元素符号，一个流程图只能有一个开始，但是可以有多个结束
	流程	表示一个具体的活动步骤或动作单元
	条件判断	表示条件的选择和判断
	子流程	没有必要展示的细节流程可以使用子流程来表达
	注释	表示对已有元素或者流程的注解说明

▲图 3-4　绘制流程图的常用符号

2. 为什么要画

当面对复杂的业务流程和流转逻辑时，语言描述和文本描述，往往没有流程图表达得清晰和简洁。一张清晰简明的流程图不仅能帮助产品经理更好地描述业务逻辑，还能帮助其查漏补缺，避免功能流程、逻辑上出现遗漏，确保流程的完整性。流程图能让产品经理的思路更清晰、逻辑更清楚，有助于程序的逻辑实现和有效解决实际问题。

流程图除具备以上宏观的优势之外，还具备以下微观上的优点。

（1）流程图可以作为设计原型图的功能逻辑和交互逻辑的依据。

（2）流程图无论是对业务逻辑变更还是产品流程问题定位来说都是一个很好的参照。

（3）流程图具有知识传承和信息建设的作用，新人接手已有的产品时可以通过流程图快速地了解业务逻辑，而不用通过已经更新迭代多次的功能页面反推业务逻辑。

（4）流程图输出的过程也是产品经理理解和梳理业务逻辑的过程，有利于产品经理对业务流程的理解并加深其记忆。

所以，在实际的产品工作中，一定要认真地画好产品流程图。

3. 如何画

绘制流程图主要分为以下 4 个步骤。

（1）调研：梳理实际活动流程的发生顺序和逻辑关系，并体现在实际的产品工作中，明确实际的业务逻辑和产品逻辑。

（2）梳理呈现：流程图实际绘制的过程。一个完整的流程图需要有开始和结束，开始与结束形成了整个流程的基本闭环，且一个流程图只能有一个开始，但是可以有多个结束。这里要强调的是，在现实的流程中，往往会有多个角色同时开始进行一个活动，但是体现在流程图上，只能出现一个开始符号，以保证此流程图代表的是一个独立完整的活动。如果一个流程中的多个角色同时开始，则需要使用泳道流程图，用同一个开始符号贯穿多个角色，如图 3-5 所示。

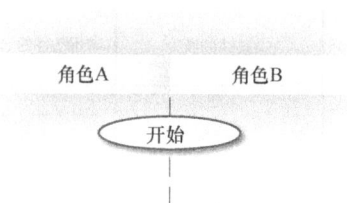

▲图 3-5　多个角色同时开始

注意：

当多个角色同时结束时，如果最终在各自的流程中结束，则需要分别在各个角色泳道中画出结束符号。如果最终都结束在某个角色的流程中，则在该角色泳道内画出结束符号，其他角色最后统一指向该角色泳道内的结束符号即可。为了绘制流程图，要了解流程图的 3 种基本结构（顺序结构、选择结构、循环结构），如图 3-6 所示，以及 4 种基本画法——选择、并行、合并、汇合。关于基本结构和基本画法会在第 3 章通过具体案例详细介绍。最后使用基本要素对整个流程进行校验，检查流程图是否包含了整个活动的参与者，是否描述了整个活动的所有逻辑，结构和符号是否规范、标准。

（3）评审确认：流程图输出后需要相关活动的参与者进行评审确认，如果评审过程中发现存在没有穷尽的流程或者描述错误的流程，则对现有的流程图进行修订，修订之后重新进行评审直至与所有参与者达成共识。

（4）发布/归档：评审通过可对流程图进行发布或归档，以作为产品设计和知识传承的依据。

在绘制流程图时，需要注意的问题如下。

（1）为了增强流程图的逻辑性，从左到右、从上到下进行绘制，为了优化阅读体验，在每个元素上用阿拉伯数字进行标注。

（2）从开始符开始，以结束符结束。开始符号只能出现一次，而结束符号可以出现多次。

（3）当各个步骤有选择或判断时，需要认真检查，避免出现漏洞，导致流程无法形成闭环。

（4）连接线尽量避免交叉。

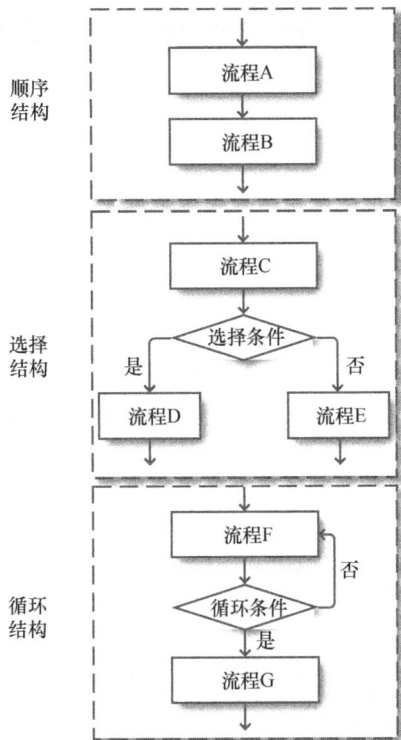

▲图3-6 流程图绘制的3种基本结构

（5）相同符号的大小需要保持一致。

（6）处理并行关系，并行符号可以放在同一高度。

（7）必要时采用注释，以清晰地说明流程含义。

（8）流程图如果参考了其他已经定义的流程（子流程），不需重复绘制，直接用已定义的流程符号即可。

（9）尽量使用通用的符号，不要自己创造符号以免产生歧义。

（10）以阅读对象的阅读体验最佳为最终目的，必要时可以打破常规。

3.2 如何画好一般流程图

流程图按表现形式，主要分为一般流程图和泳道流程图，本节主要介绍一般流程图的画法。一般流程图表达的是单一主体的活动流程，活动中涉及的其他对象和动作都用动宾短语进行描述。图 3-7 所示的便利店购物流程中，整个活动的背景是一次简单的购物流程，中间伴随着菠萝的削皮流程。

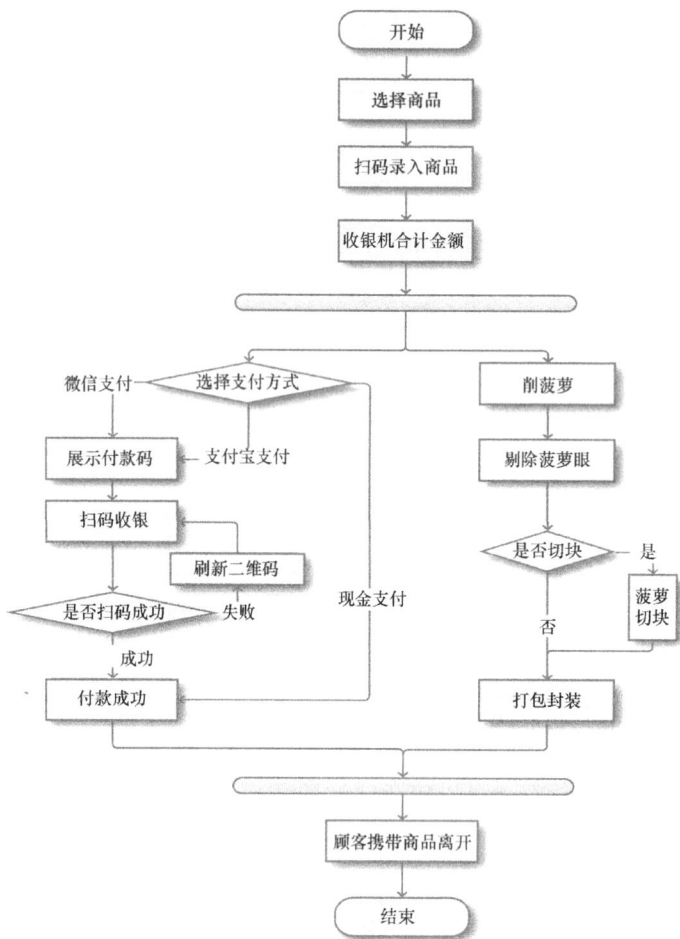

▲图 3-7　便利店购物流程

图 3-7 体现了流程图的三大结构——顺序结构、选择结构和循环结构。例如，从"选择商品"到"扫码录入商品"再到"收银机合计金额"这个流程体现的是顺序结构；"是否切块"以及"选择支付方式"体现的是选择结构，其中菠萝是否切块属于一重选择，要么选择是要么选择否，而支付方式则是多重选择，可以选择微信支付、支付宝支付或现金支付；判断是否扫码成功，成功则收银成功，失败则刷新二维码再次扫码付款，付款成功则跳出循环条件，整个过程体现的是循环结构。

图 3-7 中选择支付方式和削菠萝是一个并行的过程，顾客可以一边付款，一边让店员帮其削菠萝，完成付款且菠萝削好了后打包好离开。这个过程体现了并行的概念，即两个相同动作

同时发生且没有逻辑上的先后顺序。

收银机合计金额下面的横柱表示并列的开始，下方的第二个横柱表示并列的结束，并列的结束即汇合，因此并行往往伴随着汇合。最后结合便利店购物流程总结出一般流程图的设计要素，如图 3-8 所示。

表示方法	名称	说明
开始	开始	一个完整的流程图必须有且只有一个开始
结束	结束	流程图可以有一个或多个结束
选择商品	活动单元	描述方式是主语+谓语+宾语。主语和宾语可以根据描述场景进行省略
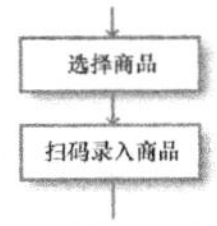选择商品 扫码录入商品	顺序结构	两个基本活动单元串联在一起形成串联接口
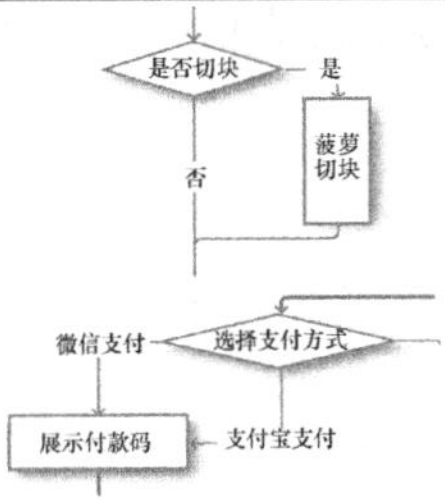是否切块 是 菠萝切块 否 微信支付 选择支付方式 展示付款码 支付宝支付	选择结构	选择分为两种类型： • 一重选择（是或否）； • 多重选择（选择其中一种）
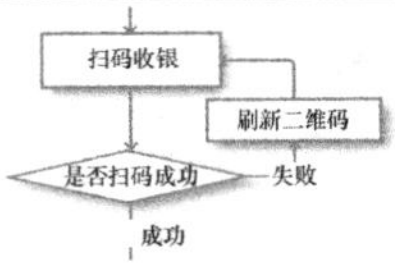扫码收银 刷新二维码 是否扫码成功 失败 成功	循环结构	存在循环条件，一直循环到满足条件，跳出循环
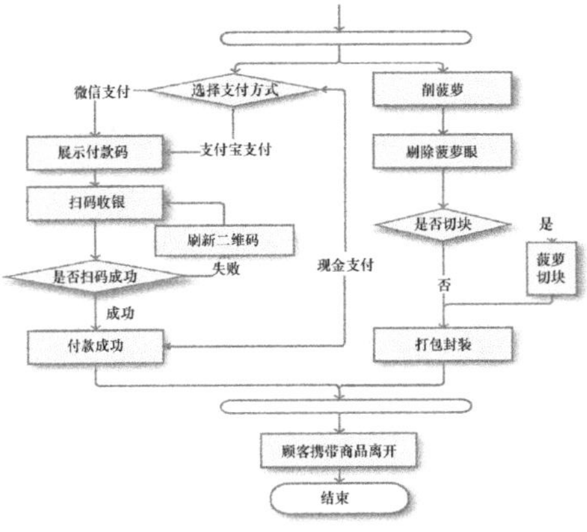微信支付 选择支付方式 削菠萝 展示付款码 支付宝支付 刷除菠萝眼 扫码收银 是否切块 是 刷新二维码 菠萝切块 是否扫码成功 失败 现金支付 否 成功 付款成功 打包封装 顾客携带商品离开 结束	并行和汇合	并行表示两个活动单元同时独立进行，不分先后顺序。并行往往伴随着汇合，通常可以省略汇合符号

▲图 3-8　一般流程图的设计要素

总之，在画一般流程图时，首先要明确整个活动的基本流程，然后要熟悉每一种设计要素的使用场景，即清楚什么样的流程属于顺序结构，什么样的流程属于选择结构，以及什么样的流程属于循环结构等。最后，用合适的要素表达出具体的流程，绘制出完整的流程图。

3.3　如何画好泳道流程图

泳道流程图与一般流程图相似，只是泳道流程图中会有多个活动主体，通过泳道（横向或纵向）区分各活动主体。泳道流程图是将活动按照职责来分配，这种分配方式通过用线给活动主体分出不同的区域来实现。

由于外观像泳池，这些区域被称作泳道。泳道流程图可以方便地描述各种业务流程，能够直观地描述各种主体之间的逻辑关系，有利于其他人理解业务逻辑。

同样以顾客在便利店的购物流程为例，如图 3-9 所示，泳道流程图和一般流程图使用的符号元素是一样的，不同的是泳道流程图更注重体现动作的执行主体。例如，执行选择商品这个

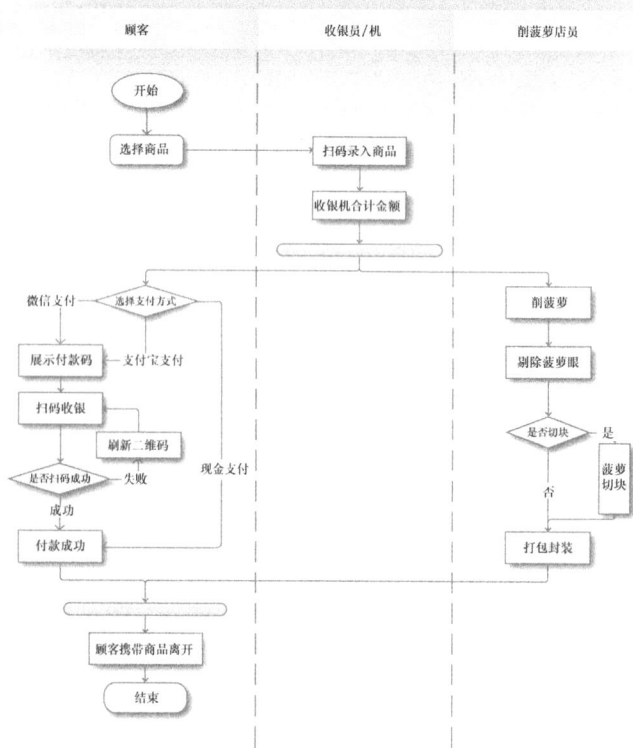

▲图 3-9　便利店购物流程

动作的主体是顾客，执行收银动作的主体是收银员/机，执行削菠萝动作的主体是店员，各主体之间的动作按顺序流转，以完成顾客在便利店购物的整个活动。泳道流程图可以是横向的，也可以是纵向的，可根据个人习惯和阅读体验择优使用。

第4章 如何画好产品原型图

4.1 产品原型图内容框架简介

图 4-1 展示了原型图的基本内容框架，主要分 3 个模块——基本认识、设计规范和经验总结。其中，基本认识模块包括原型图简介和工具选择；设计规范模块主要包括 3 个部分，分别是目录结构规范、交互设计规范以及原型注释规范；经验总结模块主要介绍原型设计过程中的一些实用技巧、设计经验以及项目注意事项。

▲图 4-1 产品原型图内容框架

接下来，本章会详细介绍框架内各部分的内容，读者可根据自己对原型图相关知识的实际掌握情况进行跳跃式阅读。

4.2　产品原型简介和工具选择

本节主要介绍产品原型图的定义以及进行原型设计时的工具选择。原型设计在整个产品方案的输出流程中处于很重要的位置，有着承上启下的作用。进行原型设计之前，需求描述相对比较抽象，原型设计的过程就是将抽象的需求描述转化为具象的产品方案的过程，之后再配合PRD 对原型图中的功能逻辑、交互逻辑以及视觉逻辑进行描述和说明。

原型图最大的优点在于，它可以有效地避免重要元素被忽略，将需求逻辑可视化，促进阅读对象的理解。

除原型图之外，产品经理还经常会使用线框图和视觉稿。线框图是一种低保真的静态图形，它能够勾勒出布局的轮廓，但是缺少细节。线框图为设计图的骨干与核心，它承载着最终产品的所有重要的部分。绘制线框图的重点是"快"，线框图可以使用手绘稿或用相关原型设计工具进行制作。

视觉稿则是高保真的静态设计图，通常来说，视觉稿就是视觉设计的草稿或终稿。在视觉稿定稿前，设计人员应与团队成员进行多方沟通和确认，以免因沟通不足而后期返工。

先了解了原型图的基本概念，再来看原型设计中有哪些工具可供选择。下面列出了几种比较常见的原型设计工具。

InVision 是一款设计原型交互的工具，如图 4-2 所示。使用 InVision 不仅可以很好地实现团队之间的协作，还便于收集反馈意见。它可以让网页和移动 App 等的静态设计图快速地变成可以单击、具有交互效果的动态原型，让设计"活"起来。

平台： Web
适用性： 用在网页中和移动端
难度： ★ ★ ★ ★

▲图 4-2　InVision 原型设计工具

OmniGraffle 是一款原型设计工具，如图 4-3 所示。这款工具只面向苹果用户，有 macOS 版和 iOS 版。它曾获得 2002 年的苹果设计奖。使用它可以快速绘制线框图、图表、流程图等。

平台： macOS/iOS
适用性： 用在移动端
难度： ★★★

▲图 4-3　OmniGraffle 原型设计工具

Mockplus（摹客）是一款简洁高效的原型设计工具，如图 4-4 所示。Mockplus 这款原型设计工具致力于快速创建原型，提供了丰富的组件库和图标库，只需要拖一拖鼠标，即可完成交互的设计，并且所见即所得，没有复杂的参数，更无须编程。封装好的一些交互组件（比如弹出面板、抽屉、内容面板等）让交互的设计变得简单。演示也很简单，直接扫描二维码即可，同时，Mockplus 还支持发布到云和导出演示包。

平台： Windows/macOS/Android/iOS
适用性： 用在网页中和移动端
难度： ★

▲图 4-4　Mockplus 原型设计工具

墨刀是一款很好用的原型设计工具，如图 4-5 所示。它的图形处理功能相当丰富，不仅能快速构建原型与线框图，将作品保存在云端，手机实时进行预览，还支持多种手势及页面切换特效。使用墨刀可以非常方便地创建页面间的链接，墨刀独创的拖曳方式可以让页面间的链接关系清晰地呈现出来。在墨刀中，要创建页面间链接，只需要选中要链接的组件，然后拖动组件到目标页面就可以了。

平台： Web/Windows/macOS/Android/iOS
适用性： 用在移动端
难度： ★★

▲图 4-5　墨刀原型设计工具

Justinmind 是 Justinmind 公司出品的原型设计工具，如图 4-6 所示，主要致力于输出高保真原型。它提供了绘图工具，以及拖放位置、设置大小、设置格式和导出/导入等的小部件。用户还可以自定义小组件，创建自定义组件库，并进行分类，Justinmind 为此功能提供了丰富的动画支持。如果你要创建复杂的高保真原型，可以尝试这款工具。这款工具的缺点就是需要耗费一定的学习成本，启动速度比较慢。

平台： Windows/macOS
适用性： 网页和移动端
难度： ★★★★★

▲图 4-6　Justinmind 原型设计工具

Axure RP 是 Axure Software Solution 公司的旗舰产品，如图 4-7 所示。它是一款专业的原型设计工具，让负责定义需求和规格、设计功能和界面的人员能够快速创建应用软件或网站的线框图、流程图、原型和规格说明文档。Axure RP 是一款非常专业的工具，但是学习成本非常高。如果你是一位专业的交互设计师，并且需要设计复杂的交互，你可以使用这款工具。

平台： Windows/macOS
适用性： 网页和移动端
难度： ★★★★

▲图 4-7　Axure RP 原型设计工具

日常的产品工作中，作者使用 Axure RP 原型设计工具比较多，选择什么设计工具本身并不是那么重要，产品经理可以根据个人习惯选择自己擅长的设计工具。

4.3　原型目录结构规范

很多产品经理在进行原型设计时，一打开原型工具就开始画页面。事实上，目录结构也是原型设计中很重要的一部分，一个完整的目录会有利于整个项目框架的清晰展示。图 4-8 展示的是原型目录结构范例，下文将对每个模块中的内容做详细介绍。

- 项目简介：主要用来介绍需求背景。这里要明确一点，并不是对于所有的需求都需要写 PRD。对于一般小规模的需求，不用写 Word 格式的 PRD，整个原型页面和 PRD 描述都可以包含在一个原型文件里，这个时候就需要在原型文件中写清楚需求背景。原型文件和需求文档一样，都需要进行版本更新的记录和说明，其格式和第 2 章介绍的文档的格式一样，这里不再赘述。

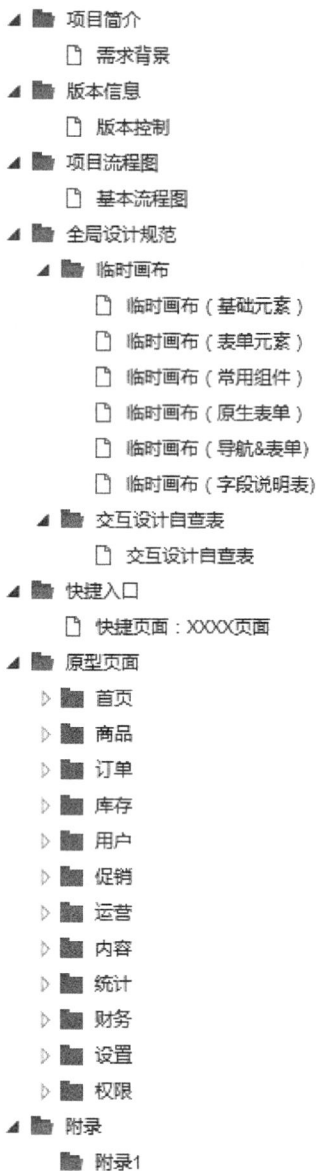

- 项目简介
  - 需求背景
- 版本信息
  - 版本控制
- 项目流程图
  - 基本流程图
- 全局设计规范
  - 临时画布
    - 临时画布（基础元素）
    - 临时画布（表单元素）
    - 临时画布（常用组件）
    - 临时画布（原生表单）
    - 临时画布（导航&表单）
    - 临时画布（字段说明表）
  - 交互设计自查表
    - 交互设计自查表
- 快捷入口
  - 快捷页面：XXXX页面
- 原型页面
  - 首页
  - 商品
  - 订单
  - 库存
  - 用户
  - 促销
  - 运营
  - 内容
  - 统计
  - 财务
  - 设置
  - 权限
- 附录
  - 附录1

▲图 4-8　原型目录结构范例

- 版本信息：若针对一个产品方案进行原型设计，需要修订多次才能完成，就要对整个原型设计的过程进行版本记录，例如，如果某天新增了一些功能模块的设计，或者修订了一些旧的产品逻辑，则需要把新增或者修订的内容用简洁的语言记录下来，并用版本号标记，以方便后续的追溯。

- 项目流程图：包括整个项目各业务模块的主要流程图，以方便开发人员和项目其他参与者快速地了解核心流程。作者在以往的工作过程中，经常看到一些产品经理了解了业务需求后，就开始设计页面，不画或者忘记画项目流程图。对于小规模且业务逻辑简单的需求，这样做也许没什么问题，但是一旦遇到业务逻辑复杂的项目，若后续的研发过程中遇到问题，需要梳理流程，就会发现没有一个参照物，也会导致后续新成员加入项目时，无法快速地通过流程图来了解业务和产品逻辑。所以，对于一个完整的原型目录结构，项目流程图是不可缺少的一部分。

- 全局设计规范：整个原型目录框架的一部分，整个项目原型设计的规范。全局设计规范在一定程度上决定了整个产品设计的规范，所以在创建原型目录时就要重视。全局设计规范目录分为临时画布和交互设计自查表两个模块。

  - 临时画布：提供了常用的原型设计控件并分类展示在一个大的页面内。如果画布中的控件元素足够丰富，日常的原型设计用到的一些通用的控件就无须重复设计。直接使用画布内的通用控件不仅可以实现高效的、拖曳式的设计方式，还能保证所有页面设计的整体性和一致性。

  - 交互设计自查表：用于辅助查验原型设计过程中被忽略或被忘记的一些设计要素，如弱网状态提示、非法输入限制以及容错机制等，方便在页面设计完成时做好查漏补缺。临时画布中的控件元素和交互设计自查表结合，不仅规范了产品的原型设计，提高了输出效率，还保证了原型输出的质量。

- 快捷入口：一般适用于项目规模较大的原型设计。一个 Axure RP 文件有很多个页面，而产品经理在评审或演示时经常需要强调一些重要的页面。若直接从目录中寻找，会很麻烦。快捷入口则允许产品经理通过快捷页面快速地连接到目标页面。如果项目规模较小，页面比较少，则无须快捷入口。

- 原型页面：整个目录结构中的核心部分，原型页面的子目录应该按照功能框架进行分级设计，原型页面的命名要突出页面功能和内容。图 4-9 展示的是电商商城管理后台的原型页面结构。

- 附录：附在产品原型页面后并且与正文有关的其他参考资料或者附属信息，是产品原型的说明或补充部分，并不是必需的。

```
▲ 📂 原型页面
  ▷ 📁 首页
  ▲ 📂 商品
    ▲ 📂 商品列表
      📄 商品列表
      📄 商品日志
    ▲ 📂 添加商品
      📄 选择商品分类
      📄 填写商品信息
      📄 填写商品属性
      📄 选择商品关联
    ▷ 📁 商品审核
    ▷ 📁 商品回收站
    ▷ 📁 商品批量修改
    ▷ 📁 商品评价
    ▷ 📁 商品分类
    ▷ 📁 商品类型
    ▷ 📁 品牌管理
    ▷ 📁 图片库管理
  ▷ 📁 订单
  ▷ 📁 库存
  ▷ 📁 用户
  ▷ 📁 促销
  ▷ 📁 运营
  ▷ 📁 内容
  ▷ 📁 统计
  ▷ 📁 财务
  ▷ 📁 设置
  ▷ 📁 权限
```

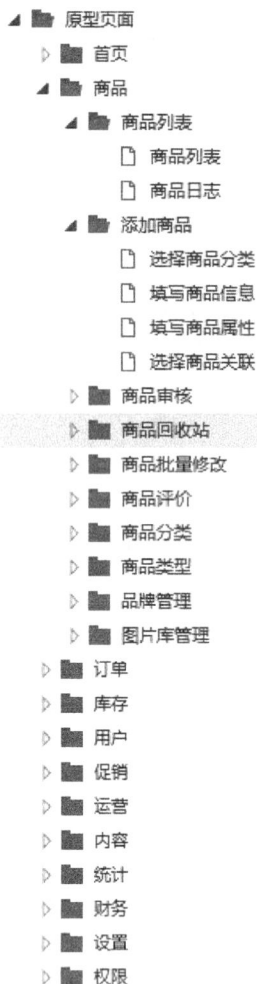

▲图 4-9　原型页面结构

4.4　原型设计规范

　　我们通常看到的软件界面都是前端程序语言可视化表达的结果，在原型设计的过程中，可以参考一些优秀的 UI 框架，例如 Bootstrap、Flat UI、jQuery UI 、Ant Design 等。这些 UI 框架提供了完备的控件样式和通用的交互效果，如果原型设计的控件样式使用 UI 框架内的控件样式，前端在用代码实现的过程中就能高效地引用 UI 框架内的代码。这些 UI 框架几乎满足了所有产品原型设计过程中对控件样式和交互设计的需求。

　　参考这些 UI 框架可以定义出临时画布（见图 4-10）或元件库。其中包括常用配色、常用按钮、常用标签、常用图标、常用菜单等内容。为便于在原型页面设计过程中进行拖曳式的便捷操作，所有页面的同类元素使用的都是同一个控件样式，提高设计效率的同时，也在一定程度上保证了原型设计的整体性和一致性。

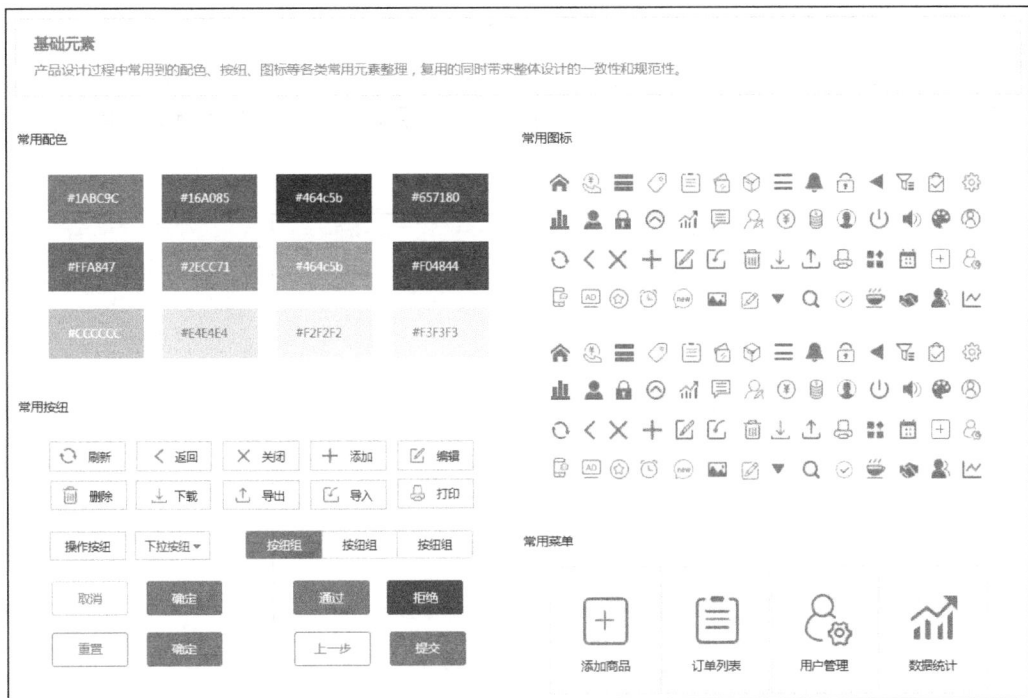

▲图 4-10　临时画布（基础元素）

在工具使用方面，以 Axure RP 为例，在原型设计的过程中要善于使用母版和控件样式。母版能够保证全局引用的统一性，且能在很大程度上提高个别控件大规模的修改效率。

元件库可以在引用基础元件时快速添加样式，降低手动修改样式的出错概率。养成一种好的工具使用习惯，会大大提高原型设计的效率。

4.5　原型注释规范

PRD 是说明一个产品项目所有需求的文档，其功能需求模块详细地介绍了每个功能的场景、逻辑以及前置和后置条件等。所以 PRD 最小的描述对象是功能，而原型注释最小的描述对象是控件，一个功能往往由多个控件组合形成，所以在控件级别上做需求描述会更加准确。

原型注释描述和 PRD 描述存在相互替代的关系，替代往往发生在一些小规模的需求中。小规模需求可以用原型注释描述直接代替 PRD 描述，可视化的原型页面加注释描述会比全是截图和文字的 PRD 更便于开发人员理解需求，提高开发效率。但是如果需求的规模比较大，则建议使用 PRD 来进行描述。

原型注释描述是针对控件级别的描述，针对控件级别的描述一般包括需求逻辑、功能逻辑、交互逻辑、视觉逻辑、技术逻辑和补充说明等内容。图 4-11 所示为基于 Axure RP 的原型注释案例。

▲图 4-11　基于 Axure RP 的原型注释案例

其中，需求逻辑描述这个控件本身能够实现或者辅助实现的是什么需求，功能逻辑则描述这个控件具备什么样的功能。需求、功能和控件三者的关系是一个需求需要一个或多个功能组合实现，而一个功能需要一个或多个控件组合实现。

例如，微信用户有修改头像的需求，设计原型的时候会用一个基础的图片控件作为示例。

这个控件的需求逻辑就是用户在使用微信的过程中会有更换头像的需求，功能逻辑就是用户单击头像可以选择系统相册里面的图片，裁剪后作为自己微信的新头像，或者直接使用相机拍摄一张照片，裁剪后作为新头像。

顾名思义，交互逻辑描述一个控件的交互，如常见的单击、双击、右击、鼠标移入时、鼠标移出时、用手指缩放等。在对某一个控件进行交互逻辑描述时，主要有两种方式，一种是展示原型设计工具本身的交互效果，另一种是使用纯文本描述。无论用哪种方式，目的都是让其他人能明白这个控件要想呈现的交互效果是什么。

视觉逻辑则描述一个控件的基本视觉要求，例如，一些进行毁灭性操作或者敏感操作的按钮控件需要具有一些和周围视觉互补的视觉效果来突出其重要性。最常见的就是执行删除操作的按钮，当你单击删除按钮时，这个按钮会变成红色，让用户知道自己在进行一个重要的操作。

技术逻辑并不是要描述技术的实现原理，而是对一些承载的功能具有技术性要求的控件所进行的说明，这些说明常常伴随着技术方案的选择，例如，一个承载着通信交互功能的控件触发后是选择同步通信还是异步通信，或者一个承载着数据加载功能的控件触发后是选择预加载还是懒加载等，这些内容都属于技术逻辑描述的范畴。

当然，技术逻辑并非一定要用技术语言去描述。技术语言和产品语言之间存在着翻译机制，因此不懂技术的产品经理可以用产品语言来描述技术逻辑。例如，上文提到的数据预加载和懒加载的技术逻辑用产品语言可以描述为需要页面数据流畅加载，让用户在使用过程中无延迟感和卡顿感。开发人员看到这样的描述后会根据此描述去选择合适的技术方案，产品经理不用担心自己技术知识的欠缺。在日常的产品工作中，产品经理应尽量用产品语言描述技术逻辑，关于如何提高产品经理的技术理解能力以及产品经理如何和技术人员更好地沟通，本书第 10 章会详细介绍，本节不再赘述。

最后，一些未能被归类的需求描述可以放在最后的补充说明中。以上的描述分类并非都是必填项，只是提供一个基本的控件描述规范的模板，在原型设计的过程中，产品经理可以根据实际需要，合理地填充需求描述。

4.6 产品原型设计经验总结

在日常的产品工作中，把原型设计做得又快又好，让人能一看就懂，评审的时候少被质疑，是每一个产品经理都希望达到的效果。想要达到这样的效果，产品经理除掌握基本的工具技巧和设计规范之外，大量的练习是必不可少的。

本节对产品原型设计过程中的一些实用的技巧和经验，以及一些注意事项，做了一个全面的总结，希望这对刚入门的产品经理读者有所帮助。

1. 实用技巧

这里主要基于 Axure RP 这款原型设计工具，总结了一些实用的操作技巧和建议。

- 将需要重复使用的元件创建成母版。如果修改了母版，所有页面中的母版元件将会被同步修改。

- 使用外部元件可以提升原型设计的效率，建议将常用的元件整理成一套自用的元件库，每次都可以提前在临时画布中定义好需要用的元件，需要时直接拖曳。

- 使用组合功能对多个元件进行整合，方便移动和调整尺寸，组合功能支持部分常用元件的属性和交互效果设置。

- 对于隐藏的元件，在需要显示时注意添加一条置于顶层的用例，以防止元件层级太低被覆盖。

- 锁定一些不需要移动的元件，以免移动其他元件时移动了不需要移动的元件。

- 使用单选按钮时将单选按钮设置为选项组，选项组名称相同的单选项中只能有一个被选中。

- Axure RP 中有一些自带的形状，如箭头、三角形、圆形等，这些形状可以在"元件属性与样式"中设置。

- 在元件的右键属性中有交互样式，用于设置选中、悬浮时的效果。"元件提示"功能可实现鼠标指针放在元件上方时显示元件提示的内容。

- 文本输入框的提示效果（在输入框中显示提示内容，获取焦点时隐藏输入内容）可通过"提示文字"功能实现。

- 在动态面板中，如果没有勾选"自动调整为内容尺寸"复选框，则需要显示滚动条，不然超出动态面板尺寸的内容将显示不出来。

- 若将动态面板设置为选中、取消选中、切换选中或禁用，则动态面板中的元件都会处于选中、取消选中、切换选中或禁用状态，利用这个特性可以实现复选框的切换选中效果。

- 在同一个元件上添加多个交互用例，如果一个按钮或动作会触发多种不同的交互状态

（例如，用户多状态判断提示等），建议将多种交互状态用例同时添加在对应的按钮和动作上，并用对应的交互状态对按钮或动作进行命名。

- 同一个元件上的多个交互用例的执行是有先后顺序的，所以如果语句设置都没有问题，但是无法实现应有的效果，请检查一下语句顺序是否有问题。

- Axure RP 支持对图片进行裁剪、拼接，同时允许将元件转化为图片。

- 实现单击动态面板时显示，再次单击时隐藏的效果的方法是切换动态面板的可见性。

- 动态面板的"固定到浏览器"属性可以将动态面板始终固定在页面中的某个位置。

- 复制元件后注意修改元件说明，按住 Ctrl 键，拖动鼠标可以快速复制元件，按住 Ctrl+方向键可以快速移动元件，使用辅助线可以快速地进行界面的布局。

- 在右下角的"元件管理"处控制元件的可见状态，如果元件的状态是不可见的，全选整个界面并复制是选择不了不可见元件的，粘贴后会发现元件丢失，所以为了复制整个界面，需要保证元件处于可见状态，这样才不会丢失元件。

- 预览时让页面在浏览器中居中的方法是在页面样式中设置页面排列。若设置了页面排列但在预览时发现页面仍没有在浏览器中居中，则可能的原因是原型中元件的宽度超过了浏览器的宽度。

- 设置内联框架默认页面的方法为双击内联框，在弹出的界面链接中设置或在内联框中右击"框架目标页面"。

- 打开生成的 HTML 文件中的 start.html 可以看到站点导航，单击站点导航处的小箭头可以对有交互事件的元件进行标识。

- 如果需要将多个项目进行整合，则采用直接导入项目而不是复制界面的方法。因为导入项目可以导入页面、母版、变量等所有内容，而复制只能复制界面内容不能复制变量，可能会导致效果丢失。

- 对于添加打开的链接的用例，如果在新窗口的新标签中打开后添加，新窗口中将不会显示站点地图。

- 如果在原型设计的过程中软件或系统意外崩溃，而文件又没有来得及保存，从菜单栏中选择"文件"→"从备份中恢复"，找回最新的版本，在自动恢复设置中可以设置自动备份的时间间隔。

- 把当前的页面转化为图片。这个功能可以解决原型中文字的字体、大小、换行等在浏览器中预览时会出现的一系列问题。

- 在页面属性中设置草图效果可以生成手绘风格的线框图。

- 有时需要把整个站点的结构用树形图呈现出来，Axure RP 为此提供了一个快捷的方法：在页面区域中，选择你希望生成树形图的主干并右击，选择 "生成流程图"，就会自动生成图表形式的站点地图。单击图表上的每个控件，就会打开对应的页面。

- 在发布时，在发布设置中自定义 Logo 和标题，这样在生成的原型文件导航中就能显示添加的 Logo 和标题。

- Axure 拥有原型导入和合并功能，在生成时，用户可以选择全部生成和部分生成。

- 许多初学者总是很随意地添加 Axure RP 的文本框控件。而当框架布局完成后，就会有过多的文本框需要被拖曳到框架内，这样无疑会浪费许多时间。同时，同个框架内的文本对象会增加。也就是说，这会使得设计过程复杂化。

- 不要使用动态面板做简单的交互。动态面板是一个强大的工具，可以用来设计任何需要多状态显示的页面内容，但它很容易增加设计的复杂性，因此最好不要依赖复杂的动态面板。养成为组件和动态面板命名的习惯，可以缩短很多原型的维护时间。

2. 设计经验

图 4-12 所示的内容是原型设计的一些经验总结，包括一些建议、原则和要求。

了解相关的UI框架控件规范	整理并总结提升用户体验的设计技巧	了解最新的视觉和交互趋势
完整清晰地传达功能及交互过程	清楚地表达视觉层级逻辑	避免纠结复杂的交互效果实现
用页面导航结构去构建信息架构	遵循控件规范和命名规范	标记第一屏的高度
遵守栅格规范	保持合理的布局及间距	尽量不要使用截图

▲图 4-12　原型设计经验总结

3. 原型设计注意事项

图 4-13 总结了原型设计的一些注意事项。

其中合理地选择原型的保真度要兼顾项目对原型保真度的要求以及留给产品经理进行原

型设计时间的充裕程度。在没有明确要求原型保真度的情况下，产品经理可以根据项目留给自己的原型设计时间来选择原型保真度。如果时间充足，则可以输出高保真度的产品原型；反之，则输出中低保真度的产品原型。

合理地选择原型的保真度	养成保存多个版本的习惯
不同阶段输出不同丰富度的原型	在发布、分享原型时注意阅读对象的体验

▲图 4-13　原型设计注意事项

在产品原型设计的过程中，要在不同阶段输出不同丰富度的原型。在初审阶段，先完善一级页面结构，让项目参与人员明确需求背景以及大致的产品方案，产品方案大的框架和基本逻辑经评审没有问题后，再进行二级页面和多级页面的丰富、细化。很多产品经理经常画完整个原型，拿着完整的高保真原型去参与评审，一旦评审不通过，且要对一些重要的功能和交互做出修改，就很浪费时间。

产品原型设计的过程中要养成保存多个文件版本的习惯，这是指要保存连续版本更新的实体文件。不建议所有的设计迭代都在一个文件上进行。通常你删除了一些模块，发现后续又需要这样的模块，就不得不重新画一次。如果有多个版本的文件，则直接可以复用之前没有删除该模块的文件。另外，最好在本地保存文件后再同步到云端，以防止本地环境异常导致文件丢失。

在发布分享原型的时候要注意阅读对象的体验，例如，Axure RP 生成的 HTML 文件经常需要安装相关插件才能在浏览器打开，个别浏览器会无法渲染出完整的页面等，在打包、分享原型的时候应该考虑到这些问题并提前准备好解决方案。

第 5 章　如何画好产品架构图

5.1　产品架构图的定义和基本画法

本节主要介绍产品架构图的相关内容，包括产品架构图是什么（What），为什么要画产品架构图（Why），如何画产品架构图（How）。

1. 产品架构图的定义

产品架构图是一种将具象产品的业务结构、功能结构、信息结构、技术结构、生态结构以及商业模式等，通过层级划分、模块组合设计出的可视化图形。其抽象且精简的表达形式很适合用来介绍复杂产品。常见的产品架构图有业务架构图、功能架构图、信息架构图以及混合（业务、功能、信息、技术以及商业模式等）架构图等。

对比各种产品输出物（文档、原型图、流程图）可以看出，产品架构图的形式最简单，都是对单一矩形控件的排列组合，但其在所有的产品输出物中复杂度以及抽象程度最高，对产品经理抽象能力的要求也是最高的。

2. 为什么要画产品架构图

在进行产品设计的时候，首先应该产出的是产品架构图，思考这张图如何画的过程，就是帮助你梳理产品设计思路以及确定产品边界的过程。例如，现在让你设计一个 CRM 系统，你可以试着先画出具体业务的 CRM 系统的产品架构图，画的过程会让你思考整个 CRM 系统由哪些核心功能模块组成，各模块之间的关系是怎样的，每个阶段应该做什么，从而形成完整的产品设计思路。

其次，输出产品架构图就好比是搭建大楼地基，设计产品原型的过程就像是建造大楼的过程，地基没有问题，后面的添砖加瓦就不会有太大问题。如果一开始地基质量有问题而没有被重视，后续盖了一半才发现整个工程有问题，修复重建则会造成巨大的浪费。所以在项目初期，产品架构图是很重要的产品输出物。当你开始设计一个完整的产品方案时，如果跳过画产品架构图的步骤，直接开始画原型、撰写 PRD，就很容易发生改了又改，甚至是做了又推翻的情况。

最后，产品上线后，无论是进行对内普及还是对外推广，都需要使用高度抽象、简洁易懂的载体来介绍产品的整个情况。推广信息不可能用繁杂的页面和文字去描述，因此产品架构图就会是介绍整个产品的理念、功能和设计的很好的媒介。

3. 如何画产品架构图

上文介绍了什么是产品架构图以及为什么要画产品架构图，接下来要介绍如何画产品架构图。产品架构图的基本画法主要分为以下 4 个步骤。

（1）确定对象。

（2）拆解架构。

（3）挖掘关系。

（4）表达输出。

首先，要明确产品架构图描述对象的类型，例如，对于一个 CRM 系统来说，要画的是 CRM 系统的业务架构图、功能架构图、信息架构图，还是综合了多种元素的混合架构图。

确定好描述对象的类型后，要对其进行架构拆解，例如，一家借贷平台的业务架构图可以拆解为贷前业务、贷中业务、贷后业务等；又例如一个 CRM 系统的功能架构图可以拆解为整个 CRM 系统的各个功能模块，如账户管理模块、客户管理模块、用户管理模块、权限管理模块、系统设置模块等。

描述对象的架构拆解完成后，需要挖掘出各个元素之间的关系，同样以 CRM 系统的功能架构图为例，在拆解完整个 CRM 系统的功能模块后，接下来就要分析各个功能模块之间的关系。产品架构图内部元素之间的关系主要有 4 种，即同级并列关系、父子包含关系、辅助支撑关系、底层支撑关系。

确定了各个元素之间的关系后，则需要进行关系表达，将层级相同的元素根据同级并列关系排列在一起。

例如，在 CRM 系统中，客户管理模块和权限管理模块就属于同级并列关系，而权限管理模块和权限分配模块之间则属于父子包含关系，在表达父子包含关系时，父级模块通常会包含子级模块。

一些产品的非核心功能模块或者产品之外的一些功能模块，例如第三方平台的短信功能模块，对产品自身功能的实现起到了一定的辅助作用，与产品其他功能模块呈现出辅助支撑的关系。辅助支撑模块一般画在产品架构图的右侧。

最后是底层支撑关系，例如，如果产品的会员体系是建立在账户体系的基础上的，那么账户体系与会员体系就属于底层支撑关系。底层支撑关系的表达方式一般是支撑模块在下，被支撑模块在上。这些基本关系的图形化表达方式会在后面的章节中结合实际的案例详细介绍。

整个描述对象的结构关系表达完成后，要整体检查一遍是否有遗漏和错误，检查完毕后配上整个产品架构图的标题。产品架构图的标题往往是对整个产品架构图中内容的说明，一般放在产品架构图的上方或者左右两侧，最终输出完整的产品架构图。

如果你不能把一件事情用最简洁的语言描述清楚，说明你还没有理解它。同理，对于产品设计而言，如果你不能用简单的图形，通过排列组合的方式，把一个复杂的产品结构描述清楚，说明你还没有真正理解你做的产品。所以，在日常的产品工作中，要培养自己画产品架构图的习惯，培养抽象思考能力的同时，辅助自己高效地完成产品方案设计。

5.2 如何画好业务架构图

业务架构图描述的基本对象是整个产品所涉及的具体业务，大到公司的整个业务逻辑，小到一个职能部门或一个生产模块的业务逻辑。虽然业务架构图的设计较复杂，但是依然使用的是产品架构图的基本画法。

业务架构图的画法分为 4 个步骤——确认业务架构闭环，拆分业务架构，挖掘业务关系，表达输出业务关系。

其中业务架构闭环指的是在设计业务架构图时，要明确产品所承载的业务模式是什么，以贷款产品为例，贷款业务是银行等正规金融机构为有资金需求的借款人提供资金并收取利息的一种业务模式。贷款业务通常被拆分为贷前、贷中以及贷后三大子业务，其中贷前业务分为进件业务、电核业务、面审业务、风控业务、签约业务等；贷中业务分为放款业务、发标业务、还款业务、回收业务、特批业务等；贷后业务分为电催业务、回访业务、委外业务等。

清楚了业务架构的闭环，以及对业务架构进行了拆解之后，接下来就要挖掘各个业务模块之间的关系。业务模块之间的关系一般分为 4 种——同级并列关系、父子包含关系、底层支撑关系和辅助支撑关系。

以上文中的贷款产品的业务模式为例，贷前业务中的进件业务和电核业务，二者是同级并列关系，而它们又都属于贷前业务，所以它们与贷前业务是父子包含关系。按照事物的发展顺序，贷前、贷中以及贷后业务存在着底层支撑关系。在整个贷前、贷中以及贷后这几个核心业务运行的过程中，通常还需要运营业务、营销业务、法务业务以及其他业务的辅助支撑，所以这些业务与核心业务之间存在辅助支撑关系。图 5-1 是按照前面的思路输出的贷款产品的业务架构图。

从图中可以看出，底层支撑关系是一种强关联关系，就好比盖大楼首先应该打好地基，然后再盖上层建筑，地基起到的是底层的支撑的作用。而辅助支撑关系稍微弱一点，就好比盖好的大楼中的供水、供电等基础设施，它们起到辅助大楼良好运作的作用。

综上所述，按照产品架构图的基本画法，以产品业务作为描述对象，应先明确基本的业务架构闭环，对业务架构进行拆解的同时还要思考业务之间的关系，最后输出完整的产品业务架构图。

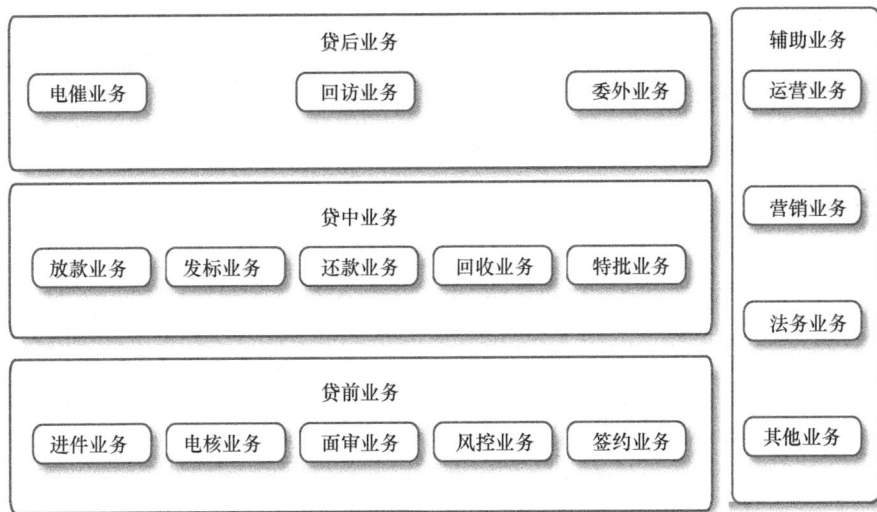

▲图 5-1　贷款产品的业务架构图

5.3　如何画好功能架构图

功能架构图是产品架构图中相对比较简单的一种，按照产品架构图的基本画法，以画微信的功能架构图为例，同样分为以下 4 个步骤。

（1）确定对象。输出的对象是微信的功能架构图，需要整理出微信的基础功能有哪些。

（2）拆解架构。微信的基础功能可拆解为四大模块——社交&资讯模块、生活服务&娱乐模块、购物消费模块以及工具服务模块。

（3）挖掘关系。社交&资讯、生活服务&娱乐以及购物消费三大模块之间属于同级并列关系，工具服务模块则在外围贯穿整个结构，提供辅助支撑。

（4）表达输出。根据各个功能模块之间的关系，输出微信的功能架构图。

图 5-2 是微信 8.0.2 版基础功能架构图，其中省略了很多细节功能。在画产品功能架构图的过程中，要根据表达的目的和对象选择合适的繁简程度。

▲图 5-2　微信 8.0.2 版基础功能架构图

如果要简洁地表达微信的基础功能，则画出图 5-2 所示的、相对比较精简的功能架构图。如果要表达微信的所有功能，则直接从微信的所有页面出发，拆解出"登录/注册""微信""通讯录""发现""我"等主功能模块，然后包含（关系挖掘）新增好友、搜索好友、朋友圈、个人设置等一系列子功能，主功能模块和子功能之间属于包含关系，各主功能模块之间则为同级并列关系，从而输出完整的产品功能架构图。

5.4 如何画好信息架构图

在日常生活中，我们经常可以看到各种信息架构图。例如，进入一栋陌生的写字楼时，我们可以在一楼大堂的电子信息屏上看到这个大厦有多少层，每一层入驻了哪些公司，详细点的还会以模型图的形式展示具体的楼层结构，以及每个区域的安全通道和卫生间等。

同样，在商场里，我们经常在每一层的电梯入口处看到一个信息显示架，该信息展示架在展示商场每一层结构的同时，还会标注一楼是日用品区，二楼是美食区，三楼是服装区，四楼是家电区，五楼是影院区，六楼是亲子游乐区等信息。写字楼里面的电子信息屏和商场里面的信息显示架从一定程度上可以看作信息架构图的载体，主要的作用是对外介绍主体的信息结构。

回到日常的产品工作中，信息架构图扮演了介绍产品信息结构的载体的角色，一个产品往往包含多层次的信息结构。例如，打开一个网站，从上往下会展示它的导航专区、搜索专区、主题专区、内容专区、服务专区、经营许可专区等多层次的信息结构。

在画法方面，信息架构图和功能架构图的画法相同。唯一的区别是，在画信息架构图时要学会区分信息元素和功能元素。例如，"导航区"属于信息元素，但是在导航区中，具备导航索引功能的下拉菜单属于功能元素，其在功能架构图中通常被描述为"下拉导航菜单"。

可见，功能架构图的组件元素描述以具象的功能点作为对象，而信息架构图则以抽象的信息面作为对象。

所以，在画信息架构图时，要按照基本架构图的画法，在整个产品信息结构中找到各层级的信息面，再解构出信息组件，然后找出各信息组件之间的关系，最后输出完整的信息架构图。

5.5 如何画好混合架构图

很多时候我们要完整地介绍一个产品，需要介绍这个产品所承载的业务、具备的功能和信息，以及具备的技术能力和高度抽象的商业模式等。这些内容在单一的业务架构图或功能架构图中通常无法全部展现，所以需要混合架构图来多维度地介绍产品。

业务架构图、功能架构图以及信息架构图的拆解对象比较单一，它们都针对单一的业务、功能、信息来进行架构拆解和关系挖掘。而混合架构则会拆解多个对象，例如业务、功能、信息、技术和商业模式等，充分地利用从这些对象拆分出的组件，进行关系挖掘以表达产品的整体架构。混合架构图与其他单一主体的架构图相比，元素组件更加丰富多样，如果要对外更加全面地介绍自己的产品，那么混合架构图会是一个不错的选择。

例如，图 5-3 展示的 CRM 系统的混合架构图就体现了 CRM 系统的客户、用户，以及二者之间的关系等。

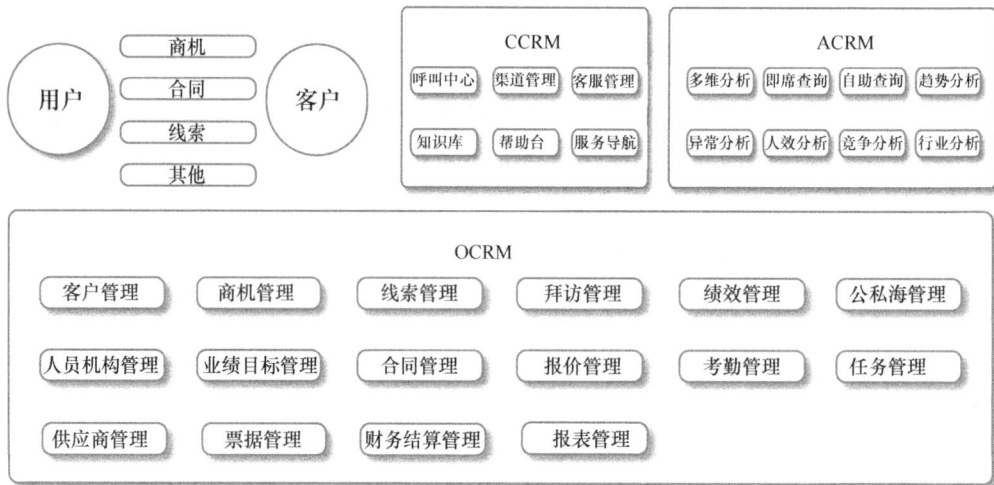

▲图 5-3　CRM 系统的混合架构图

混合架构图可能会包含功能、信息、业务、技术以及商业模式等模块。混合架构图不仅可以体现一个产品底层的商业模式，还可以体现其具体的产品功能、业务逻辑和优势技术等，让产品信息的表达更加多元和完整。

混合架构图的画法和业务架构图、功能架构图、信息架构图等产品基础架构图的画法类似。唯一不同的是，拆解的对象更加多元，拆解出的组件元素更加多样，并需要在多种类型的元素组件中寻找关系，然后输出完整的混合架构图。

第6章　如何进行用户研究与分析

如何进行问卷调研

用户调研是产品经理进行用户研究时必备的技能之一，主要分为问卷调研和用户访谈两种形式。本节和下一节主要介绍这两种调研方式。图 6-1 是调研问卷的基本内容。

▲图 6-1　调研问卷的基本内容

问卷调研是用户调研过程中应用最广泛的形式之一，即由调研员根据调研目的设计调研问卷，并采取抽样（随机抽样或整群抽样）的方式确定调查样本，然后让被调研者完成指定的问卷，最后由调研员针对问卷结果进行统计分析并得出调研结果的一种方式。

问卷调研的过程中最重要的环节是设计调研问卷。调研问卷的基本结构主要分为 4 个部分——头部部分、甄别部分、主体部分和背景部分。

头部部分主要包括标题和介绍语，目的是介绍调研背景，其作用是引起被调研者的兴趣和重视，消除被调研者的顾虑，激发被调研者的参与意识，争取让他们积极配合。

一般介绍语中的内容包括称呼、问候、调研目的、调研对象作答的意义和重要性、完成问卷所需的时间以及感谢语等。介绍语一方面要反映以上内容，另一方面要注意语言尽量简短。

甄别部分也称为调研问卷的过滤部分，它用于对被调研者进行过滤，筛选出目标调研用户，然后针对目标用户进行调研。甄别可用于筛选掉与调查目的没有直接关系的样本，以达到精确调研和有效调研的目的。例如，现在要为一款专门针对孕期妈妈提供孕期知识服务的产品进行问卷调研。显然，目标用户是孕妇群体，而其他群体就不属于这次调研的目标调研用户。另外，甄别部分可以确定哪些人是合格的调研对象，使调研结果更具有代表性。

主体部分是调研问卷的核心部分，它包括了所要调查的全部问题，由问题和答案所组成，这里总结了以下几点设计思路，在实际设计调研问卷的过程中可以参考。

（1）设计问卷的过程其实就是将调研目的逐步具体化的过程。根据调研内容先确定好"树干"，然后再根据需要为每个"树干"设计"树枝"，每个问题就是"树叶"，最终构成一棵"树"。因此在设计整个问卷树之前，在思考层面要有整体框架性的构想。

（2）如果主体问卷中内容类别的差异较大，通常需要将差异较大的问卷分类设置，从而保证每个类别的问题相对独立，整个问卷的条理也更加清晰、整体感更加突出。

（3）主体问卷要求设计应简明，内容不宜过多，应根据需要确定，避免可有可无的问题，避免模棱两可的问题。

（4）问卷设计要具有逻辑性和系统性，一方面可以避免信息的遗漏，另一方面会让调研对象感觉问题集中、提问有章法。相反，假如问题是发散的、随意的，就会给人思维混乱的感觉。

（5）问卷题目必须有针对性，明确被调研人群，符合被调研者身份，充分考虑被调研人群的文化水平、年龄层次等。调研问卷在措辞上也应该进行相应调整，例如，面对文化水平较低的用户，在语言上就必须尽量通俗，而对于文化水平较高的用户，在题目和语言上就可以提高一定的层次。对于特定行业或者"圈子"的用户，则术语的使用要尽量专业。只有在这样的细节上综合考虑，调研才能够达到预期的效果。

背景部分通常放在整个调研问卷的末尾，主要用于收集被调研者的一些背景资料，并声明会保密。该部分所包括的各项内容一方面可作为对被调研者进行分类的依据，如被调研者的性别、民族、婚姻状况、收入、教育程度、职业等；另一方面可以用于收集信息进行调研反馈，以及为后续运营进行铺垫。

调研问卷提问的方式主要分为封闭式提问和开放式提问两种。

封闭式提问是在每个问题后面给出若干个选择答案，就像我们平时在考试中遇到的选择题，被调研者只能在这些备选答案中选择自己的答案。封闭式提问的优点是用户体验好，调研者根据自己的调研目的，可以限制调研预期和范围，缺点是会限制被调研者的表达，导致问题的答案不具备发散性，在最后分析总结时降低了得到更多结果的可能性。

开放式提问就是允许被调研者用自己的话来回答问题，就像我们平时在考试中遇到的简答题，但采取这种方式提问会得到各种不同的答案，不利于资料的统计分析，因此在调研问卷中不宜使用得过多。当然，在实际的问卷设计的过程中，建议采用两种提问方式，以封闭式提问为主，以开放式提问为辅，达到优势互补的效果。

在设计完调研问卷后，再利用基本的问卷设计原则来检验整个问卷的合理性。问卷设计主要包括 6 个原则，分别是合理性、一般性、逻辑性、明确性、非诱导性、便于整理分析。

- 合理性。合理性指的是问卷内容必须与调研主题紧密相关，违背了这一点，再漂亮或再精美的问卷都是无益的。

- 一般性。一般性即问题的设置是否具有普遍意义，这是对问卷设计的一个基本要求，如果在问卷中发现常识性的错误，这些错误不仅不利于调研成果的整理分析，而且会导致用户对调研问卷产生怀疑。

- 逻辑性。问卷的设计要有整体感，整体感是指问题与问题之间要有逻辑，而独立的问题本身也不能出现逻辑上的谬误。问题紧密相关会让被调研者感到问题集中，且提问有章法，调研者分析总结时也能够获得比较完整的信息。假如问题是过于发散的、带有意识流痕迹的，问卷就会让被调研者感觉随意并缺乏逻辑性。

- 明确性。明确性即问题设置的规范性，这一原则具体是指命题准确，提问清晰明确便于回答，被调研者能够对问题做出明确的回答。

- 非诱导性。在设计问题时，要避免诱导被调研者选择特定的答案，例如，针对安卓系统和苹果系统的用户使用倾向度的调查中，有两个问题。问题 1：您更喜欢使用安卓系统还是苹果系统呢？问题 2：苹果手机被称作"贵族机"，您更喜欢使用安卓手机还是苹果手机呢？针对这个主题的调研问题设计，第二个问题明显带有主观的诱导性。而非诱导性指的是问题要保持独立和客观，不能带有主观的预设、引导、暗示、诱导等。

- 便于整理分析。成功的问卷设计除考虑到紧密结合调研主题与方便收集信息之外，还要考虑到调研结果分析的便捷性以及调研结果的说服力。首先，调研指标是能够累加和便于累加的；其次，指标的累加与相对数的计算是有意义的；再者，能够通过指标清楚明了地说明所要调查的问题。只有这样，用户问卷调研才能得到预期的效果。

最后，在调研问卷的设计过程中有一些注意事项。

（1）调研问卷要有明确的主题，根据调研目的，从实际出发。

（2）结构合理且逻辑性强，问题的排列应有一定的逻辑顺序，一般是先易后难，先简后繁，先具体后发散等。

（3）问卷的内容要通俗易懂。问卷应使被调研者一目了然，并让被调研者愿意如实回答。问卷提问的语气要亲切，符合被调研者的理解和认知，避免使用被调研者不熟悉的专业术语。对于敏感性问题要采取一定的技巧，使问卷具有合理性和可答性，避免主观性和暗示性，以免答案失真。

（4）控制问卷的长度，尤其是对于移动端的网络问卷，填写时长不要超过 2 分钟。

（5）要便于调研结果的校验、整理和统计。

（6）要注重整个问卷调研过程中的用户体验，例如，要提前考虑在线问卷无法正常打开、无法提交等异常情况，并准备好完善的应对方案。

6.2　如何进行用户访谈

用户访谈是产品经理进行用户研究常使用的一种调研方式，是围绕特定目的，与受访用户交谈，从而获取受访用户对产品或者服务的感受、意见、建议以及期望的过程。

产品经理作为用户访谈者，需要明确访谈的目的，设计完整的提纲，在与用户访谈的过程中，要充分获取用户反馈的信息，分析总结并输出完整的用户访谈报告。

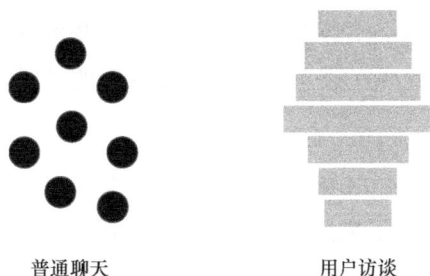

普通聊天　　　　　　　用户访谈

▲图 6-2　普通聊天和用户访谈的区别

许多人觉得用户访谈就是和用户聊天，事实上用户访谈和普通聊天在形式上相似，但在本质上有很大的区别。图 6-2 形象地表明了普通聊天和用户访谈的区别，普通聊天的形式自由而松散，没有严格的目的和边界，而用户访谈则需要有事先设计好的流程和结构，是访谈者按照严格的提纲进行提问并收集反馈信息的过程。

用户访谈方法的框架如图 6-3 所示，整个框架分为 3 个部分——提纲设计、提问拓展、注意事项。下文将对这 3 个部分的内容做详细介绍。

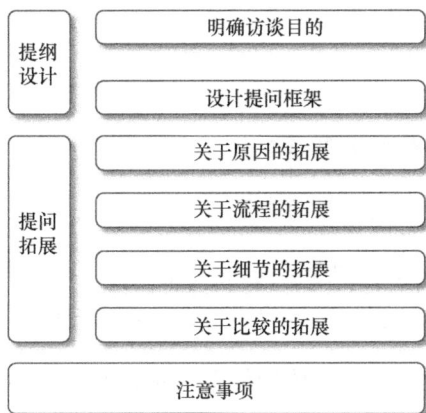

▲图 6-3　用户访谈方法的框架

无论是问卷调研还是用户访谈形式的调研，首先应该明确的是调研的核心目的是什么，明确调研的范围和边界。例如，如果某次用户访谈的核心目的是通过访谈目标用户，找出产品流失率增加的原因，那么问题的设计和话题的边界就应该围绕着找出用户在使用产品一段时间后放弃使用的原因而展开，与核心目的无关的话题则要尽量避免。其次，整个提问框架的设计和调研问卷的问题设计一样，要遵守提问原则——合理性、一般性、逻辑性、明确性、非诱导性以及便于分析和整理。

相比于问卷调研，用户访谈能更方便有效地挖掘出访谈者想要的信息。所以在访谈过程中，不仅要基于提纲设计的问题来提问，还要针对提纲问题以及被访谈者的回答，不断地将问题拓展到更深的层次。总体来说，这种扩展可以包含关于原因的扩展、关于流程的扩展、关于细节的扩展、关于比较的扩展。

其中关于原因的扩展指的是提出每个问题时都要有刨根问底的精神，例如，丰田汽车公司前副社长大野耐一曾举了一个例子来找出停机的真正原因。

问题一：为什么机器停了？

答案：因为机器超载，熔丝烧断了。

问题二：为什么机器会超载？

答案：因为轴承的润滑不足。

问题三：为什么轴承会润滑不足？

答案：因为润滑泵失灵了。

问题四：为什么润滑泵会失灵？

答案：因为润滑泵的轮轴磨损了。

问题五：为什么润滑泵的轮轴会磨损？

答案：因为润滑液中的杂质跑到里面去了。

经过连续 5 次问"为什么"，才找到问题的真正原因，从而得知解决的方法是在润滑泵上加装滤网。在进行用户访谈时，要不断地问为什么，直到挖掘出最深层次的用户反馈信息。

关于流程的扩展指的是在针对被访谈者使用产品某个具体的流程进行访谈时，虽然可能只想了解一下被访谈者平时购买的过程，但是有时候不得不把视角扩展到与该流程相关的整个流程闭环上，例如，购买前和购买后被访谈者的心理活动与行为等。了解购买前的过程能让访谈者更好地了解被访谈者的购买初因，收集并总结有利购买的因素，有效地刺激或放大这种因素，有可能带来产品购买率的提高；了解购买后的过程，有利于挖掘新的产品设计方案，如果通过访谈得知，许多被访谈者在买完一种商品后还会有购买其他商品的需求，那么访谈者就可以根据这样的需求来设计产品方案。典型的案例是在当当网买了一本书后，系统会告知你同样买了这本书的人买了其他的什么书。

关于细节的扩展指的是在访谈过程中，为了能够获得更深的洞察，访谈者需要把一些模块不断细化分解，从而寻找被访谈者更详细的细节。寻找细节是需要在访谈的时候根据被访谈者的回答内容灵活操作的，访谈者需要从被访谈者的回答中找到一些需要关注的点，然后不断深挖。不过，在设计访谈提纲的时候，访谈者针对一些特别关注的环节，可以提前规划一些预想的细节，把环节分解得更细一些。

关于比较的扩展指的是差异总是在比较中产生的，在访谈提纲中，为了让某些特征更明显，要增加比较的扩展。或者设计纵向的比较，询问被访谈者使用前后的变化；或者设计横向的比较，了解被访谈者与其他被访谈者之间的差异。除被访谈者的比较之外，我们还可以让被访谈者比较产品、比较不同的场景，甚至比较不同的使用目的，通过多个维度的比较全方位地了解被访谈者的需求。

在用户访谈的过程中，要注意以下事项。

（1）用户访谈的时候，访谈者要去适应被访谈者，不要让被访谈者适应自己，例如，针对某个问题被访谈者的理解是错误的，而作为访谈者应该关注被访谈者产生理解偏误的原因，而不是直接纠正被访谈者，给被访谈者灌输自己的理解。

（2）提问不要带有主观的诱导性，例如，不要问您是否喜欢某个功能。有可能被访谈者会考虑到照顾访谈者的情绪而直接说喜欢。相反应该思考这个新功能满足了什么需求，从而询问被访谈者是否有这样的需求，如果被访谈者说有，则可以介绍新功能并询问新功能是否能满足其需求。

（3）让被访谈者说出自己真正的需求，而不是他自己想出的解决方案。例如，询问被访谈者需要什么，被访谈者说需要一匹更快的马，更快的马是被访谈者自己想出来的解决方案，并不是真实的需求，而真实的需求是需要提高出行速度。这样挖掘出真实需求后，产品经理就可以提供比马更快的汽车。

（4）访谈中提出的关键问题和被访谈者的关键描述要做好记录和归档，以便于后续复盘。

6.3　如何构建用户画像

构建用户画像是产品经理进行用户研究与分析最常用的一种方法，本节介绍的是用户画像的构建方法，如图 6-4 所示。

用户画像作为一种描述目标用户特征、联系用户需求、指导产品设计的用户分析方法，在实际操作的过程中往往会以最浅显和贴近生活的标签将用户的属性、行为与需求联系起来。作为实际用户角色和属性的虚拟刻画，用户画像所形成的用户角色并不是脱离产品和市场构建出来的，而是通过对用户数据进行分析，并通过标签化建模得出的，能反映用户真实角色和属性的一种分析工具。

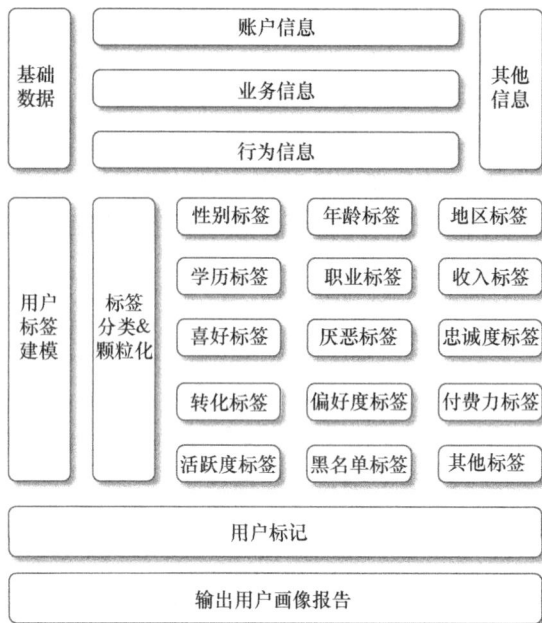

▲图 6-4　用户画像的构建方法

用户画像是很多产品在做用户分析时都会提及的概念。从战略角度来看，好的用户画像可以帮助企业进行市场洞察、预估市场规模、制定阶段性目标、指导重大决策并提升投资回报率（Return On Investment，ROI）等。从产品角度来看，用户画像可以围绕产品进行人群细分，确定产品的核心人群，从而有助于确定产品定位并优化产品的功能。从数据管理角度来看，用户画像有助于建立数据资产，挖掘数据的价值，使数据分析更精确，甚至可以进行数据交易，促进数据流通。

在产品上线运营初期，并没有用户量的积累，此时的用户画像一般是根据产品的定位，定性分析出来的模糊画像。例如，对于美妆类产品，产品经理前期可大致锁定用户画像为身处一二线城市、喜欢时尚、年龄在 18～35 岁的女性。当产品有了一定用户量的积累后，用户在使用产品的过程中会产生很多重要的数据，例如，在注册过程中，你不仅可以通过功能设计和产品策略获取用户的基本信息（包括姓名、性别、手机号、地区、年龄、身高、职业、爱好、关注领域等），还可以获取用户在使用产品过程中产生的数据（如用户使用电商产品在购物过程中产生的购物数据，这些数据包括但不限于订单数、消费金额、消费商品品类等），以及用户在使用产品过程中产生的行为数据（如使用高频时间段、平均使用时长、平均使用频次、常用功能等）。

获取了用户基础数据后,接下来就对用户数据进行标签化建模。标签化建模分为两个步骤,分别是选择标签模型和模型颗粒化。例如,通过性别模型你可以构建性别标签,性别模型颗粒化后形成了男、女标签,每一个用户在性别模型下,都会被贴上一个标签,要么为男性,要么为女性。同样,通过地区模型你可以构建出地区标签,通过年龄模型你可以构建出年龄标签(青年、中年、老年等)。以此类推,按照不同的模型,构建出丰富的标签库——学历标签、职业标签、收入标签、喜好标签、厌恶标签、忠诚度标签、转化标签、偏好度标签、消费能力标签、活跃度标签和其他标签等。

经过标签建模,使得标签库足够丰富后,你就可以对用户贴标签,有些标签基于基础数据可以自动标记,如性别标签和地区标签等。有些标签则需要用户触发标签规则才能被标记,例如,某电商 App 需要用户消费一定金额才给其贴上优质客户标签。另外,有一些标签无法基于基础数据和具体规则量化,因此需要产品或者运营人员人工判断,就是通常所说的给用户手动贴标签的过程。

用户被贴上各种标签后,通过标签,你可以还原出一个真实的用户角色和他的基本属性,这样就可以描述一个用户的真实画像。如果要描述用户画像,则选取用户群的公共标签,综合输出完整的用户画像报告。

第7章　如何做好需求管理

7.1　如何挖掘出用户的真实需求

所有的产品都是基于用户的需求设计出来的，比如，汽车的发明满足了人们对出行效率的需求，电话的发明满足了人们对通信效率的需求，互联网的诞生满足了人们对信息传播效率的需求。这些驱动人类文明发展的需求造就了诸多伟大的产品。但是从用户需求到产品设计的过程，很多时候并不是那么顺利。《乔布斯传》中提到一个细节，如果福特在发明汽车之前做用户关于出行效率的需求调研，他得到的答案一定是大家都想要一辆更快的马车，如果福特听取了用户的"需求"而致力于研究世界上最快的马车，那可能他就根本不会成功。

事实上，很多时候用户提出的往往是他们认为的解决方案，而并不是真实的需求。产品经理在进行需求分析时，一定要多问几次为什么，在挖掘用户需求的时候，尽量引导用户陈述当前的事实，表达其内心感受，说出自己的期望，整个过程如图7-1所示。

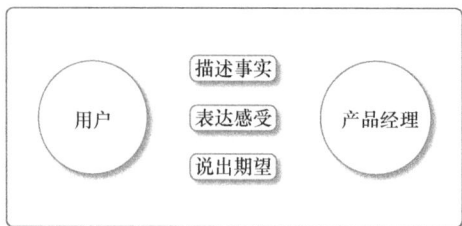

▲图7-1　挖掘用户的真实需求

回到上文《乔布斯传》中提到的细节，假设福特在发明汽车前做了需求调研，我们猜想可能会发生以下场景。

场景 1 如下。

福特：关于日常出行，你们的需求是什么？

用户：我们想要一辆更快的马车。（表达期望，并没有陈述事实以及表达感受）

福特：一辆更快的马车会满足你们的需求吗？

用户：是的。

福特：好的，我们会造出世界上最快的马车。

用户：谢谢，我们很期待。

我们在日常的产品工作中，是否直接听从并采纳了用户自己提出来的产品方案？这些方案看似解决了用户的需求，但也许并不是最优的方案，而产品经理要做的就是多问为什么，深挖出用户的真实需求后，给出专业的、最优的产品方案。

让我们套用图 7-1 中挖掘用户真实需求的方法，来描述另外一种可能的场景。

场景 2 如下。

福特：你们的需求是什么？

用户：我们想要一辆更快的马车。（表达期望，并没有陈述事实以及表达感受）

福特：为什么你们希望要一辆更快的马车？（引导用户陈述事实）

用户：因为那样我们能更快地出行和运输，使用现在的马车出行和运输都很慢。（陈述事实）

福特：所以你们是为了更快地出行和运输吗？（引导用户说出期望）

用户：是的。（说出期望）

福特：那我们可以创造出比世界上最快的马车还快的东西，你们愿意用吗？（提出产品经理专业的解决方案）

用户：当然愿意，如果你能提供的话。（挖掘到了真实的用户需求）

从以上场景中可以看出，用户的真实需求是更高的出行效率，但是在他们的认知里，似乎只有更快的马车可以满足他们的需求，于是他们说出了需要"更快的马车"这样的需求，但是产品经理运用自己的专业知识，挖掘出用户的真实需求后，可以为用户提供更快的汽车、火车和飞机等产品。

所以，产品经理进行需求调研时，用户的真实需求往往并不会被直接表达出来，产品经理要运用有效的方法，不断地引导用户说出自己的真实需求，并给出专业的产品方案，这也是产品经理必须具备的能力。

7.2　如何评估需求的价值

上一节介绍了挖掘用户真实需求的方法，那么是否只要是用户存在的真实需求，产品经理就一定要去满足呢？答案显然是否定的。第 1 章介绍了好产品的定义，其中好产品很重要的一个属性是"有价值"，即强调产品的商业价值。商业价值要求产品经理在面对用户需求时，一定要评估需求的价值，要有投入产出比的量化思维。

日常的产品工作中，产品经理经常会遇到很多真实的用户需求，但是会发现实现成本太高而放弃，放弃背后的决策机制就是对需求价值的评估。

用户需求的价值往往会受到多个维度的评估，如用户维度、研发维度、商业维度等，这些都是要综合量化产品需求 ROI 的基础维度。如图 7-2 所示，需求的价值判断最后往往决定着需求是否应满足。

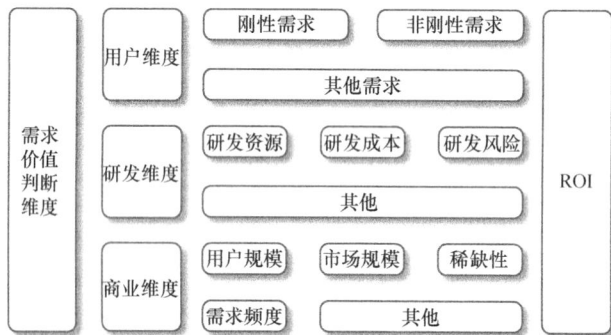

▲图 7-2　需求的价值评估

在用户维度，产品经理关心的是需求本身对于用户的重要程度，是刚性需求还是非刚性需求。刚性需求意味着这个需求对于用户来说很重要，例如，社交需求和购物需求是所有用户需求中最基本且最底层的需求，是一种强需求，这也是微信和淘宝等能脱颖而出并且能拥有大规模用户的根本原因。此外，面对公司内部业务需求，如果该需求的实现是满足某个重要业务逻辑的前提条件，那就说明这个需求是刚性需求（强需求）。而非刚性需求又称为弱需求，对于用户来说，能满足这样的需求固然好，满足不了也不会对用户造成多大的影响。这些需求往往可以带来一些产品增益，但是并非必要。所以，刚性需求一般是必须要满足的需求，而非刚性需求是可以选择性满足的需求，通常认为刚性需求比非刚性需求具备更高的价值。

在研发维度，产品经理在进行需求价值评估时，不仅要考虑需求研发过程中的投入产出比，还要考虑研发资源、研发成本和研发风险。若研发资源充足、研发成本低，且研发风险相对可控，则设计出满足这个需求的产品的成本可控，这个需求则相对更有价值，值得研发出满足该需求的产品。

在商业维度，产品经理关心的是需求的用户规模有多大，以及可创造出的市场规模有多大。需求的用户规模和市场规模越大，需求越有价值。例如，网约车和共享单车这样的需求量规模大，创造了千亿元级别的巨大市场，这样的需求显然更有价值。此外，需求频次和稀缺性也是商业维度的评估标准，通常认为高频需求更有价值，而一些没有被大规模发掘的潜在需求本身就具备稀缺性，拥有引爆市场的潜力。

综合以上各种维度，试着评估出整个需求的投入产出比。首先，判断这个需求是刚性需求还是非刚性需求，这个需求解决了用户什么样的问题，具体产生了什么样的用户价值（提升了用户体验，加快了用户增长速率，增加了用户黏性等）。其次，判断是否具备实现这个需求的相关资源，研发成本大概是多少，整个项目存在怎样的风险（技术风险、政策风险、法律风险等），且风险是否可控。最后，判断有多少用户存在这样的需求，能产生多大的市场规模，这些需求是高频需求还是低频需求，是否具备稀缺性等。基于以上的分析框架，评估出整个需求的投入产出比，来作为评估需求价值的最终指标。

产品经理在进行需求价值评估时，要有一套完整的问题分析框架，规范地挖掘用户的真实需求，评估需求价值。此外，在面对需求时，要有清晰的认识：并不是用户所有的真实需求都应该满足，有价值的需求才有必要满足，这个价值是对多个维度进行综合分析的结果。

7.3　如何评估需求的优先级

前面分别介绍了如何挖掘用户的真实需求以及如何评估需求的价值，本节将介绍挖掘出用户的真实需求且认为该需求有实现价值后，如何评估需求的优先级。

日常的产品工作中，很多需求往往在同一个时间段产生，而技术资源是有限的，很多时候不支持并行开发所有需求。这个时候就要评估需求的优先级，以最优的顺序来满足各种权重不同的需求，以达到价值产出的最大化。图 7-3 介绍了评估需求优先级的基本方法。

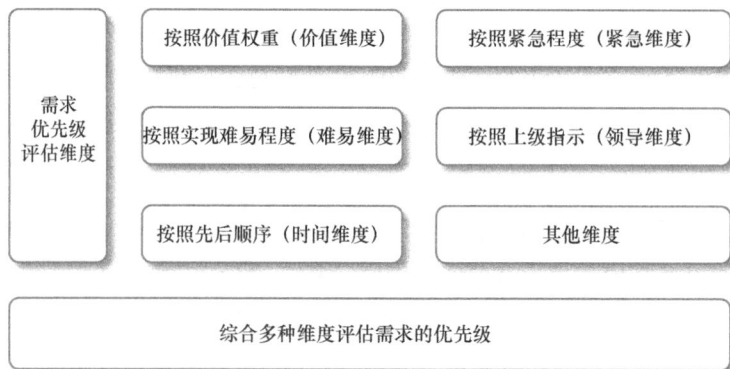

▲图 7-3　评估需求的优先级的基本方法

建议从以下维度评估需求的优先级。

- 价值权重（价值维度）。7.2 节介绍了如何对需求进行价值评估，评估结果可以作为评估需求优先级的维度之一。通常我们评估一个需求的优先级时，首先要参考这个需求带来的价值大小。价值越大，优先级越高。

- 紧急程度（紧急维度）。紧急程度也是需求价值评估的常用维度之一，越紧急的需求优先级越高，不紧急的需求次之。

- 实现难易程度（难易维度）。若一个需求规模较小，较容易完成，完成后能带来即时的业务价值，它的需求优先级可以提高；若需求规模比较大，相对复杂且开发周期较长，可以调低其优先级。

- 上级指示（领导维度）。很多时候需求来自上级，这里统称为"领导维度"。从两个方面来理解领导维度：一方面，下级要执行上级的行政命令；另一方面，需求本身具有权威性，上级领导在综合信息量和需求理解方面通常是超越产品经理的，相当于在上级层面已经进行了一次需求的价值评估，所以评估需求的优先级时，上级提出的需求的优先级一般较高。

- 先后顺序（时间维度）。按照需求提出的先后顺序进行需求的优先级评估是从时间维度来评估需求的优先级，一般情况下越早提出的需求优先级越高。

以上介绍了评估需求优先级的多个维度，在不同研发背景下，各维度的侧重点又各不相同，因此产品经理不能只根据其中的某一个维度进行评估，而是要根据多个维度综合进行评估，最终得出最优的需求优先级方案。

7.4 如何开好产品需求评审会

产品需求评审会是产品经理完成产品方案设计后到项目正式启动前，所经历的产品方案评审环节，是向相关参与者介绍需求背景和产品方案，达成产品方案共识，明确分工协作以及确定需求技术排期的会议。

图 7-4 介绍了开好产品需求评审会的基本方法。一场产品需求评审会主要分为 3 个阶段——评审前、评审中和评审后。本节将介绍如何更好地完成这 3 个阶段的工作。

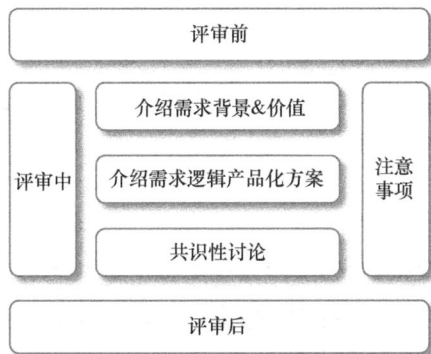

▲图 7-4　开好产品需求评审会的基本方法

1. 评审前

评审前通常要准备好评审会所需要的相关物料，物料作为评审过程中的辅助资料用于说明产品详情，通常包括但不限于产品架构图、思维导图、流程图、原型图以及相关说明文档等。

物料准备好后，要提前决定会议时间并通知相关与会人员，在会议邀请邮件里面通常要明确会议的主题以及会议的开始时间和持续时间。如果需要与会人员提前了解相关资料，请在邮件中说明并添加附件。

具体的与会人员一般根据整个项目的需求规模和影响范围来确定，一般会邀请业务人员、设计人员、技术人员、测试人员、运营人员等。

2. 评审中

做好评审前的准备工作之后，接下来进入重要的需求评审环节。评审过程中首先要介绍需求的背景和价值，产品经理要说明价值评估的过程与最终结果，让与会人员明确需求的价值大小以及价值点在哪里。

接下来，要介绍需求的产品方案。这个过程中，会进行关于细节功能的技术可实现性的讨论和最优方案的探讨。在不断讨论的过程中，原来的产品方案可能会得到修正，但是这种修正具备共识性，因此对产品而言这是一个优化的过程。产品经理在思考需求逻辑产品化闭环的过程中很难穷尽所有的细节，因此评审会的作用之一就是弥补个人思考不全面造成的缺漏。

评审产品方案的目的是同与会人员达成对产品方案的共识，这个过程中难免会出现意见分歧，所以产品经理要有耐心去面对这样的讨论过程。为了减少不必要的且无意义的争论，产品经理要培养控场能力和话题引导能力，即先进行产品方案的框架闭环的讨论并同与会人员形成共识。如果整个需求的产品框架没有问题，就像大楼的地基和框架已经搭建好，添砖加瓦的细节就不会有太大问题。然后再讨论具体的功能细节，一步一步引导与会人员参与讨论并达成共识，确定产品的最终方案。

评审过程会涉及对设计和技术以及测试等研发人员工作量的评估，相关的负责人需要在会中或者会后给出相应的技术排期。

3. 评审后

评审会后，产品经理需要整理并修改评审会中讨论得出的共识方案，输出会议纪要，最终方案修改完成并确定技术排期后一起打包，形成开发前的最终交付物，提交给相应的开发负责人，整个需求研发前的评审工作到此结束。

7.5 需求池的应用

在实际的产品工作中，产品经理可能会累积很多个需求，这些需求主要分为以下几类。

- 确定是真实的需求，但没时间进行价值评估，即使进行了价值评估且通过了，暂时也没有时间和资源去满足。

- 没有经过需求分析和挖掘，尚不清楚是否属于真实需求的需求。

- 属于一些想法或灵感，有可能转化成真实且有价值的需求，但是暂时没有时间去分析和评估。通常这些需求都会记录在项目流的"待规划"状态列表里面。

"待规划"状态列表中的需求实际上形成了一个"需求池"。所有的需求都要先记录在需求池中，并遵守"宽进严出"的规则。筛选后的需求才可以进入需求列表，当需求列表资源饱和时，则不再加入。如果需求列表中的需求逐渐变少，研发资源得到释放，产品经理会再从需求池中筛选出一部分可以进入需求列表的需求，既保证需求列表资源一直处于饱和状态，又不至于因为需求太多、太杂而手忙脚乱，从而专注于需求列表中的需求。图 7-5 展示了产品需求池的基本框架。

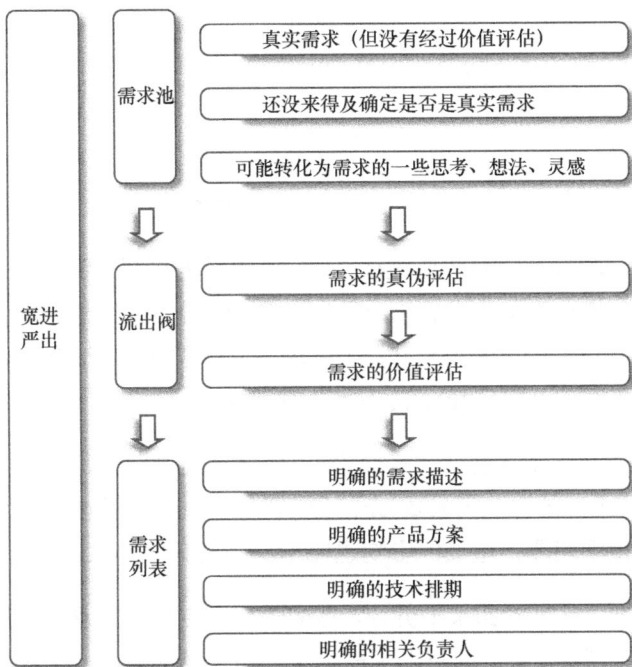

▲图 7-5　产品需求池的基本框架

　　流出阀通常会根据需求的真伪评估和需求的价值评估等准入规则，综合判断需求池中的哪些需求可以"流入"需求列表。通常，真实且有价值的需求会流入需求列表。流入的需求要有明确的需求描述、产品方案、技术排期以及相关负责人等基本信息。

　　产品经理只需要把工作聚焦于对需求列表里的需求的跟踪和维护，当需求列表中的需求减少并且项目资源得到释放的时候，再通过流出阀从需求池中筛选可以进入需求列表的需求，以保证项目资源的合理分配以及需求研发的有序进行。

7.6　父需求和子需求

　　在面向对象的编程语言中，通常会用父类和子类的概念来表达程序上的派生关系，在需求管理的过程中也会存在父需求和子需求这样的拆分概念。一个父需求可以被拆分成多个子需求，拆分原则是要保证每个子需求都是最小的可独立交付的需求。"最小"是指拆分的颗粒度。颗粒度越小，越有利于项目的进度管理，并且能更早地让子需求产生上线后的价值。"独立可交付"指的是每个子需求可以独立交付并上线，各子需求之间没有绝对的依赖和协同关系。父子需求的拆分框架如图 7-6 所示。

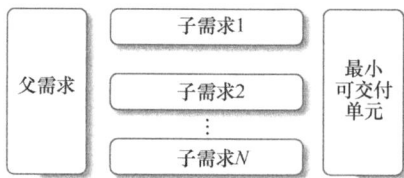

▲图 7-6　父子需求的拆分框架

需求的拆分可以让项目有序高效地进行。举一个简单的例子，针对父需求，有两种研发管理方案：第一种是整个需求研发完成后统一发布上线，这也是常规的方案；第二种是把父需求按照"最小可交付"原则拆分成子需求 1、子需求 2、子需求 3，每个需求开发完成后可独立上线，各子需求依次上线后，表示整个父需求开发完成。

第一种方案相对较难估算出整个父需求的研发周期和上线时间，而第二种方案中估算子需求 1、子需求 2 和子需求 3 的独立研发周期则比较容易，并且子需求独立上线使得每次上线发布的规模较小，如果出现问题，造成的影响也比一次性发布父需求造成的影响要小。

在需求的价值层面，父需求如果不拆分，那么子需求 1 和子需求 2 完成之后，不能立即上线，需要等待子需求 3 满足，整个项目以子需求 3 的满足时间为统一上线时间，并没有使得整个需求的价值最大化。

此外，在需求管理的过程中，父需求和子需求除了存在拆分关系外，还有包含的关系。例如，某个业务规则的每次变动都会在程序层面产生修改需求，连续的规则变动产生了子需求 1、子需求 2 和子需求 3 等的变动需求，如果这些需求之间不建立关系，后续就很难在一张偌大的需求表里面找出每个需求来回溯整个业务规则变动的过程。这个时候，创建一个父需求，父需求关联了子需求 1、子需求 2 和子需求 3，且根据同样的规则变动产生的子需求 4、子需求 5 和子需求 6 都可以与父需求关联，以方便进行整个业务规则变动所产生的一系列变动需求的管理与维护。

在日常的产品工作中，要有意识地去利用父需求和子需求的概念，对需求进行拆分或关联，让需求管理变得更加高效，让整个项目的节奏变得更加清晰可控。

7.7　需求研发过程中需要做些什么

在日常的产品工作中，一些需求的研发周期往往会持续很长一段时间，从而会导致从需求评审会结束到需求研发上线这个过程中，产品经理的工作出现一段空档期。很多产品经理觉得需求评审会开完,拿到技术排期后产品工作就可以告一段落,只需要等待最后的产品验收上线。事实上,这一段空档期并不代表需求研发过程中产品经理的工作告一段落,需求研发过程中和需求上线后还有很多工作需要产品经理来跟踪和完善。在需求研发的过程中,产品经理通常需要完成以下几个部分的工作。

1. 开发进度跟踪

在需求评审会通过,拿到项目技术排期后,产品经理就需要关注整个需求的研发进度,目的是保证需求按时上线。同时需要跟各方(项目相关方)汇报项目进度,以及配合项目各方人员解决实际研发过程中遇到的问题。

2. 需求变更信息对称

通常所说的需求变更有两种情况。一种是需求开发过程中,产品经理突然修改了原始需求,间接地导致了产品方案的修改。另一种是原始需求没有变更,但产品方案在研发过程中直接发生了变更。无论是哪种情况导致了产品方案的变更,都需要产品经理进行变更原因的记录,并通知相关人员,做到需求开发过程中的信息对称。

3. 撰写产品使用说明书

需求研发中,值得注意的是,产品使用说明和 PRD 并不能相互替代,因为二者的阅读对象不同。PRD 更多是给技术开发人员看的,语言逻辑和表达需要专业和清晰,以便开发人员理解需求的产品化方案。而产品使用说明书是给相关用户看的,语言逻辑需要通俗易懂,目的是让用户更好地使用满足他们需求的产品。产品使用说明书可以在产品上线前开始撰写,在产品上线时输出,以作为告知用户产品新功能和新特性的基本资料。

4. 输出新需求产品方案

如果空档期完成了以上必要的产品工作,并且还有充裕的时间,产品经理可以对下一个已经排期的需求进行分析和产品方案输出。并不是一个需求上线后才可以开始下一个需求的输出,并行的工作方式会有效地提升产品工作的效率。

7.8　需求上线后需要做些什么

对于产品经理来说,需求正式上线是一个"辞旧迎新"的过程。"辞旧"指的是需要对整个项目进行复盘;"迎新"指的是产品上线后,收集用户在使用过程中的反馈,以及对产生的各种数据进行分析,以此来作为下一个版本的需求迭代的依据。

1. 进行项目复盘

复盘是围棋术语，也称 "复局"，指的是对局完毕后，复演该盘棋的过程，以检查对局中招法的优劣与得失。通常需求上线，一系列的产品功能稳定运行后，产品经理就需要抽时间进行整个项目的复盘会议。会议的目标可用一句俗语来概括——取其精华，去其糟粕。即回顾整个项目，总结出哪些方面做得好，值得延续和复用；哪些方面做得不足，需要摒弃或改进。

项目复盘的过程如图 7-7 所示。

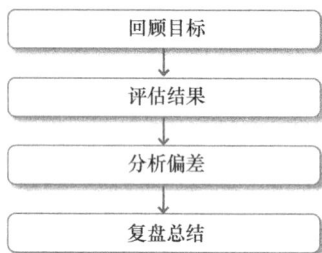

▲图 7-7　项目复盘的过程

首先，回顾整个项目，从最初的原始需求分析，到产品方案设计，再到项目的完成，要明确各环节的目标是什么。这里的目标可以从多个维度去拆解，如需求维度（原始需求的目标是什么），产品维度（产品方案实现的目标是什么），项目维度（项目完成的目标是什么）。

然后，对需求上线后的结果进行评估，主要包含需求的实际实现情况、产品的实际产出情况、项目的最终完成情况等。

为了分析偏差，首先要分析需求实现的目标与实际结果的偏差，其次要分析产品方案期望结果与实际产出结果的偏差，最后要分析项目计划与实际完成结果之间的偏差。

最后，对于各个环节存在的偏差进行复盘总结。偏差主要分为两种类型，分别是超预期和预期不足。例如，最后的产品方案不仅满足了最初的原始需求，还提供了超预期的产品体验，且提前上线，这类就属于超预期偏差，要分析总结出是哪些因素导致了超预期的偏差，在以后的项目中要强化、复用这样的因素。如果原始需求没有完全满足，产品方案产出不符合预期，项目没有按计划完成，这些都属于预期不足的偏差，要分析哪些因素导致了预期不足的偏差，从而分析出不足的原因，在以后的项目里要弱化、剔除这样的因素。

2. 上线产品跟踪，规划迭代版本

没有哪个产品一上线就是完美的，产品需要不断地迭代优化才能变得更好。产品上线后会由用户去使用，从而可以获得用户的真实反馈，以及获得用户在使用产品过程中产生的各种数

据。通过直接的用户反馈和间接的数据分析，产品经理可以得到一系列的结论，这些结论可以作为下一个版本中产品迭代优化的依据。

通常产品上线后，产品经理可以从以下渠道获取用户的反馈。

- 客服渠道。一般产品有在线客服，用户的各种问题都会反馈给在线客服。产品上线后，产品经理要密切关注从客服渠道收集来的信息，这些信息可以有效地作为产品下一个版本中功能的迭代依据。

- 产品意见与建议渠道。为了让产品有效地触达用户，会设计"意见与建议"功能模块。该功能模块通常是一个表单填写页面，用户可以填写文字描述和上传图片来反馈产品问题，这些意见反馈在管理后台会由专门的模块管理。产品经理可以多看这样的意见反馈，思考在实际使用过程中为什么会出现这些问题，从而让产品更好地满足用户的需求。

- 其他渠道。除客服渠道和产品意见与建议这样的官方渠道之外，产品经理还可以关注与产品相关的社区、论坛、贴吧、QQ 群、知乎话题、自媒体等一些泛互联网渠道。例如，产品上线后，产品经理可以去知乎提一个有关产品的问题，并邀请一些用户来回答，从而观察用户对产品的评价。这些渠道往往能给产品经理带来更多元的用户反馈信息。

第8章 产品设计、分析与体验

8.1 构建自己的产品设计模型库

产品经理所具备的一项最基础的能力叫作需求逻辑产品化能力，即要具备分析用户需求，设计出满足用户需求的产品的能力。虽然这是一项最基础的能力，但这也是最重要的一项能力。产品经理要想熟练地掌握这项能力，就需要在职业进阶的过程中主动构建自己的产品设计模型库。

需求逻辑产品化的过程以产品设计模型库为桥梁，连接底层的用户需求和表层的产品方案，如图8-1所示。例如，在日常的产品工作中，我们可能会听到上级领导这样的需求描述：目前产品刚上线，经历了从0到1的过程，用户规模稳定增长，但是用户忠诚度低，留存率低，用户黏性差，产品经理要给出相应的提升方案。

▲图8-1　从需求到产品

在理解了上级领导的需求后，如果产品设计经验足够丰富，产品经理立刻就会想到使用积分体系、会员体系、平台社区等方案来进行评估。站在运营的角度上来看，会员体系和积分体系本质上通过一系列的运营规则和专属权益来提升用户对平台的忠诚度，反哺平台的各项业务，一步步将用户培养为产品的忠实粉丝，逐渐提高用户的留存率。而社区体系则可以通过跟帖互动以及运营活动等增加用户的活跃度和黏性。

再例如，目前产品刚上线，需要产品经理设计相关的产品方案，来提高 App 的用户数和下载量。此时如果产品设计模型库足够丰富，产品经理立马就会想到引入第三方分享的功能，在社交渠道中分享可以从一定程度上增加产品的新用户数和下载量。

当然，提高用户忠诚度和增加用户黏性并非一定要通过引入会员体系和积分体系来实现，增加产品的用户数和下载量也并非一定要通过引入第三方分享的功能来满足，还有其他更多元的产品解决方案。以上的案例意在说明从需求分析到产品方案设计的过程，需要一个完善的产品设计模型库来快速响应用户需求并输出满足需求的产品方案，大到系统级别的产品方案，小到具体某个功能的产品方案。产品设计模型库越丰富，需求逻辑产品化的过程越快，输出的产品方案就越多样，从而可以在多元化的产品方案中选择最优的方案。

但实际的情况是，很多产品经理在职业成长的过程中，并没有主动建立自己的产品设计模型库的意识，就如产品经理一直做前端 App 产品，没有接触过后台的产品设计。尤其是在一些分工并不是很垂直的小公司，各种需求都需要产品经理响应。若此时你突然接到一个管理后台的需求，因为之前并没有做后端产品的经验，产品经理就会陷入现用现学的状态，影响产品方案的输出效率，同时会产生一定的职业焦虑。

所以，产品经理在职业生涯的早期，要主动去搭建产品设计模型库，就算当前的工作没有涉及一些产品知识模块，也可以提前进行学习，一旦在工作中遇到了，就可以快速地给出合理的产品方案。

下面提供了产品工作中经常会遇到的一些通用的产品方案，主要包含 3 个大类——基础系统、公共体系和通用功能。

- 基础系统：包括 CRM 系统、权限系统、订单系统、财务系统、OA 系统、风控系统、ERP 系统、DMP 系统、CMS、WMS、HRM 系统、交易系统、客服系统、SCM 系统、支付系统、工单系统、TMS、MSG 系统、GIS、收银系统等。

- 公共体系：包括账户体系、积分体系、物流体系、电商体系、会员体系、外卖体系、团购体系、活动体系、分销体系、安卓体系、iOS 体系、公众号规则、小程序规则、社区体系、团购体系等。

- 通用功能：包括登录注册功能、第三方登录功能、第三方分享功能、密码修改/找回功能、非法输入限制功能、消息通知功能、意见反馈功能、帮助中心、安全中心、关于我们、导航功能、搜索功能、表单功能、审批流功能、公私海功能、黑白灰名单功能、数据看板功能、脱敏处理功能、充值/提现/支付功能、优惠券功能、红包功能等。

以上三类独立且通用的产品设计方法为产品经理提供了一个产品设计知识地图，按照知识地图，对每个独立模块的产品设计方法进行研习，逐渐构建起自己的产品设计模型库。这些产品设计方法同时具备可迁移性和可复用性，不基于具体的行业和业务，例如，金融行业和教育行业这两个行业的业务逻辑有很大的差异，但是二者的 CRM 系统的设计方法是一样的。许多在实际工作中使用的产品设计方法是从这些基础方法衍生或组合出来的，掌握了这些基础且通用的产品设计方法，产品经理可以游刃有余地面对日常产品工作中的需求逻辑产品化的过程。

8.2　交互设计自查表

在日常的产品工作中，产品经理通常需要通过设计产品原型来对产品方案进行可视化的表达，以方便在评审会上演示以及向相关人员说明产品逻辑。在产品原型设计的过程中，常常会因为考虑得不够全面遗漏对一些特殊场景的说明（例如，App 产品在断网、弱网下的状态和提示等）。这个时候需要使用一张交互设计自查表作为自查清单，在原型设计的过程中查漏补缺，保证最终的原型输出具备完整的功能逻辑闭环。

要注意的是，交互设计自查并不是在原型设计完后再逐项进行检查，而是在设计的过程中就开始根据自查点进行各种逻辑的检查。图 8-2 展示了交互设计自查表的基本组成框架，主要有 6 个检查模块——任务流程、框架布局、页面交互、页面元素、组件和控件以及特殊场景再查，每个模块都有各自的原型设计自查点。本节将对每个模块下的自查点做详细介绍。

1．任务流程

任务流程也叫作操作流程，产品经理在进行原型设计时，要检查每个功能的操作流程否具备以下特性。

- 流畅性：操作流程能够形成闭环，不能有流程中断或者死循环。

- 可逆性：流程可逆，可以撤销或重置，可以随时退出，有多种退出方式。

- 可续性：复杂流程支持手动暂存或自动暂存，意外中断或退出时有保存提示。

- 特殊性：流程需要特定的用户权限，不同角色和权限的用户操作流程可以不相同。

- 时效性：有操作时间限制，操作会过期失效。

- 容错性：流程会有容错机制，例如，提示手机号必须为 11 位数字，自动过滤空格以及特殊字符等。

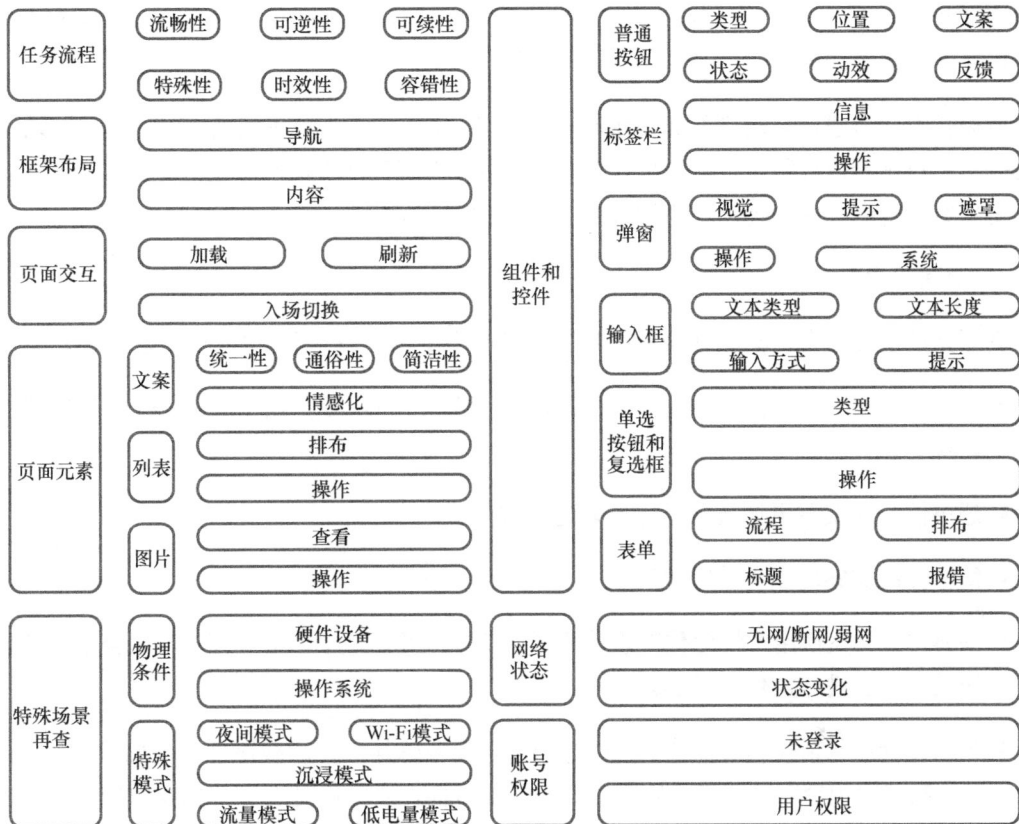

▲图 8-2 交互设计自查表的基本组成框架

2. 框架布局

整个原型设计的框架布局主要存在两个自查点——导航和内容。其中导航设计要考虑是否容易触达，是否易操作，拓展性如何，以及导航的方式是否合理等。

内容区域则要注意内容的类型有哪些，是否有特殊内容类型，重要内容是否突出，频次高的功能操作是否在用户容易触达的区域，是否需要对内容进行分类或合并，该内容出现在当前页是否合适，是否可以折叠或隐藏，较长内容是否需要进行分页，以及内容快到页面底部的情况下是否有情感化提示等。

3. 页面交互

页面交互主要有 3 个自查点——加载、刷新和入场切换。其中，对入场切换要检查是否有特殊的入场要求，是否有快速切换或退出的方式。

对加载要检查是否需要有加载动画，是否有预加载内容（例如，在弱网情况下，为了避免用户在加载过程中产生等待疲劳，预先进行默认内容加载），加载失败的情况下是否有失败提示，以及如何重新加载等。

对刷新则要考虑是自动刷新还是手动刷新，是下拉刷新还是单击刷新，每次刷新多少内容，是否提示用户刷新内容数量，刷新是否有情感化的动效，切换页面时是否要主动刷新页面，是否有刷新结果提示（成功提示、失败提示、情感化提示）。

4. 页面元素

页面元素主要分为文案、列表和图片 3 类，其中文案自查点包括以下特性。

- 统一性：相同页面中不同内容的用词要一致，时间、地点、货币、标点符号等格式要统一。

- 通俗性：文案有更加通俗易懂的表达方式。

- 简洁性：文案可以更精练地表达。

- 情感化：文案使用了情感化的表达方式，例如人称、敬语、语气词等，贴合用户的使用场景，需要进行操作引导等。

列表的自查点包括排布和操作。在排布方面，要考虑是一页加载还是分页加载；若分页加载，每页加载多少内容；是否有步骤条等。在操作方面，要考虑是否支持切换排序，是否支持手动排序，是否有默认排序和展示排序规则等。

图片的自查点包括查看和操作。其中，在查看方面，要考虑是否有特殊的打开方式（放大和呼出等），是否有预加载图，加载失败的情况下如何显示，是否支持看大图和原图以及手势缩放和保存，是否有图片描述以及描述限制和超出限制提示等。在操作方面，要考虑图片是否可以发送、编辑、删除等。

5. 组件和控件

组件和控件主要包括普通按钮、标签栏、弹窗、输入框、单选按钮、复选框、表单等。其中，对于按钮，要注意主按钮、次按钮、幽灵按钮和文字按钮等是否合理使用，按钮的位置是否符合容易触达，按钮是否符合它的信息层级和位置是否统一，按钮文案是否精准，按钮状态（选中，单击，长按和禁用）是否要进行区分，按钮的动效和操作反馈是否符合预期，选择合适的反馈强度，例如，强提示的弹窗、中提示的 toast 以及弱提示的 tip。另外，注意操作结果的反馈，即成功、失败、无数据以及无权限等情况的提示，以及操作前和操作后相关元素在状态和视觉上的变化等。

标签栏的自查点分为信息和操作。其中，对于信息，要注意默认选项和最大数量；对于操作，要注意是否支持左右滑动以及滑动特效，是否可以呼出菜单查看，呼出时是否有特效，以及是否支持自定义排序和推荐组合等。

弹窗的自查点包括以下几种。

- 视觉：检查是否需要制作特殊的视觉效果，如活动类和宣发类弹窗。

- 提示：检查重要操作和敏感操作是否有二次确认。

- 遮罩：检查单击遮罩是否可以关闭弹窗。

- 操作：检查主要操作是否突出，是否可以取消。

- 系统：检查是否要区分不同的操作系统等。

对于输入框，需要注意以下几点。

- 文本类型：中英文、数字、空格、特殊字符等。

- 文本长度：文本的长度要符合要求，例如手机号码必须为 11 位数字。

- 输入方式：检查在当前页面输入还是切换页面输入，是否可粘贴，是否支持换行，是否隐藏输入内容，是否支持语音输入等。

- 提示：确认是否有默认值和预填充值，是否有非法输入的提示和指导。

对于单选按钮和复选框，要注意其类型和操作。在类型方面，不仅要根据具体的场景选择合适的按钮类型，一般包括菜单选择或标签选择，还要注意是否有默认选项和必选要求。在操作方面，要注意是否有更好的选择方式（如滑动选择），是否支持清空选择，是否可以联动选择（日期级联和地区级联）等。

表单的自查点主要有流程、排布、标题、报错。对于表单，主要检查表单设计是否符合实际流程，表单列表排布是否合理，标题和内容的对应关系以及位置的对齐关系是否合适，报错样式是否明显且有消除错误提示的方法，是否能定位到错误位置以及使用哪种强度（强提示、中提示、弱提示）的提示，是否有报错次数限制以及超出限制后的进一步措施等。

6. 特殊场景再查

特殊场景再查需要考虑特定功能场景的物理条件、特殊模式、网络状态、账号权限。

物理条件包括硬件设备（是否支持横竖屏切换，切换时功能是否完整）和操作系统（是否要区分安卓和 iOS 等不同的操作系统，是否要具备蓝牙、GPS 和相机等设备的使用权限，如何让用户更加愿意授权）。

特殊模式主要包括以下几种类型。

- 夜间模式。检查是否有夜间模式、夜间模式切换实现方案。

- Wi-Fi 模式。检查是否开启自动下载和缓存。

- 沉浸模式。检查全屏模式下考虑退出的便捷性和信息提示的弱打断。

- 流量模式。检查流量模式下是否提示耗费流量或切换 Wi-Fi 模式。

- 低电量模式。检查是否减弱部分视觉效果，停用静默下载。

网络状态主要分为正常、无网、弱网、断网。要注意的是在无网、弱网以及断网情况下的解决方案，以及各种网络状态切换下的提示等。

账号权限要考虑未登录状态和登录状态的权限区别，在未登录状态操作登录状态的功能时是否要唤醒登录，在操作无权限功能时如何情感化地提示用户没有权限，并提示用户如何获得权限等。

在产品原型设计的过程中，要养成使用交互设计自查表来自查的习惯，并不断地丰富交互设计自查表各个分类下的自查点，逐渐迭代完善，从而提高产品原型的设计效率。

8.3　设计原则中的完整性

如图 8-3 所示，完整性作为产品设计过程中必须遵守的基本原则之一，主要包括 3 个部分，即功能结构完整、信息结构完整、交互设计完整。产品完整性是优化用户体验的基础，如果一个产品的交互和设计都很好，但是其中一些功能不完整，将导致用户在使用过程中流程中断，这显然不具备良好的用户体验。

| 功能结构完整 |
| 信息结构完整 |
| 交互设计完整 |

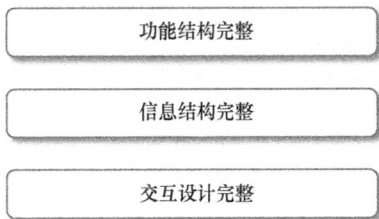

▲图 8-3 产品设计原则中的完整性

所以，在进行产品设计时，要针对整个产品做完整性校验，保证功能结构、信息结构和交互设计完整后，再考虑如何让产品拥有更好的用户体验。

1. 功能结构完整

功能结构完整指的是每一个功能结构单元都具备完整性，例如，在设计"注册/登录"功能时，不仅要考虑输入账号密码登录的过程，还要考虑在这个过程中所有可能发生的场景，以保证整个功能可以形成完整的操作闭环。例如，在登录页面如果用户还没有注册过账号，则要考虑有注册的入口；如果用户忘记了密码，则需要有找回密码的入口；如果用户忘记了账号和密码，则还要有找回账号和密码的入口。

在产品原型设计的过程中，一个完整的功能单元从开始到结束应该有一条适用于各种场景的操作路径，若在某个场景被卡住，则说明这个功能不具备完整性。在进行产品设计时，要查验每一个功能的完整性，以保证整个产品实现整体的功能闭环。

2. 信息结构完整

信息结构基于功能结构产生，一般指的是与所有功能相关的文本描述，例如，登录/注册按钮上面的"登录"和"注册"文案就是信息结构。和功能结构一样，在产品设计的过程中也要查验信息结构的完整性。

图 8-4 是招商银行 App 针对用户账户安全所做的一个风控功能，若用户违反了风控规则，则会弹出附带文案的提示框，提示框中的文案描述是基于风控功能结构而产生的信息结构。文案说明了需要重新登录的原因，以及可能产生的问题的解决方案，形成了一个完整的信息结构闭环。

产品原型设计的过程中，无论是基础控件的命名，还是各种信息提示，以及对可能引起用户疑惑的操作进行引导和说明，都是为了保证信息结构的完整性，从而形成整个产品的信息结构闭环。

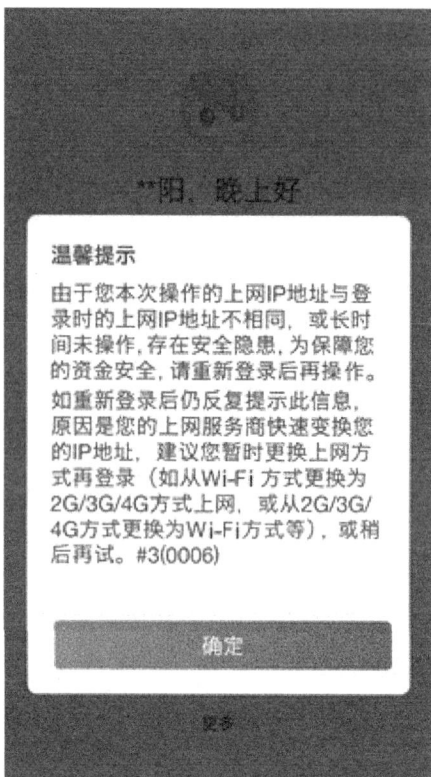

▲图 8-4　招商银行 App 账号安全提示

3. 交互设计完整

在产品设计的过程中，交互设计也要具备完整性，例如，对于注册/登录功能，在功能层面需要考虑的是忘记账号和密码等各种场景下的完整的解决方案，而交互设计则是这些解决方案的具体执行过程。例如，页面载入的等待设计，非法输入的信息提示，账号密码输入错误的信息提示，验证码交互设计，以及在无网、弱网和断网等异常状态下的页面展示和信息提示设计等都属于交互设计的范畴。

交互设计自查表可以作为检查完整性的有效辅助工具，帮产品经理在产品设计过程中自查没有考虑到的交互细节，以保证整个产品最终形成完整的交互设计闭环。

功能结构完整性决定了产品是否可用，而交互设计完整性和信息结构完整性决定了产品是否好用。所以，在产品设计过程中，一定要校验整个产品的完整性，是否拥有三大完整闭环最终决定了整个产品是否拥有良好的用户体验。

8.4 设计原则中的高内聚低耦合

作为技术的可视化表达载体，在设计过程中产品可以借鉴很多技术领域的设计原则和理论，高内聚低耦合就是其中很重要的一种设计原则。高内聚低耦合是软件工程中的概念，是判断设计好坏的标准。针对面向对象的设计，要看类的内聚性是否高，耦合度是否低。

- 内聚性：又称块内联系，是对模块功能强度的度量，即对一个模块内部各个元素彼此结合的紧密程度的度量。一个模块内的各元素（语名之间、程序段之间）联系得越紧密，它的内聚性就越高。

- 耦合性：也称块间联系，是对软件系统结构中各模块间相互联系的紧密程度的一种度量。模块之间联系得越紧密，其耦合性就越强，模块的独立性就越差。耦合性取决于模块间接口的复杂性、调用的方式及传递的信息。

高内聚低耦合的设计原则保证了产品单一功能模块具备相对丰富的功能，且各模块之间足够独立，一个模块的改动对其他模块的影响不大。所以在产品设计过程中，产品经理应该有意识地遵循这样的设计原则。

例如，在管理后台的产品设计过程中，作为一个通用模块，权限管理模块通常使用基于角色的访问控制（Role-Based Access Control，RBAC）模型来设计，如图 8-5 所示。如果赋予角色权限，使账户关联角色，则账户拥有权限，用户使用账户，就间接拥有了相关角色的权限，而整个过程中用户不直接与权限关联。

在 RBAC 模型中，账户管理、角色管理和权限管理三大模块具备高内聚低耦合的特性，具体体现在账户管理模块的变更、角色管理模块的变更，以及权限管理模块的变更，三者相对独立，互不影响。如果账户和权限直接关联，则对于每一个新增账户都需要多次手动赋予权限，且后续同一类型的用户需要进行权限变更时，只能一个一个手动变更，既复杂又麻烦，且效率低下。

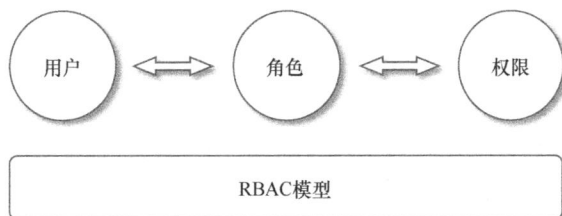

▲图 8-5 权限管理模块的设计

RBAC 模型相比账户和权限直接关联要更有优势：对于同一类型的用户权限的赋予，只需要让这些用户关联同一个角色；对于同一类型的用户权限的禁用，只需要禁用一个角色的权限；对于同一类型的用户权限的变更，只需要变更一个角色的权限。

又例如在电商体系的产品设计中，下单流程通常涉及商品模块、用户模块和订单模块，在电商管理后台中，这三大模块都是完整的功能模块，呈现出高内聚低耦合的特性，这三大模块都支持相关的增删改查，且不会对其他两个模块造成大的影响，共同支撑用户下单的整个操作流程。

同样在商品打折功能的设计中，有两种思路。第一种设计思路是新建商品时把打折规则设计在产品的基本属性里面，当满足一定的触发条件时，用户就能享受打折优惠。第二种设计思路是把打折抽象为一种活动，设计在活动管理模块中，新建打折活动，活动关联商品后为商品指定打折规则。由于自身的商品打折规则之间具有高耦合性，因此如果遇到批量且大规模的规则修改，第一种设计思路是非常麻烦的。而第二种设计思路则可以直接在活动层配置规则，一次性实现批量且大规模的规则修改。

第二种设计思路和 RBAC 模型一样，都是在账户和权限以及商品属性和打折规则直接关联的情况下在中间分别加入角色层和互动层，降低账户和权限以及商品属性和打折规则之间的耦合性。

所以，产品经理在平时的产品设计过程中要有意识地遵守高内聚低耦合这样的基本原则，只有用理论指导实践，产品才会做得更好。

8.5　交互设计七大定律

产品经理在进行产品设计时，要有一个清晰的认识，那就是尽可能地让设计决策遵守一定的原则、逻辑、定律以及规范，这些原则、逻辑、定律以及规范都是经过大规模的产品实践和科学的研究总结出来的，是被用户广泛认可的。遵守准则能让我们迅速有效地做出合理且有效的设计。

8.5.1　菲茨定律

1. 菲茨定律简介

菲茨定律是保罗·菲茨博士在对人类操作过程中的运动特征、运动时间、运动范围、运动准确性进行研究之后，于 1954 年提出的。

菲茨定律指的是使用指点设备到达一个目标的时间，与设备当前位置和目标位置的距离

（D）和目标区域的宽度（W）有关。数学公式表达为

$$t = a + b\log_2(D/W+1)$$

式中，t 指的是指点设备到达目标区域所需的时长，a 和 b 指的是经验参数，它们的大小取决于具体的指点设备的物理特性，以及操作人员和操作环境等因素，D 指的是指点的起始位置和目标位置之间的距离，W 指的是目标区域的宽度。

图 8-6 描述了菲茨定律的示意图。

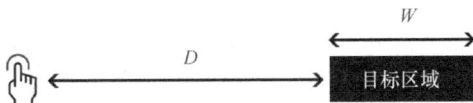

▲图 8-6　菲茨定律的示意图

2. 菲茨定律在产品设计中的应用

按钮等可单击控件在合理的范围之内，可单击区域越大，越容易操作；可单击区域越小，越不容易操作。

案例 8-1：淘宝和中国银行手机网页端的登录界面

在图 8-7 中，与中国银行手机端登录界面的信息输入区域相比，淘宝手机端登录界面中各控件的距离和输入面积要更大一点。在视觉感受及输入体验上，图 8-7（a）也要比图 8-7（b）好很多。

再看两个界面的登录按钮。中国银行手机端的登录界面的登录按钮设计得很小，而且和上方验证码输入框的距离很近，这样的按钮不仅不好单击还容易产生误操作。相对而言，淘宝手机端登录界面的按钮间距和大小就很合适，输入和单击体验都要好很多。

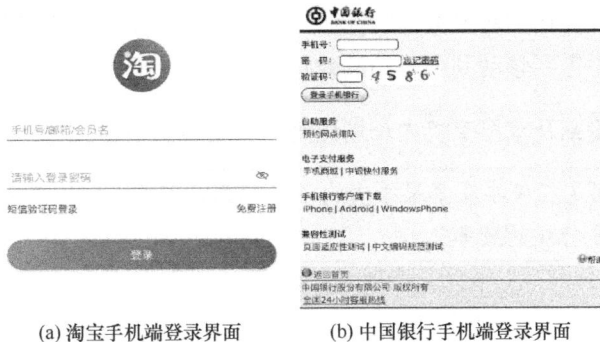

(a) 淘宝手机端登录界面　　　(b) 中国银行手机端登录界面

▲图 8-7　淘宝和中国银行手机端登录界面

屏幕的边和角很适合放置菜单栏和功能按钮这样的元素，因为边角是巨大的目标，它们既无限高又无限宽，鼠标指针不可能移到屏幕外部。也就是说，不管指针移动了多远，最终都会停在屏幕的边角，并定位到按钮或菜单的上面。

案例 8-2：知乎、Twitter 及 Facebook 移动端的发布按钮

图 8-8 展示了知乎、Twitter 及 Facebook 移动端的内容发布界面，可以看到它们发布内容的按钮都放置在了屏幕的右下角，这样的设计正是运用了上面的要点，使得用户的操作难度和操作成本降低，改善了用户体验。

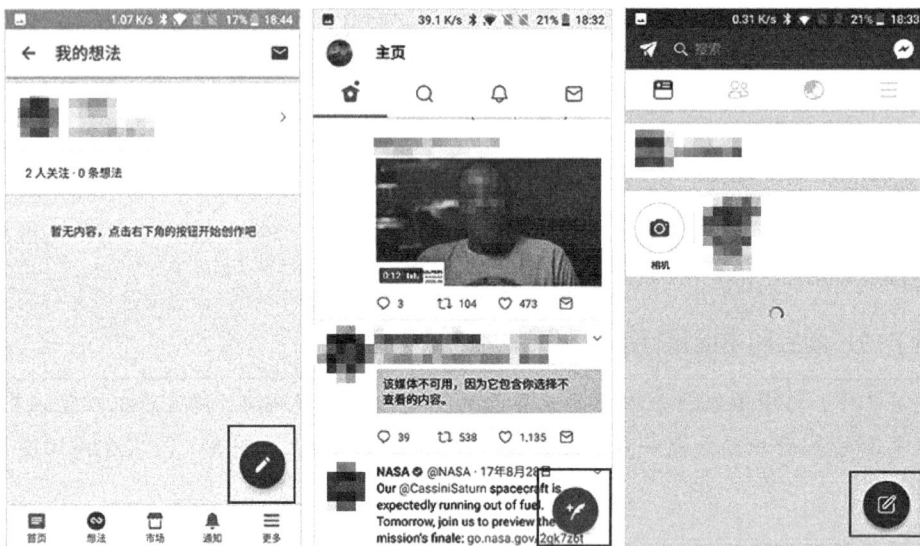

(a) 知乎中想法模块的发布按钮　　(b) Twitter 首页的发布按钮　　(c) Facebook 首页的发布按钮

▲图 8-8　知乎、Twitter 及 Facebook 移动端的发布界面

出现在用户正在操作的对象旁边的控制菜单会比下拉菜单或工具栏更容易被用户打开，因为打开该控制菜单不需要移动到屏幕的其他位置。

案例 8-3：在安卓及苹果手机内长按应用图标出现的快捷菜单

图 8-9 所示分别是在安卓及苹果手机内长按应用图标出现的快捷菜单，这样的功能极大地提升了使用应用主要功能的效率。

(a) 安卓手机内长按应用图标　　　　(b) 苹果手机内长按应用图标
　　出现的快捷菜单　　　　　　　　　　出现的快捷菜单

▲图 8-9　安卓和苹果手机内长按应用图标出现的快捷菜单

8.5.2　希克定律

1. 希克定律简介

希克定律（Hick's Law）以英国心理学家希克（Hick）的名字命名，指的是一个人面临的选择越多，他做决定需要的时间就越长，用数学公式表达为

$$T_R = A + B\log_2(N)$$

其中，T_R 表示反应时间，A 表示与做决定无关的总时间，B 表示根据对选项认知的处理时间实证衍生出的常数，N 表示同样可能的选项数。

2. 希克定律在产品设计中的应用

根据希克定律，在设计过程中要给用户尽可能少的选择，降低用户在产品使用过程中的决策成本。

案例 8-4：移动端的删除弹窗

我们在使用移动端产品时，经常会遇到很多操作弹窗，图 8-10 所示为短信删除弹窗和 QQ 下线通知弹窗。基本上弹窗中的操作按钮只会有两个，二选一，对于用户来讲很简单，选择成本最低。

(a) 短信删除弹窗　　　　(b) QQ 下线通知弹窗

▲图 8-10　提示弹窗

8.5.3　7±2 法则

1. 7±2 法则简介

美国心理学家 George A. Miller 在 1956 年发布的论文"神奇的数字 7±2：我们加工信息能力的某些限制"中首次提出了 7±2 法则。他发现人类头脑在最好的状态下能记忆 7±2 项信息块，即在记忆了 5～9 项信息后，人类的头脑就会开始出错。与希克定律类似，7±2 法则也经常应用在移动应用的交互设计上。

2. 7±2 法则在产品设计中的应用

PC 端导航选项卡尽量不要超过 9 个，移动端选项卡尽量不要超过 5 个。

案例 8-5：苹果网站、人人都是产品经理网站和 UI 中国官网的导航栏设计

图 8-11 展示了苹果网站、人人都是产品经理网站和 UI 中国官网的导航栏设计，可以看到这 3 个网站的导航栏中的选项卡都没有超过 9 个，空间布局合理，使用起来很方便。因此，尽量使自己设计的网站导航栏中的选项卡少于 9 个，这会让网站的内容一目了然，网站使用起来更快捷也更加有效。

有6个选项卡

(a) 苹果网站的导航栏

有8 个选项卡

(b) 人人都是产品经理网站的导航栏

有7 个选项卡

(c) UI中国官网的导航栏

▲图 8-11　苹果网站、人人都是产品经理网站和 UI 中国官网的导航栏设计

案例 8-6：安卓版微信、支付宝和 QQ 的底部导航栏设计

在使用应用的时候，我们都会用到软件底部的导航区域，如果仔细观察会发现，任何软件的底部导航栏中的选项卡都不会超过 5 个，安卓版微信、安卓版支付宝及安卓版 QQ 这 3 款产品底部导航栏的选项卡都没有超过 5 个（见图 8-12）。

有4个选项卡

(a) 安卓版微信

有5个选项卡

(b) 安卓版支付宝

有3个选项卡

(c) 安卓版QQ

▲图 8-12　安卓版微信、支付宝和 QQ 底部导航

如果导航栏中的选项卡内容很多，建议用多层级结构来展示，并注意其深度和广度之间的平衡，也就是产品设计过程中的多级菜单功能。

案例 8-7：京东及当当网 App 的分类模块

电商平台的商品分类往往丰富多样，如果导航栏的内容过多而放不下，建议将它整合归类并分层收纳，使用父子层级的方式来归类展示商品。图 8-13 展示了京东及当当网 App 的分类模块，不难看出，两个产品的商品分类布局形式很相似，都用选项卡来分类显示商品，层级明确，相应地提升了用户寻找商品的效率。

(a) 京东App分类模块　　　　(b) 当当网App分类模块

▲图 8-13　京东和当当网 App 分类模块

8.5.4　接近法则

1. 接近法则简介

接近法则来自格式塔理论，指的是当两个或多个对象离得太近的时候，人的潜意识会认为它们是相关的。

2. 接近法则在产品设计中的应用

接近法则在产品设计中的应用指在产品设计中将相似的、有关联的信息尽量放在一起，让用户在潜意识里就知道在哪里能找到自己想要的信息。

案例 8-8：登录界面的文本框与"登录"按钮

我们在使用许多 App 的时候会遇到登录或者注册界面，而且用于输入账号的文本框下方一定会有"登录"按钮，例如，图 8-14 所示的知乎和 QQ 两款 App 的登录界面。这样做的原因就在于输入内容和"登录"按钮本身存在联系，因为输入内容之后需要通过单击"登录"按钮来提交输入的内容，所以通常输入框附近会有"登录"按钮。

(a) 知乎登录界面　　　(b) QQ登录界面

▲图 8-14　知乎登录界面和 QQ 登录界面

8.5.5　防错原则

1. 防错原则简介

防错原则由日本工程师新乡重夫提出，新乡重夫在品质管理方面做出过重大贡献，被称为"纠错之父"。

他提出了 POKA-YOKE（防错原则），指出我们不可能消除差错，但是可以发现并纠正差错，防止差错形成缺陷，这个原则被广泛应用在工业生产和产品设计过程中。

2. 防错原则在产品设计过程中的应用

根据防错原则，大部分的意外并不是人为的操作疏忽引起的，而是产品的设计缺陷导致的。因此，在产品设计中要有必要的防错机制，当用户的操作会带来严重的后果时要给出提示，防止用户犯不可挽回的错误。

案例 8-9：在安卓版微信发朋友圈动态时，单击返回按钮出现的提示弹窗

　　提示弹窗会增加不可逆操作的难度，如果用户想发一条编辑了很久的朋友圈动态，一些情况导致需要退出编辑，那么使用提示弹窗是一个不错的选择，如图 8-15 所示。因为用户的退出编辑操作会让之前辛苦编辑的内容丢失，想要再发只能从头开始，造成的损失比较大。对用户进行防错提醒，由用户来决定是否继续操作，是防错原则的常见应用形式。

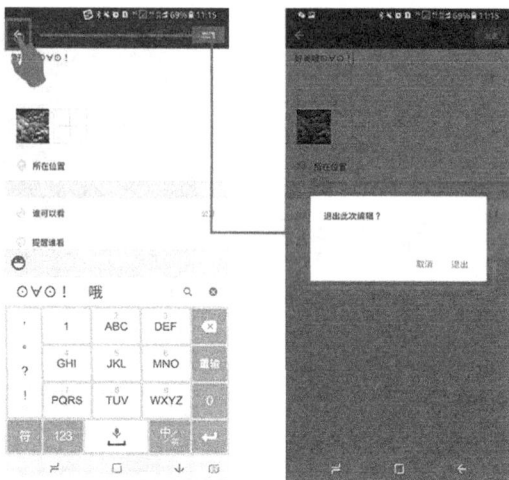

▲图 8-15　在微信中发朋友圈动态时出现的提示弹窗

8.5.6　复杂度守恒定律

1. 复杂度守恒定律

　　复杂度守恒定律由拉里·泰斯勒（Larry Tesler）于 1984 年提出，也叫作泰斯勒定律（Tesler's law）。该定律指出，每一个过程都有其固有的复杂度，存在一个临界点，超过了这个点，过程就不能再简化了，你只能将固有的复杂度从一个地方转移到另外一个地方。图 8-16 为复杂度守恒定律的示意图。

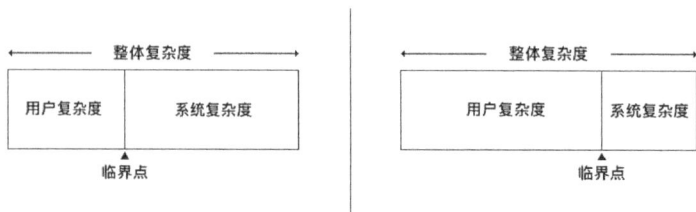

▲图 8-16　复杂度守恒定律的示意图

2. 复杂度守恒定律在产品设计过程中的应用

每个应用流程都具有其内在的、无法简化的复杂度，无论在产品开发环节还是在用户与产品的交互环节，这一固有的复杂度都无法去除，只能设法调整、平衡。

案例 8-10：遥控器的设计演变

使用过智能电视的人都会发现一个问题，智能电视所配备的遥控器的按钮比普通的电视遥控器的按钮少了很多，设计更简洁，如图 8-17 所示。这样一来，用户体验变得更好，用户没了那么强烈的选择恐惧，用户决策的效率就提升了。按钮的减少意味着遥控器所承载的功能减少了，也就是遥控器的操作复杂度降低了。

我们再来看电视机界面及操作的变化。普通电视机的界面通常很简单，当用户使用遥控器打开电视时，界面上展示的必定是一个频道当下的画面，不会出现复杂的选择页面，而智能电视就不同了，打开之后的界面相当复杂。

从中我们可以看出，虽然遥控器的功能减少了，操作复杂度降低了，但这个降低并不是消失，而是转移，从遥控器端转移到电视机端，电视机界面的交互复杂度提升了。通过以上例子我们不难看出，复杂度的降低是一个相对的概念，不能过分地降低复杂度，只能通过技术或者其他手段转移复杂度，来提升产品的用户体验。

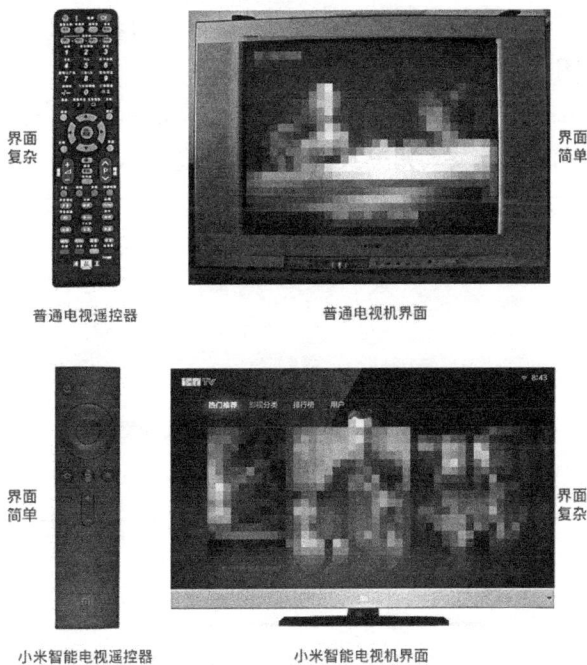

界面复杂   普通电视遥控器   普通电视机界面   界面简单

界面简单   小米智能电视遥控器   小米智能电视机界面   界面复杂

▲图 8-17　普通和智能电视及其遥控器

8.5.7　奥卡姆剃刀原则

1. 奥卡姆剃刀原则简介

奥卡姆剃刀原则（Occam's Razor）由 14 世纪的逻辑学家奥卡姆·威廉提出，这个原则的核心为如无必要，勿增实体，因而它又称为"简单有效原则"。

2. 奥卡姆剃刀原则在产品设计过程中的应用

奥卡姆剃刀原则指的是，不必要的元素不仅会降低设计的效率，还会增加未知后果的发生概率，无论是在实体、视觉还是认知上，多余的设计元素都有可能带来多余的问题。遵守这个原则有利于增加产品的设计美感，剪除设计中的多余元素，使得设计更严谨、更纯粹。

1）只放置必要的东西

让网页简洁最重要的一个方面是只展示对用户有用的东西，这并不意味着你不能给用户提供很多的信息，而说明把更多的信息用简洁的方式呈现出来，例如，使用"更多"按钮。

案例 8-11：百度搜索首页界面

提起搜索引擎，大家都会想起百度，不仅因为它便于准确、及时搜索内容，还因为百度首页设计简洁，专注搜索，页面中的搜索框是最显眼的，用户刚打开百度首页的时候就可以看到页面中间的搜索框，如图 8-18 所示。

其他相关信息放置在不怎么显眼的右上角，而且有"更多产品"选项，在简化页面并突出主要搜索功能的同时，也给有需要的用户提供了更多信息的入口。

▲图 8-18　百度首页

2）减少点击次数

在设计时，应让你的用户通过较少的单击次数就能找到他们想要的东西，不要让他们难以找到相关内容。

案例 8-12：支付宝旧版本与新版本中话费充值流程

如图 8-19 所示，在支付宝旧版本的充值界面中，要完成整个话费的充值流程，需要单击三次，而在支付宝新版本的充值界面中，完成整个话费充值流程只需要单击一次，流程更短，效率更高。因此，减少用户的单击次数可以在一定程度上改善产品的用户体验。

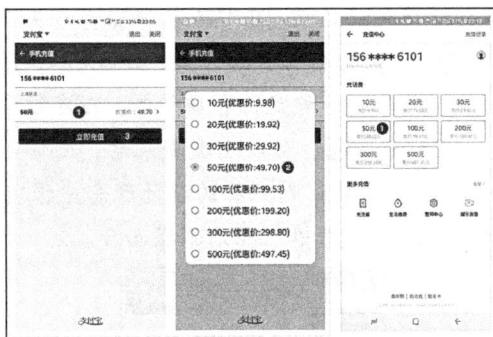

(a) 支付宝旧版本充值界面　　　(b) 新版本充值界面

▲图 8-19　支付宝旧版本充值界面和新版本充值界面

3）减少页面的冗余信息

每当页面中的内容增加一段，页面中的主要内容就会被挤到一个更小的空间，新增的那些段落也许并没有起到什么好的作用，却让用户接收了他们不想了解的更多信息，所以要尽可能使用精简的文案，减少文字和段落的数量，去掉不必要的冗余信息。

案例 8-13：谷歌首页设计演变

图 8-20 中对比了谷歌首页新旧版本的设计，可以看出新版的设计去掉了很多看起来混乱的页面信息，突出了搜索框，只保留了最核心的搜索功能，整个页面看起来更加简洁。

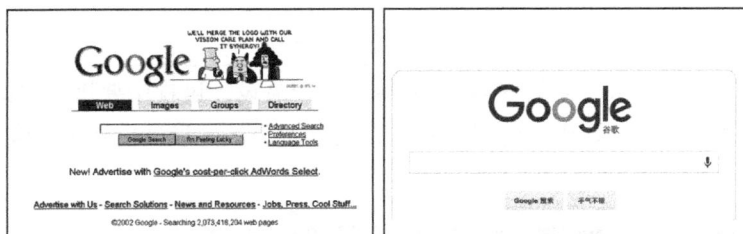

(a) 早期版本　　　　　　　(b) 新版本

▲图 8-20　谷歌首页新旧版本对比

4）符合"外婆"原则

如果你的外婆（泛指老年人）也能轻松地使用某个产品，这个产品就成功了。

案例 8-14：微信的功能设计

根据微信官方数据，微信活跃用户已近 10 亿人，微信 55 岁以上用户仅占 1%，但考虑到多达 2 亿的老年人，且这部分用户的增长潜力巨大，微信越来越关注如何服务好老年用户，比如开发语音和视频聊天功能，提升通话稳定性和质量等。在发红包上，老年用户的活跃度甚至超过了"95 后"，月均发送 25 次红包。从以上数据来看，微信是符合"外婆"原则的，图 8-21 展示了微信简洁的操作页面。苹果系列产品的设计理念中很重要的一条是让婴儿不用教都可以简单使用，这样的设计理念和"外婆"原则不谋而合。

▲图 8-21 微信操作页面

以上便是交互设计七大定律的内容。产品经理在产品设计过程中要培养理论指导实践的意识，让设计决策遵守一定的原则、逻辑、定律以及规范，从而设计出让用户满意的好产品。

8.6 雅各布·尼尔森交互设计原则详解

8.6.1 雅各布·尼尔森简介

雅各布·尼尔森（Jakob Nielsen）是毕业于丹麦技术大学的人机交互学博士，他拥有 79 项美国专利。他还被《纽约时报》称为"Web 易用性大师"。

　　本节将介绍尼尔森著名的交互设计原则,在产品设计的过程中,产品经理要有意识地去遵守这些经过科学和实践验证的原则,从而有效地改善产品的用户体验。

8.6.2　尼尔森交互设计原则详解

1. 状态可见原则

　　状态可见原则要求产品应该让用户时刻清楚当前发生的事情,即让用户对产品过去、现在、未来的状态有所了解。一般的方法是在合适的时间给用户适当的反馈,防止用户在使用时出现迷茫和错误。

案例 8-15:今日头条 App 的下拉刷新功能

　　图 8-22 展示了今日头条的下拉刷新功能。今日头条页面的刷新功能使用的是下拉刷新的交互方式,当用户下拉页面时,页面状态栏与内容区中间会出现提示,当用户松开页面时,中间会出现新的动态提示,加载完毕之后中间会出现一条内容更新的文字提示。这一系列提示就是状态可见原则在产品设计过程中的直接体现。

▲图 8-22　今日头条下拉页面提示

2. 环境贴切原则

　　环境贴切原则要求产品应该使用用户熟悉的语言、文字、语句或者用户熟悉的概念。产品中的信息应该尽量贴近真实环境,让信息更易懂,在逻辑上更容易被用户理解。

案例 8-16：计算器 UI 的仿真设计

图 8-23（b）和（c）所示为锤子手机和 iPhone X 中的计算器软件界面，该界面与我们现实中使用的计算器的样式差不多，图 8-23（a）展示了我们现实中使用的计算器，三者在外形上很相似。这样的设计模仿了真实计算器的样式，能让用户很快上手，因为在现实生活中用户已经很熟悉计算器的使用方法了。这就是产品设计过程中环境贴切原则的体现。

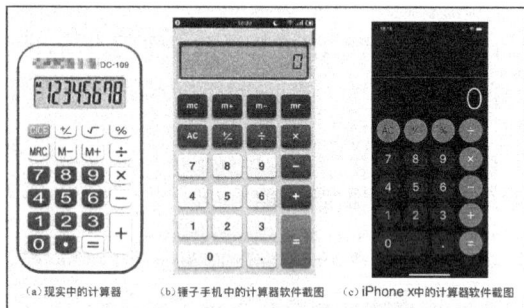

▲图 8-23　计算器的仿真设计

3. 用户可控原则

用户可控原则要求在产品设计的过程中，用户所有操作所造成的结果都是可控的。在使用产品的过程中，用户经常会出现一些误操作，例如，不小心删除了重要的数据，或者忘记密码等。在设计产品的时候要充分考虑这样的场景，并设计"可控"方案。

案例 8-17：微信聊天中的撤回功能

两个人在微信中聊天的时候，其中一个人发了一条消息，突然觉得不合适，可以长按这条消息，在弹出的菜单中选择"撤回"，如图 8-24 所示，然后重新编辑、发送。这个功能可以避免错发消息导致的尴尬和困扰，这就是用户可控原则的体现。

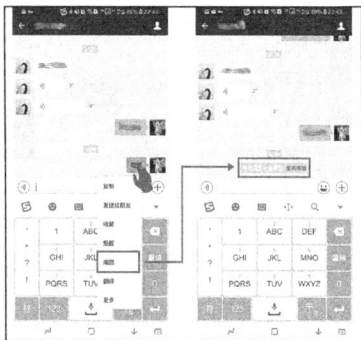

▲图 8-24　微信聊天中的撤回功能

4. 一致性原则

一致性原则要求产品设计要具备一致性。对于用户来说，同样的文字、状态、按钮应该触发相同的事情，遵从统一的设计规范。产品的一致性包括以下 5 个方面。

1）结构一致性

在产品设计的过程中，要保持结构的一致性，尽可能地复用已经存在的结构。结构的复用会降低用户的学习和思考成本，而过多的新结构会增加用户的学习和思考成本。

案例 8-18：微信中模块的布局

> 微信中模块的布局如图 8-25 所示。微信中很多模块使用了统一的"图标+文字信息"的结构样式，其中包括信息流模块、通信录模块以及发现模块。这样的设计能让用户快速了解信息流、联系人、朋友圈、扫一扫、摇一摇等功能的作用和使用，同时结构的复用带来了产品整体视觉的统一，这就是结构一致性的体现。

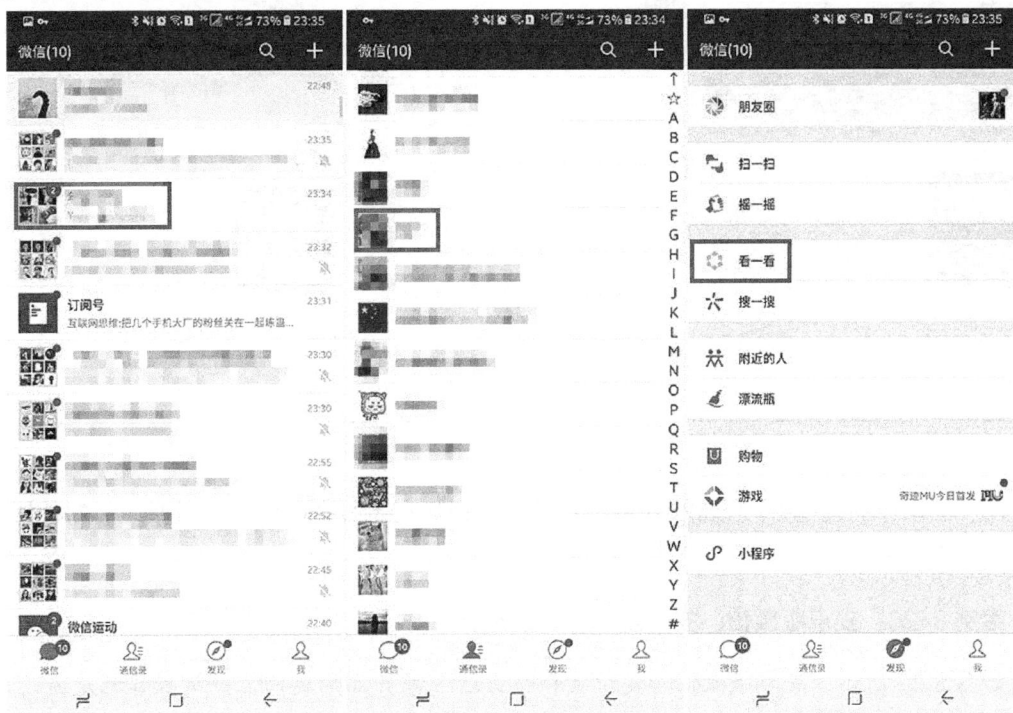

▲图 8-25　微信中模块的布局

2）色彩一致性

产品所使用的主要色调应该是统一的，而不是每一个页面的颜色都不同。

案例 8-19：网易云音乐色彩

网易云音乐的图标颜色与界面（见图 8-26）的主色调均为红色，其中一些标签和文字的颜色也是红色。整个界面中，除图片等有效信息之外，其他信息通过灰色、白色、红色来呈现，界面保持了很好的一致性，这就是色彩一致性原则的体现。

▲图 8-26　网易云音乐界面

3）操作一致性

在产品设计的过程中，保持操作的一致性能让用户在新版产品中保持对原产品的认知，降低用户的学习成本。

案例 8-20：安卓版微信、支付宝和钉钉的返回操作

如图 8-27 所示，安卓版微信、支付宝和钉钉这 3 款产品的返回上一级操作都是通过顶部左侧的返回按钮进行的。当然，你也可以通过安卓手机的物理返回键返回，这就是操作一致性的体现。

▲图 8-27　安卓版微信、钉钉和支付宝界面中的返回操作

4）反馈一致性

用户在操作按钮或者选择条目的时候，反馈效果应该是一致的。

案例 8-21：安卓手机中 QQ 的信息列表打开方式

　　如图 8-28 所示，与打开安卓版手机中 QQ 的信息列表时，不管你单击哪一行条目，下一级界面都由右往左滑出，单击顶部左上角的返回按钮会从左往右滑回，体验相当一致，这就是反馈一致性的体现。

▲图 8-28　安卓手机中 QQ 的信息列表

5）文字一致性

文字一致性要求在产品设计过程中，呈现给用户阅读的文字的大小、样式、颜色、布局等都应该是一致的。

案例 8-22：微信界面字体

在微信的几个关键界面中，字体的名称、字体的大小、字体的颜色、布局的样式都是一样的，如图 8-29 所示。这样让整个 App 看起来很舒服，这就是文字一致性的体现。在做产品设计的时候要尽量使用风格统一的文字。

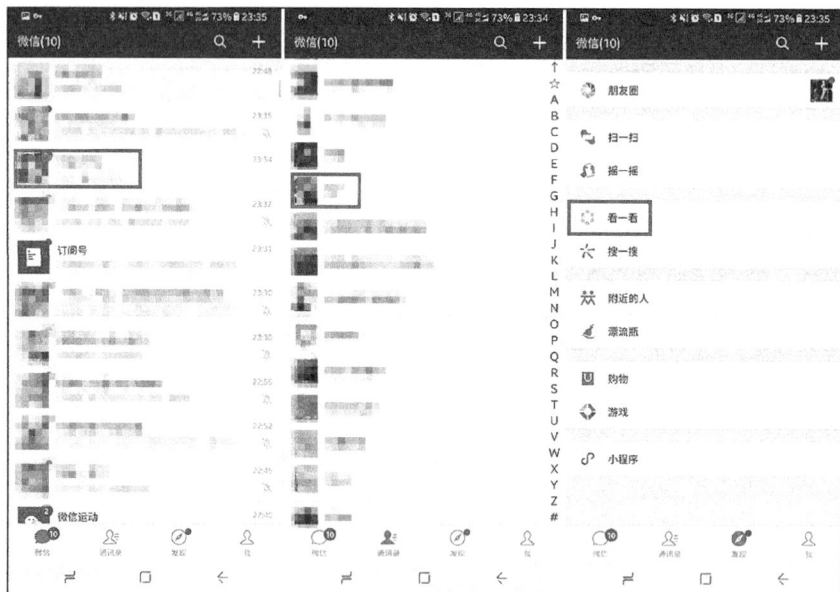

▲图 8-29　微信界面

5. 易用原则

易用原则要求在产品设计时考虑到用户的认知和学习成本，尽量做到简洁易用，即使在复杂度无法降低的情况下，也要在各个环节提示用户该如何操作，不要让用户进行过多的回忆和思考。

案例 8-23：爱奇艺的新手引导功能

图 8-30 为安卓版爱奇艺版本更新后的新手引导界面。当用户使用这些功能时，会出现遮罩提示，这些提示会告诉用户新功能的位置和作用，很多 App 也采用了这样的方式进行新手引导或者新功能介绍，这就是易用原则的体现。

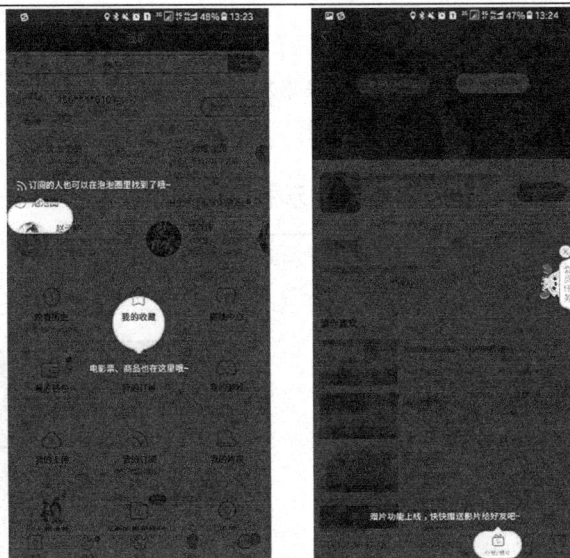

▲图 8-30　安卓版爱奇艺版本更新后的新手引导界面

6. 灵活高效原则

灵活高效原则要求产品的设计同时满足有经验和无经验的用户的使用需求，有适合所有用户的普通模式，也可以让一些用户根据自己的习惯和偏好去自定义。

案例 8-24：安卓版支付宝中的应用编辑功能

图 8-31 展示了安卓版支付宝中的应用编辑功能。支付宝首页的应用默认是所有用户统一的，但允许用户根据自身喜好自定义，这种支持用户自定义常用功能的设计是灵活高效原则的体现。

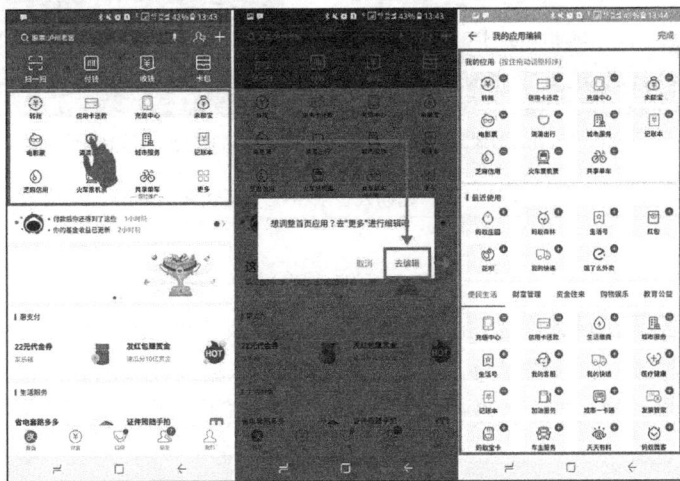

▲图 8-31　安卓版支付宝中的应用编辑功能

7. 优美简约原则

优美简约原则要求产品设计时，尽量剔除不相关的信息或几乎不需要的信息。任何不相关的信息都会让原本重要的信息更难被用户察觉。

案例 8-25：网易云音乐播放器和 QQ 音乐播放器

图 8-32（a）与（b）分别展示了网易云音乐和 QQ 音乐的播放界面，从视觉及功能布局上看两款产品做得都相当不错，美观简约、功能主次分明，这体现了优美简约原则。

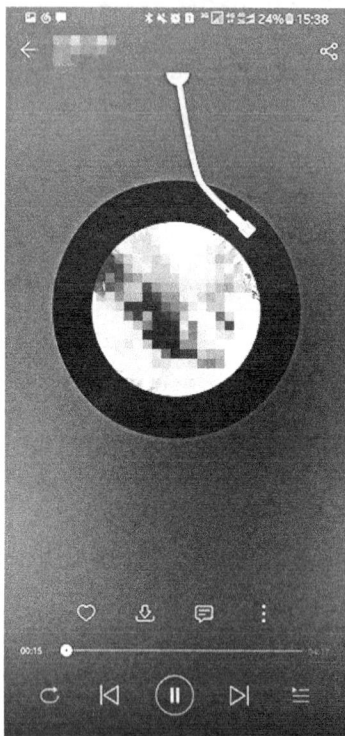

(a) 网易云音乐的播放界面　　　　(b) QQ音乐的播放界面

▲图 8-32　网易云音乐和 QQ 音乐的播放页面

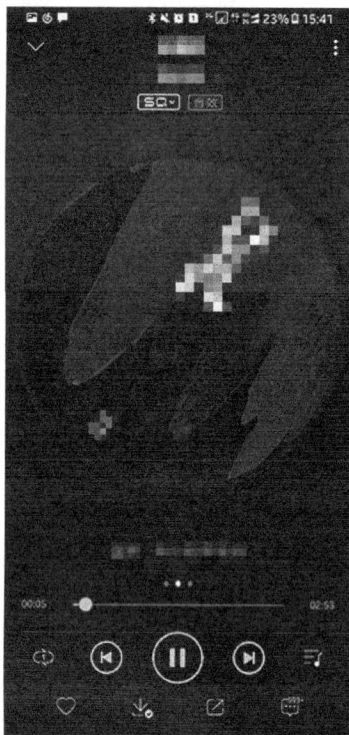

8. 容错原则

防错原则指的是在设计产品时，要考虑用户可能发生的错误，通过产品的设计，尽可能地降低错误发生的概率。但是错误总是会发生的，而容错原则强调的是产品对错误的兼容性和承受能力。通常，要衡量一个产品设计是否遵守了容错原则，主要看这个产品是否存在一定程度的容错性。

容错性最初应用于计算机领域，指的是产品对错误操作的承受能力，它的存在能保证系统在故障发生的情况下不失效，仍然正常工作。产品容错性能使产品与人的交流或人与人借助产品的交流更加流畅和高效。

案例 8-26：网易邮箱 PC 端的注册界面

图 8-33 展示了网易邮箱 PC 端的注册界面。用户在网易邮箱 PC 端注册邮箱时，如果输入出错，页面中不但会出现错误的提示，还会给出相应的建议，帮助用户进行正确的输入，这样就能避免用户出现更大的失误并且提高注册的效率。这是一种相当好的用户体验，也是容错原则的一种体现。

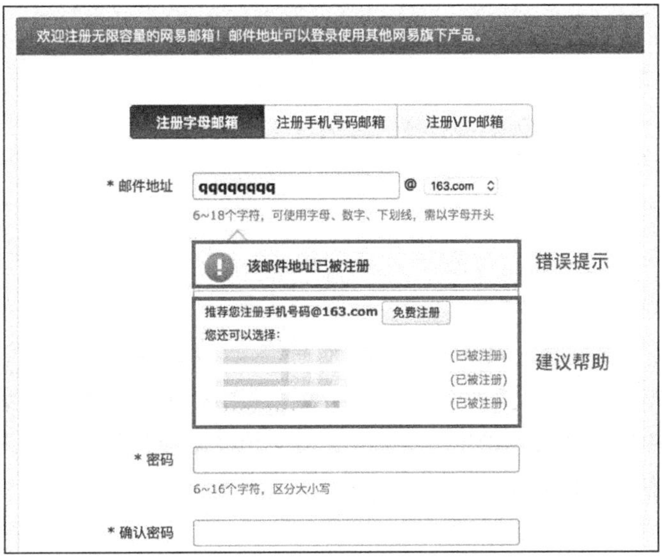

▲图 8-33 网易邮箱 PC 端的注册界面

9. 人性化帮助原则

人性化帮助原则要求在产品设计时，应该给用户提供帮助入口，而且任何帮助信息在产品中都能方便地搜索到。

案例 8-27：淘宝 App 和知乎 App 登录页面的帮助入口

图 8-34 所示的淘宝 App 和知乎 App 登录页面的帮助入口就体现了人性化帮助原则。不管是什么样的产品，在遇到可能让用户产生疑惑和问题的场景时，都要依照人性化帮助原则，给用户提供帮助入口，用来解决用户在操作过程中遇到的问题。

▲图 8-34　淘宝 App 和知乎 App 登录页面

以上是对雅各布·尼尔森交互设计原则的介绍，其中列举了很多实际案例，产品经理在日常的产品设计过程中要善于将理论用于实践，让每一个产品设计的思考和决策都有理可依，让产品设计更加具备有效性和可行性。

8.7　如何输出一份完整的产品分析报告

在产品经理职业成长的过程中，产品分析能力是既基础又重要的一项能力，无论是对自己负责的产品进行产品分析，还是对竞争对手的产品进行竞品分析，都需要用到这项能力。

在日常的产品工作中，产品经理通过产品分析可以了解产品当前的市场格局、用户特征以及商业模式等，从而能够对被分析的目标产品有更深入的理解。产品分析的结果通常以产品分析报告（产品分析报告和竞品分析报告的统称）的形式输出。图 8-35 展示了一套完整的产品分析框架，整个分析框架的核心内容分为 3 个模块，分别是市场分析、用户分析和产品分析。本节将分别对这 3 个模块进行详细介绍。

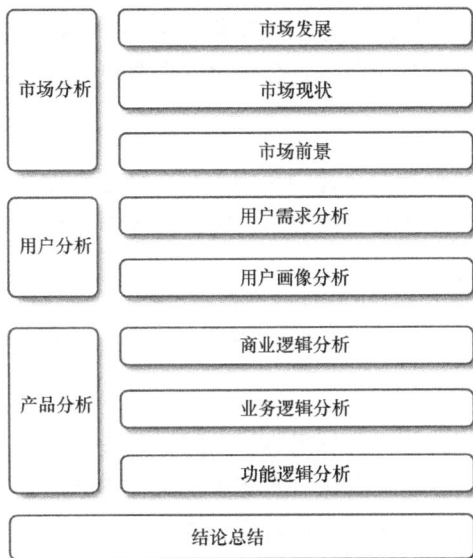

▲图 8-35   产品分析框架

1.   市场分析

市场分析又分为 3 个部分，分别是市场发展、市场现状和市场前景。市场分析要描述整个行业市场过去的发展、当下的格局以及对市场未来的预测。

市场发展主要描述整个市场从最开始兴起到逐渐发展的过程，是对市场从过去到现在的整体回顾。例如，对于第三方支付行业，支付市场的发展主要分为自由发展期、强力发展期和审慎发展期等阶段，在撰写产品分析报告时，先介绍市场发展的整体框架，然后再对每一个阶段进行简要说明。

市场现状主要描述的是当前的市场格局，例如，关于第三方支付行业当前的市场格局描述如下。

当前的第三支付市场呈现出支付即服务的新业态模式，支付公司通过云平台开放出一系列支付及其衍生服务，如商户管理、会员管理、营销管理等，商户可以通过 API 接入支付公司的云开放平台，选择符合其需求的应用模块。这一模式中，支付成为一个标准的服务模块，与其他经营类、管理类 SaaS 服务结合得更紧密。支付公司围绕着支付衍生的相关服务为中小商户提供一系列的解决方案。同时商户经营过程中形成的数据沉淀为"数据资产"，第三方公司能够整合一系列通用的大数据能力，向前端应用输出，构建用户画像，为中小商户提供符合其需求的业务模块。在支付即服务的模式下，在产品和服务的实践上，第三方支付公司提供的服务主要分为收单服务、商户经营服务、金融服务。收单服务主要包括小程序、App 收款和线下

POS 收单业务；商户经营业务主要围绕商户的线上线下经营流程展开，例如，提供管品牌、管门店、管员工、管营销、管财务等服务；金融服务主要包括为小微企业提供贷款、理财等融资服务。

值得注意的是，当前市场格局的描述中引用的相关信息和数据要具备时效性，如果要描述 2021 年的市场现状，却引用了 2018 年的数据，经过了 3 年时间，整个市场格局可能已经有了较大的变化，就会导致最后输出的产品分析报告中对当前市场格局的描述失真。

最后，要对整个市场前景和未来发展进行预测性描述，同样以第三方支付市场为例，预测性描述如下。

目前，国内中小企业数字化升级进程进入加速阶段，且中小企业数字化的过程显现出明显的行业差异。因此，如何利用数字化升级带来的产业支付机遇，进行差异化布局，对于扩大支付公司市场份额，甚至改变行业竞争格局而言至关重要。企业数字化渗透力较强或者云化进程较快的行业有新零售、餐饮、教育、互联网金融、互联网医疗、房地产、物流等。其中，新零售行业云化程度较高且增速最快，根据阿里云研究中心发布的《2019 数字化趋势报告》，零售业将成为受云计算、人工智能、IoT 等新技术影响最深的行业领域，在未来 3~5 年内，云化比例有望达到 70%~80%。餐饮、教育行业的云化程度次之，医疗、房地产等的云化程度目前相对较低。

2. 用户分析

用户分析分为两个部分，分别是用户需求分析和用户画像分析。用户需求分析要明确实际用户的需求，以及产品是怎样满足用户需求的。结合用户需求分析以及用户画像分析，并对二者的分析内容进行总结，就完成了整个产品分析报告中用户分析模块的描述。

3. 产品分析

产品分析分为 3 个部分，分别是商业逻辑分析、业务逻辑分析和功能逻辑分析。

商业逻辑分析部分需要明确目标产品的定位和商业模式闭环。在描述产品定位时，如果不能用精简的语言来描述清楚，说明你对该产品的理解还不够深入。

例如，keep 的产品定位是您身边的移动健身教练，微信的产品定位是新时代的移动通信工具，拼多多的产品定位是致力于为最广大用户提供物有所值的商品和有趣互动购物体验的新电子商务平台。所以，好的产品定位通常用一句话就能说明白，越简单的产品定位描述，越能说明产品经理对用户群、用户需求和产品价值有深刻和清晰的思考。

对商业模式闭环的描述可以从用户需求、解决方案、目标用户、传播方式、用户关系、收入类型、合作伙伴、核心竞争、重要业务、成本类型、方案闭环、价值闭环、资源闭环、财务闭环等方面展开。

业务逻辑分析要描述产品的具体业务结构和与业务流程是什么，通常以精简的业务架构图或者流程图的形式说明。在撰写产品分析报告时，采用"总-分"的形式，先从大的业务结构描述，然后再对细分业务进行介绍。

关于功能逻辑分析，功能逻辑是基于业务逻辑产生的，针对同样的业务逻辑，功能层面可以有多种实现方式。撰写产品分析报告时，产品的具体功能可以通过产品功能架构的形式输出。

8.8　用户体验的定义和思考框架

ISO 9241-210 标准将用户体验定义为"人们针对使用或期望使用的产品、系统或者服务的认知印象和回应"。通俗来讲，用户体验（User eXperience，UX）就是用户在使用产品的过程中建立起来的一种纯主观感受。

杰西·詹姆斯·加勒特（Jesse James Garrett）在《用户体验的要素》一书中将产品从 0 到 1 的过程划为 5 个层级，如图 8-36 所示，分别是战略层、范围层、结构层、框架层和表现层。这 5 个层级由抽象到具体、由概念到成品、由底层到表层，完整地阐述了一个产品从最初的战略性规划到最后可视化的完整层级结构。当我们思考一个产品的整体用户体验的时候，可以使用这 5 个层级作为思考框架。

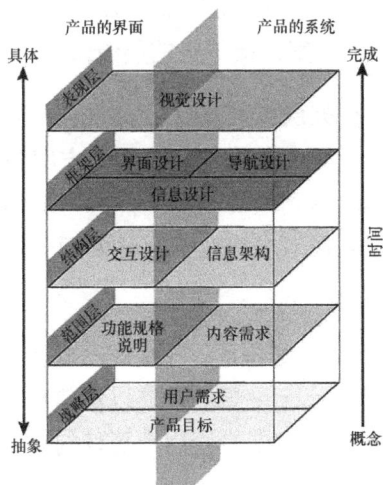

▲图 8-36　产品从 0 到 1 的 5 个层级

战略层属于用户体验要素的最底层，也是最重要的层级。许多人理解的用户体验仅仅是产品功能的有用、好用、易用以及页面视觉和交互设计的友好。虽然这些维度都是用户体验的一部分，但如果对用户体验的认识仅仅停留在这个层面，显然还理解得不够深刻。

如果一个没有满足用户真实需求的产品被设计出来，用户使用的那一刻就注定了用户体验是很差的。因为基于一个伪需求设计出来的产品并不是用户需要和想要的，所以这就意味着用户不会去用这个产品，再优秀的交互设计和视觉设计都没有意义。

假如你作为一个产品经理生活在 20 世纪初，了解到当时用户的需求是追求更高的出行效率，期望是拥有一匹更快的马。而你了解用户的需求后向用户提供了更快的汽车，对于用户来说，汽车相比马能提供超预期的体验。但是如果一些用户不追求更高的出行效率，他的需求就是想骑在马背上飞奔，体验骑马的乐趣，而你提供的产品只有汽车，虽然汽车有更高的出行效率，但是并没有满足用户的真实需求，因此这并不会给用户带来好的体验。

战略层之所以重要，是因为用户体验的设计和考量在最初的需求分析阶段就已经开始了。如果战略层对用户需求没有准确的定位，那么后面层级的体验做得再好也没有用。打地基是盖大楼时最重要的阶段，而战略层就是整个用户体验大楼的地基。

接下来是范围层，范围层主要由功能和内容组成。对于战略层确定的需求，我们通常在范围层中用具体的实现方式去满足。例如，如果用户的需求是从 A 地区到达 B 地区，你能提供马或汽车等方式去满足这个需求，每一种实现方式的用户体验都不同，是给所有用户同一种选择，还是有的用户追求快，就给他汽车，有的用户追求刺激和别样的体验，就给他马。这些选择最后都被具化到具体的马和汽车的功能上，并对最后的用户体验负责。

所以在范围层明确用户需求，找到最合适的满足方式，是保证良好的用户体验的前提。同样，如果在范围层选择了不合适的方案，接下来的层级做得再好，也依然没有用。

再往上依次分别是结构层、框架层以及表现层。上面的案例中我们已经确定了解决方案是骑马还是驾车，那么如果我们最终考虑给用户提供的方案是驾车，那么在结构层以及框架层和表现层内，如何让驾车的体验达到最优是要重点思考的问题。汽车的功率和速度，以及车内的舒适度，行车路线是否可以在追求快速的同时兼顾美丽的风景等，都是这些层级需要考虑的问题。

接下来，回到具体的产品设计。在结构层，什么样的交互设计和信息结构能给用户带来更好的体验？在框架层，什么样的界面设计、导航设计以及信息设计能给用户带来更好的体验？在表现层，什么样的视觉设计、配色方案能带给用户更好的体验？这些问题就是在这 3 个层级需要思考和解决的问题。

理解了产品体验要素的 5 个层级，我们就能深刻地明白一点，即广义的用户体验包含了产品需求本身的合理性，基于一个凭空想象得来的伪需求设计出的产品，从一开始就已经注定了不会拥有好的用户体验。

因此，在产品设计的过程中，并不是一提到用户体验就想着从产品的交互设计和视觉设计上考虑。底层的用户体验优化往往比表层更重要，在进行产品用户体验优化时，要逐层递进优化，针对每个层级去逐级优化，从底层到表层，使每一个层级的用户体验最优，最终达到整体的用户体验最优。

第9章 如何进行数据分析

9.1 数据分析方法

数据分析能力是产品经理必须具备的能力之一，通过数据分析得出的结论，可以作为一些产品决策的重要依据。本节主要介绍数据的定义、分类，以及数据分析的基本方法。

数据就是数值，也就是通过观察、收集、实验或计算得出的结果。数据有很多种，最简单的就是数字，也可以表现为文字、图像、声音等形式。数据可以用于科学研究、设计、查证等。

根据不同的维度，数据可划分为多种。根据数据来源，数据通常分为两类——结构化数据和非结构化数据。结构化数据指的是可格式化存储的业务数据或用户基础数据，这些数据通常存储在关系型数据库中。而非结构化数据通常指的是不能格式化处理的数据（如用户评论数据），这些数据通常存储在非关系型数据库中。

数据分析是指用适当的统计分析方法对收集来的大量数据进行分析，从中提取有用的信息和形成结论的过程。数据分析通常分为描述性数据分析、探索性数据分析以及验证性数据分析。其中描述性数据分析侧重于对现有的数据进行事实和结论的陈述，探索性数据分析侧重于在数据之中发现新的特征，而验证性数据分析侧重于对已有假设的证实或证伪。无论是对产品进行大的商业决策还是小的功能迭代，通过数据分析得出的结论都具有指导性意义。

一个完整的数据分析过程包括 6 个步骤，分别是明确目标、获取数据、处理数据、展现数据、分析数据、输出报告。本节将分别对这 6 个步骤进行介绍。

1. 明确目标

在进行任何数据分析前，一定要明确为什么要做数据分析，即明确数据分析的目的是什么。数据分析的目的可以是得出某种有价值的结论，或者是对某个问题进行归因，抑或是进行某种探究和验证。例如，某电商平台发现某款商品的购买率偏低，想通过数据分析找出购买率低的原因。该电商平台对用户的购物行为进行漏斗分析，发现用户在购物过程中，从下单到支付订单的转化率很低，定位出问题后随即提出解决方案。

所以，数据分析的第一步是明确分析目的。根据数据分析的结果，我们应该能找出一定的问题，且能对产品或者业务提出指导性的建议等，而不能仅仅为了分析而分析。

2. 获取数据

获取数据指的是获取目标数据。目标数据可以从原始数据库导出，可以从相关的报表获取，可以利用埋点或者爬虫获取，可以用工具进行统计、记录等。获取数据的方式多种多样，最终的结果是要找到目标数据。

3. 处理数据

获取目标数据后，要对目标数据进行处理，因为获得的目标数据不一定可以直接用于数据分析，例如，需要对残缺数据进行修补，对错误数据进行纠正，对重复数据进行去重等。此外，一些目标数据需要经过计算才可以使用，这些都属于数据处理的过程。数据处理完成后，在进行数据分析之前，还要做最后的校验，要校验数据的准确性（保证数据源是真实无误的）、完整性（要保证处理过的数据是完整的）、一致性（不能出现同样的统计口径得出的数据却不一样的情况）、唯一性（不能出现重复数据）、时效性（要保证处理过的数据具有时效性，如不能使用 2016 年的经济数据来分析预测 2020 年的经济情况，因为时间跨度较长，2016 年的数据已经不具备时效性）。

4. 展现数据

数据处理完毕后，对数据进行可视化，以方便进行数据分析和分析结果的展示。这个过程通常需要图表的支持，例如，折线图可以展示数据的趋势，饼图可以展示数据的占比，柱状图可以用于数据的对比等。

在展现图表的过程中，要注意规范性和严谨性，如图 9-1 所示，图表标题、单位、标签、脚注等都要清晰明确地展示。

在注重图表数据和内容规范表达的同时，还要注意数据展现过程中可能造成的数据欺骗。数据欺骗主要分为两种类型——数据分析的欺骗性和数据展示的欺骗性。

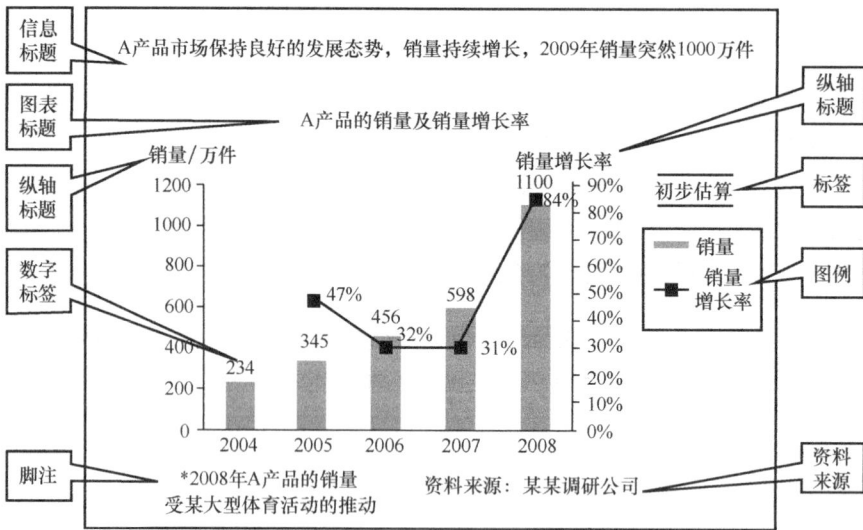

▲图 9-1　图表规范表达

数据分析的欺骗性主要包括以下 3 个方面。

- 数据源问题：如果获取的是错误或者虚假的数据，后续一系列的数据处理和分析都基于错误的数据源而进行，必然不会得到正确的分析结果。

- 数据处理的问题：若没有对数据进行正确的处理，导致后续分析的是无效数据，就不会得到正确的分析结果。

- 数据分析的问题：若没有使用科学严谨的方法进行数据分析，最终就无法得到真实的分析结果。

数据展示的欺骗性包括以下 3 个方面。

- 图表的不合理拉伸：有些图表的拉伸会造成视觉偏差，从而造成数据的误读，例如，折线图主要反映的是整体的趋势，斜率的大小体现了数据的整体变化，一组起伏较大的数据会因为图表的拉伸失去原有特征，从而给人造成误解。

- 坐标轴的特殊化处理：在对两组不同的数据图表进行对比分析时，如果纵坐标轴的刻度单位不一样，可能会造成两组数据分布一致、两组数据大致相同的假象。

- 数据的非标准化处理：在对两组不同的数据进行对比时，如果没有做标准化处理就直接对比分析，则无法得出真实的结果。例如，若对一个百分制的值 20 与一个五分制的值 4 进行比较，不能因为 20 大于 4，直接得出前者大于后者的结论，而是要放在同一个标准下来对比，20/100 显然小于 4/5。

综上所述，在展现数据的过程中，不仅要选择合适的图表来分析和表达，还要注意表达过程中的规范和严谨，以及可能造成的可视化欺骗。

5. 分析数据

在数据分析阶段，我们需要使用一定的数据分析方法，如对比分析法、分组分析法、矩阵关联分析法、趋势分析法、漏斗分析法等。

对比分析法通常分为目标（月度目标、年度目标、活动目标等）对比，时间对比（环比、同比），特定值（均值、中位数、增长率等）对比等，它是通过对处理后的数据进行对比分析，最终得出有效分析结果的过程。

分组分析法指的是对处理后的数据进行组别划分，例如，按年龄分组，按性别分组，按地区分组等，并进行组间或组内对比，最终得出有效的分析结果。

矩阵关联分析法是利用经典的矩阵模型（如 SWOT 矩阵、波士顿矩阵、忠诚度矩阵、GE矩阵等）进行数据分析。矩阵分析通常适用于对非结构化的数据进行定性分析。

趋势分析法指的是应用事物发展的延续性原理来预测事物发展的趋势，具体操作时通常依据现有数据和一些指标来预测整体数据的未来趋势，常见的指标有平均增长量和平均增长率等。

数据分析的最终目的是得出对产品或业务有指导意义的分析结果，每一种分析方法都是一个完整的分析框架，产品经理需要根据不同的分析目的选择合适的分析方法。

6. 输出报告

进行了数据分析，并利用图表进行了可视化之后，要对整个过程做一个总结。基于数据分析的目的，介绍数据的来源和处理以及分析方法，并使用规范严谨的图表展示结论和建议，最终输出一份完整的数据分析报告。报告需要遵循的原则有数据可靠，用词严谨；描述准确，论证合理；概念唯一，标准统一；直观呈现，通俗易懂；结论正确，建议合理。

要再次强调的是，数据分析的核心目标是得出对产品或者业务决策有指导意义的结论，整个分析过程应该始终围绕核心目标而展开。

9.2 常用数据指标和维度

在数据分析的过程中，有两个重要的概念是必须要理解的，这两个概念分别是指标和维度。

指标是衡量事物发展程度的单位和方法，通常需要经过计算和统计才能得到，例如，页面浏览次数（Page View，PV）、独立访客数（Unique Visitor，UV）、下载量等都属于指标。

维度指的是事物本身所带有的某种特征或属性，抑或是一种维度或描述事情的角度，例如性别、地区、时间、版本、操作系统等。维度可以分为定性维度与定量维度，通常根据数据类型来划分。若数据类型为字符型（文本型）数据，如地区、性别、职业等就属于定性维度；若数据类型为数值型，如收入、年龄、消费等就属于定量维度。

图 9-2 展示了数据分析常用的指标和维度。本节将详细介绍这些指标和维度的基本概念。

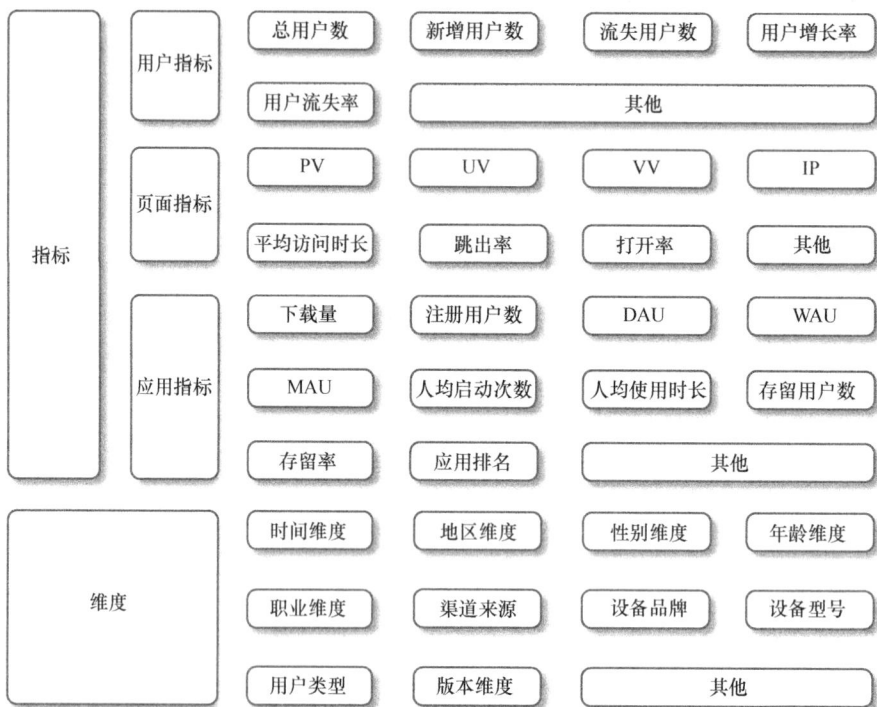

指标	用户指标	总用户数	新增用户数	流失用户数	用户增长率
		用户流失率	其他		
	页面指标	PV	UV	VV	IP
		平均访问时长	跳出率	打开率	其他
	应用指标	下载量	注册用户数	DAU	WAU
		MAU	人均启动次数	人均使用时长	存留用户数
		存留率	应用排名	其他	
维度		时间维度	地区维度	性别维度	年龄维度
		职业维度	渠道来源	设备品牌	设备型号
		用户类型	版本维度	其他	

▲图 9-2　数据分析常用的指标和维度

1. 常用指标

常用指标如下。

● 总用户数：用户总数，是一种常用的用户指标，通常用来衡量产品和业务的用户规模大小。

● 新增用户数：一段时间内用户的增长量。增长量不仅可以是正值，还可以是负值。负值意味着负增长，即用户的流失。若增长量为正值，则要分析增长的原因，加强正向因素带来的正向反馈；如果增长量为负值，则要分析出现用户流失的原因，抑制或消除逆向因素，减少用户的流失。

- 流失用户数：用户的负增长会导致用户的流失，从而衍生出流失用户数这一指标。流失用户数指的是一定时间段内流失的用户数量，分析方法同"新增用户数"。

- 用户增长率：一段时间内，新增用户数与总用户数的比值。以用户增长率作为用基础指标计算得出的衍生指标，通常用来衡量用户在一段时间内的增长趋势，分析方法同"新增用户数"。

- 用户流失率：一段时间内，流失用户数与总用户数的比值。和用户增长率一样，以用户流失率作为基础数据计算得出的衍生数据，通常用来衡量用户在一段时间内的流失趋势，分析方法同"新增用户数"。

- PV：页面的浏览次数，用于衡量网页的热度。用户每打开一个页面，PV 就增加 1，多次打开同一页面则 PV 累计。一般来说，PV 与来访者的数量成正比，但是 PV 并不意味着页面的真实来访者数量，例如，同一个来访者通过不断地刷新页面，也可以制造出非常高的 PV。具体来说，PV 就是所有访问者在 24 小时（0 点到 24 点）内看了某个网站多少个页面或某个网页多少次。PV 是指页面刷新的次数，每刷新一次页面，PV 就增加 1。度量方法就是从浏览器发出一个对网络服务器的请求（request），网络服务器接到这个请求后，会将该请求对应的一个网页发送给浏览器，从而使 PV 增加 1。在这里只要把这个请求发送给了浏览器，无论这个页面是否完全打开（下载完成），PV 都增加 1。PV 通常用来衡量具体页面的受欢迎程度，PV 越高说明网页承载的功能或信息越吸引用户。一段时间内，如果 PV 升高，则要分析 PV 升高的原因，强化这部分因素让 PV 得到更快的增长；如果 PV 降低，则需要找出原因，并抑制这部分因素对 PV 的影响。

- VV（Video View）：访客的访问次数，用以记录所有访客在一天内访问了网站多少次。访客完成所有的浏览并最终关掉该网站的所有页面时便完成了 1 次访问，若同一访客 1 天内有多次访问行为，则访问次数将累计。VV 通常用来反映用户打开网站的次数，打开次数越高说明用户黏性越强。

- IP：IP 表示 Internet Protocol，但这里统计的是独立 IP 地址数。一天内使用不同 IP 地址的用户访问网站的次数，无论使用同一个 IP 地址访问了几个页面， IP 值均为 1。对于同一个局域网中的用户访问，IP 值为 1。

- UV：独立访客数，即一天内访问某站点的人数，以 Cookie 为依据。一天内同一访客的多次访问只记录为 1 个访客。当客户端第一次访问某个网站服务器的时候，网站服务器会给这个客户端的计算机发出一个 Cookie，通常放在计算机的 C 盘当中。在这个 Cookie

中，客户端会被分配一个独一无二的编号，其中会记录访问服务器的一些信息，如访问时间、访问的页面等。当用户下次再访问这个服务器的时候，服务器就可以直接从他的计算机中找到上一次放进去的 Cookie 文件，并且对其进行更新，但那个独一无二的编号是不会变的，于是就统计了目标网站的独立访客数。

- 平均访问时长：在一定统计时间（如某天、某周、某月等）内，浏览网站的一个页面或整个网站的用户所逗留的总时长与该页面或整个网站的访问次数的比值。通常情况下，用户停留的时间越长，说明该网站的功能或内容越有吸引力。

- 跳出率：只访问了一个页面（如网站首页）就离开网站的访问量与总访问量的比值。跳出率等于访问一个页面后离开网站的次数除以总访问次数。跳出率越高说明网站页面的功能或者内容越没有吸引力。

- 打开率：打开用户数与推送用户数的比值。若把一封邮件发送给了 100 个用户，只有 20 个用户打开过，则这一封邮件的打开率是 20%；若一个网站主页有 1000 个访客，主页上的 A 链接被 100 个人打开过，则说明 A 链接的打开率是 10%。打开率能有效地说明呈现在用户眼前（即被用户看到）的信息对用户的吸引程度，打开率越高则说明呈现在用户面前的信息越吸引人。很多好的文章一般有很高的打开率。

- 下载量：应用被下载的总次数。基于下载量衍生出的相关指标有安装量和激活量，下载了的应用不一定安装，安装了的应用不一定打开、使用，打开、使用了的应用不一定激活（激活通常有多重衡量标准：对于有的产品，注册算激活；对于有的产品，付费算激活；对于有的产品，实名认证算激活等）。下载量越高说明产品越受欢迎。

- 注册用户数：注册应用的用户总数，是衡量一个应用用户规模大小的基本指标。注册用户数越多则说明用户量越大。

- DAU：日活跃用户数量（Daily Active User），某个自然日内启动过应用的用户数，该日内多次启动不重复计算。

- WAU：周活跃用户数量（Weekly Active User），某个自然周内启动过应用的用户数，该周内多次启动不重复计算。

- MAU：月活跃用户数量（Monthly Active User），某个自然月内启动过应用的用户数，该月内多次启动不重复计算。

- 人均启动次数：一段时间内平均每个用户启动应用的次数，人均启动次数等于启动次数除以启动应用的用户数。

- 人均使用时长：一段时间内平均每个用户使用应用的时长，人均使用时长等于使用时长除以启动应用的用户数。

- 存留用户数：新增用户中，经过一段时间后仍活跃的用户。例如，2020 年 6 月 1 日新增用户 500 个，这 500 人中 6 月 2 日仍活跃的用户有 100 个，6 月 4 日仍活跃的用户有 50 个，6 月 8 日仍活跃的用户有 20 个，则 6 月 1 日存留用户数为 100，6 月 3 日存留用户数为 50，6 月 7 日存留用户数为 20。

- 存留率：新增用户中，经过一段时间后仍活跃的用户占新增用户的比例。例如，2020 年 6 月 1 日新增用户 500 个，500 人中 6 月 2 日仍活跃的用户有 100 个，6 月 4 日仍活跃的用户有 50 个，6 月 8 日仍活跃的用户有 30 个，则 6 月 1 日存留率为 20%，6 月 3 日存留率为 10%，6 月 7 日存留率为 6%。

- 应用排名：应用在指定应用商店中的排名，通常排名越高说明应用的热度越高，越受用户欢迎。

2. 常用维度

常用维度如下。

- 时间维度：所有指标分析中最常用的维度，包括日、周、月、季、年等。

- 地区维度：比较常见的维度，许多指标会在地区维度上进行对比，按照不同的级别，划分不同的地区维度，例如，省级维度包括广东、广西、河北、山东；市级维度包括深圳、杭州、广州等。

- 性别维度：一个常用的维度，分为男性和女性。

- 年龄维度：通常按照一定规则对用户的年龄段进行划分，例如，24 岁及以下、25～30 岁、31～35 岁、36～40 岁、41 岁及以上，以及儿童、青年、壮年、中年、老年等。对于一些指标，经常会在不同的年龄维度中进行对比。

- 职业维度：用户的职业身份，如老师、医生、工人等，然后在不同的职业维度中对比相同的指标，如在不同的职业中对比平均收入等。

- 渠道来源：对于与集散形式相关的所有操作，都存在渠道的概念，开发者发布应用的渠道有应用商店、应用宝、手机助手等；广告投放的渠道有互联网、户外、纸媒、电视、广播等。

- 设备品牌：用户使用的设备的品牌，如手机品牌有苹果、华为、小米、魅族、OPPO、vivo 等，通常会分析同一指标在不同品牌设备中的表现情况。

- 设备型号：用户使用的设备的型号，比如 iPhone 12、华为 Mate 10、小米 11 等，分析方法同设备品牌。

- 用户类型：按照不同的划分标准，用户可划分为多种类型，例如，按照忠诚度，有捣乱者、一般用户、拥护者、强拥护者；按照使用行为，有高频高时长用户、高频低时长用户、低频高时长用户、低频低时长用户等。

- 版本维度：以产品版本作为一个维度来统计该版本的指标，例如，统计某个产品 v2.2.3 的用户数，就是在版本维度上对用户数这个指标进行统计。

9.3　漏斗模型

漏斗模型的概念最早由 St. Elmo Lewis（美国知名广告人）在 1898 年提出，漏斗模型也叫作消费者购买漏斗（purchase funnel）、消费者漏斗（customer funnel）或营销漏斗（sales/marketing funnel）等，是一种品牌广告的营销策略，准确地概括出了顾客关于产品或者服务的流程。

在接下来的时间里，为了不断地适应新的媒体平台，漏斗模型经过了多次的修改和扩展，按照时间顺序，先后经历了 AIDA 模型、AIDMA 模型、AISAS 模型、用户行为漏斗模型等版本。下文将分别介绍这几个漏斗模型的具体内容。

1. AIDA 模型和 AIDMA 模型

如图 9-3 所示，若对 AIDA（Attention，Interest，Desire，Action）模型的内容进行补充和拓展，增加记忆（Memory）这一项，就形成了包括注意、兴趣、欲望、记忆、行动的新漏斗模型——AIDMA（Attention，Interest，Desire，Memory，Action）模型。

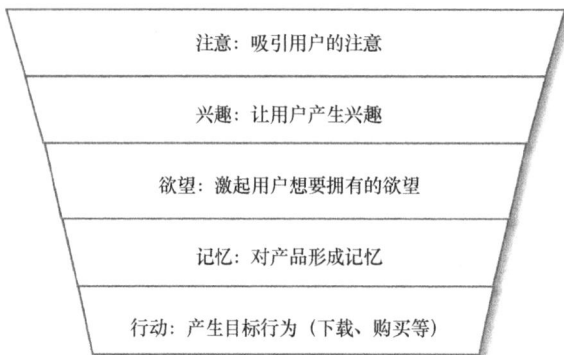

注意：吸引用户的注意

兴趣：让用户产生兴趣

欲望：激起用户想要拥有的欲望

记忆：对产品形成记忆

行动：产生目标行为（下载、购买等）

▲图 9-3　AIDMA 模型

AIDMA 模型主要适用于品牌营销。当然，现在很多互联网产品也开始把自己作为品牌去打造，比如拼多多的拼团玩法、抖音冠名综艺节目、爆款 H5 刷屏、网易云音乐的地铁广告等都先试图引起用户的注意，让用户产生兴趣，然后强化其对产品和品牌的记忆，最后吸引潜在用户产生下载、注册、关注、购买等目标行为。虽然 AIDMA 是一个不错的漏斗模型，但是模型中每一个递进层级难以用数据量化，容易出现漏斗转化异常，无法确定在哪个层级出现了问题。

2. AISAS 模型

因为 AIDMA 模型缺少用户反馈的环节，且随着互联网的发展和普及，消费者行为模式发生了改变，所以随之衍生出了 AISAS（Attention，Interest，Search，Action，Share) 模型，其中包括注意、兴趣、搜索、行动、分享，如图 9-4 所示。

AISAS 模型从最开始引起用户的注意，让用户产生兴趣，随之开始搜索（百度、知乎、微博、淘宝等）进行了解，接着产生目标行为（下载、注册、关注、购买等），最后进行分享和传播（推荐给好友或朋友圈分享等），形成了一个从引起用户注意到用户分享传播的增长闭环。

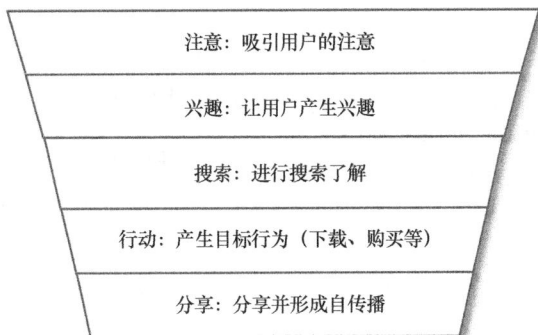

▲图 9-4　AISAS 模型

AISAS 模型更符合互联网时效性强的特点，但它和 AIDMA 模型一样，依旧缺乏量化标准，每一环节的效应不能通过数据进行反馈。这也是 AIDMA 模型和 AISAS 模型在后续以精细化运营为主的品牌和产品营销策略中被逐渐抛弃的原因。

3. 用户行为漏斗模型

因为 AIDMA 模型和 AISAS 模型存在固有的缺陷，所以漏斗模型开始越来越关注具体的用户行为路径，以及追求转化路径层级之间的数据量化和问题定位追踪，于是出现了用户行为漏斗模型，即对用户每一步的行为进行记录和分析，并进行数据量化，这样人们就可以监控到哪个节点的转化率出了问题，便于找到问题环节，进行分析和修复。

用一个简单的例子来说明，假如有 100 人访问某电商网站，有 30 人单击"注册"按钮，有 28 人注册成功。注册过程共有 3 步，第 1 步到第 2 步的转化率为 30%，流失率为 70%；第 2 步到第 3 步的转化率为 93.3%，流失率为 6.7%；整个过程的转化率为 28%，流失率为 72%。这就是一个使用用户行为漏斗模型的案例，分析人员可以清楚地观察到哪个细分环节出现了问题，从而进行修复。

图 9-5 展示了一个电商平台商品购买流程的用户行为漏斗。

对于电商平台来说，这个用户行为漏斗最重要的行为是下单支付，因此最后一个环节的支付转化率是衡量整个行为漏斗的核心指标。要保证最后的支付转化率最高，需要整个行为漏斗的每一个层级都保持很高的转化率，哪一个层级出现了较大的流失，就要在该层级定位流失原因，进行补救。

▲图 9-5　商品购买转化漏斗

从图 9-5 可以看出，其中访问首页的用户有 20000 个，单击目标商品并打开商品详情页的用户有 5000 个，浏览商品详情页并单击"立刻购买"按钮的用户只有 1000 个，最后提交订单和支付订单的用户分别是 800 个和 750 个。

整个流程中，从"访问首页"到"访问商品详情页"以及从"访问商品详情页"到"单击'立刻购买'按钮"这两个环节的转化率较低，出现了大量的用户流失，所以运营人员应该重点分析这两个环节中用户流失的原因，并给出后续优化的方案。

在整个漏斗分析过程中，分析人员要做的就是统计目标路径中各个环节的转化数据，并对流失严重的环节进行分析，找出用户流失的原因并进行优化，从而提高整个流程的最终转化率。

用户行为漏斗因为在其中的每一步漏斗都可以进行数据量化，并对结果进行归因分析，从而成为目前最受欢迎的漏斗模型之一。

9.4 AARRR 模型和 RARRA 模型

Dave McClure 在 2007 年提出了著名的 AARRR 模型，在之后的十几年里，这个增长理论被大多数创业者和创业公司认可。AARRR 是 Acquisition（用户获取）、Activation（用户激活）、Retention（用户留存）、Revenue（获得收益）、Referral（推荐传播）这 5 个单词的缩写，如图 9-6 所示，分别对应用户生命周期中的 5 个重要环节。AARRR 模型每一步对于运营者来说都有明确的触发事件和可数据量化的目标，且用户对于目标事件的触发行为可以得到追踪，从而使该模型成为最常用的数据分析和用户运营方法。

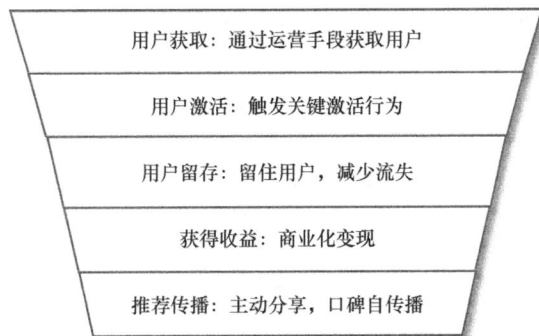

▲图 9-6　AARRR 模型

AARRR 模型的第一步是获取用户。产品上线后，运营人员通过各种线上或线下的推广营销方式获取用户。

当有了一定的用户量时，就要开始想办法提高用户活跃度。提高用户活跃度的方法有很多种，例如，在产品设计层面，推出有特色的功能，在产品运营层面，推出丰富有趣的活动等。

在解决了用户活跃度的问题以后，通常会面临另一个问题——用户来得快、走得也快，也就是用户黏性低。保留一个老客户的成本通常要远远低于获取一个新客户的成本。提高产品的用户留存率有很多方式，除产品本身满足用户的需求以及有核心的功能和服务之外，最常见的就是设计产品的积分体系、会员体系以及营销活动体系。

获取收益其实是产品运营最核心的一环，也是整个产品商业模式中很重要的一个闭环——收入闭环。收入有很多种来源，例如会员收费、付费功能、增值服务、广告费用等。

以前的运营模型到"获取收益"这个阶段就结束了，但是社交网络的兴起使得运营增加了一个环节，就是基于社交网络的病毒式传播，这已经成为获取用户的一个新途径。这个方式的成本很低，而且效果非常好。唯一的前提是产品自身要足够好，有很好的口碑。

从自传播到再次获取新用户，形成了一个螺旋式上升的轨道，那些优秀的产品可以很好地利用这个轨道，不断扩大自己的用户群体。

如图 9-7 所示，AARRR 模型的每个环节都可以拆解为确定目标事件、追踪用户行为以及量化分析数据这 3 个步骤。

例如，在提高活跃度这个环节中，首先确定什么样的目标事件达到了提高活跃度的目的；其次，追踪用户在完成目标事件的过程中产生了什么样的行为路径；最后，对用户的具体行为路径进行行为漏斗模型设计，对每个环节进行转化率分析，并得出优化和改进方案，最终使得目标事件的转化率（这里指的是用户活跃率）最大化。

▲图 9-7　AARRR 模型的使用方法

依照上面的案例，对 AARRR 模型的其他环节进行设计、分析、优化，使得每个环节的转化率最大化，以局部的最优实现整体的最优。

随着互联网的发展，现在每个 App 安装后的情况是前 3 天内将流失掉 77％的 DAU，在 30 天内，它将流失 90％的 DAU，而到了 90 天，流失率将升到 95％以上。2008 年，应用商店中只有 500 个 App，各 App 很可能是没有竞争对手的。当时苹果公司将数百万用户带入了应用商店，App 的获客成本是非常低的。

如果 2020 年你有 100 万新用户，这听上去很棒，而且你还很有可能在年会上提出 2021 年"追求拥有 500 万新用户"的目标，这似乎是一个触手可及的目标。但是，市场上平均 5％的留存率意味着 500 万新用户中实际上只有 25 万留存下来的用户。对于大多数产品而言，获取新用户几乎毫无意义。

　　AARRR 模型专注于获客，是 Dave McClure 在 2007 年获客成本还比较低的时候总结出来的。而 2021 年广告/社交渠道的流量价格已经很高，获客成本与日俱增，市场情况和 2007 年已经完全不同。现在用户量增长的真正关键在于用户的留存量，而不是增量获客。所以我们需要一个更好的模型，这个模型就是 RARRA 模型，如图 9-8 所示。

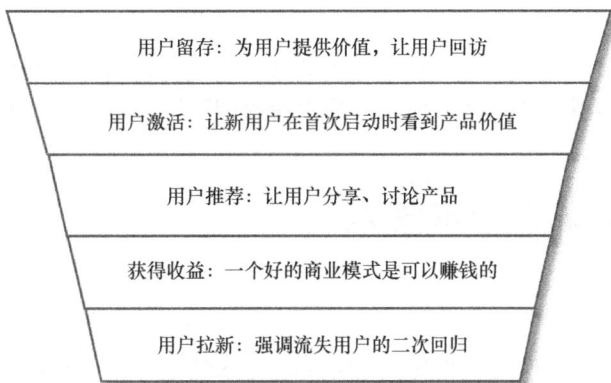

▲图 9-8　RARRA 模型

　　RARRA 模型是托马斯·佩蒂特（Thomas Petit）和贾博·帕普（Gabor Papp）对于 AARRR 模型的优化，RARRA 模型突出了用户留存的重要性。下面是关于 RARRA 模型的几个术语。

- 用户留存（Retention）：为用户提供价值，让用户回访。

- 用户激活（Activation）：确保新用户在首次启动时看到产品价值。

- 用户推荐（Referral）：让用户分享、讨论产品。

- 获得收益（Revenue）：一个好的商业模式是可以赚钱的。

- 用户拉新（Acquisition）：强调流失用户的二次回归。

　　Emily Bonnie 在"AARRR vs. RARRA: Which is Better？"一文中指出了 AARRR 模型在当下逐渐失效，同时强调了 RARRA 模型的优势。

　　作者虽然认同人口红利的消失和移动应用市场的饱和而导致留存率低，进而导致产品运营人员从注重获客向注重留存转移的观点，但并不认同 AARRR 模型会因此逐渐失效，且会被 RARRA 模型取代，也不认为这两个模型有可比性和优劣之分，二者只是给不同产品在不同的生命周期阶段提供了侧重点不同的模型选择而已。

产品生命周期理论把产品的生长阶段分为萌芽期、成长期、成熟期、饱和期、衰退期。一个产品完全可以在萌芽期，即投入市场的初期基于 AARRR 模型获客，随着用户增长至饱和，再基于 RARRA 模型提高用户留存率。

假设一个创业公司新上线了一款产品，萌芽期必然关注的是用户量的增长，随着用户量的不断增长，一旦这个产品达到了所能覆盖到的用户规模的上限，核心自然就会从获客转移到提高留存率。

所以，没有哪种模型更好，合适的模型才是最好的模型。而合适的模型是基于不同公司、不同行业、不同产品类型以及产品所处的不同生命周期阶段，综合考量所做出的选择。

9.5　埋点技术与无埋点技术

对用户使用产品过程中的行为进行分析，可以帮助产品经理获取更全面的用户画像，分析结果在产品侧可以作为产品的迭代依据，在运营侧可以为行为漏斗模型提供数据支撑，在技术侧可以帮助技术人员高效地定位产品使用过程中出现的问题。

通常为了获取用户行为数据，技术人员会在网站或 App 等类型的产品中加入一些代码来采集用户的行为数据，这样的程序代码在网站类产品上叫监测代码。通常把加入监测代码的过程叫作埋点。

监测代码通常分为两种类型，一种是"基础代码"，另一种是"事件代码"。凡是遵守超文本传输协议（HypeText Transfer Protocol，HTTP）的交互（最典型的就是网页的链接），皆可以由相关代码直接监测到数据，这类监测代码称为基础代码。

但总有一些特殊的用户操作行为是不能靠基础代码捕获的，最典型的是称为事件（event）的一类行为。事件在网页上指的是那些非 HTTP 类型的交互事件，如 JavaScript、Flash、Silverlight、Ajax 以及各种页面插件的交互事件等。所以对于事件，基础监测代码是无效的。

每一个需要监测的事件都称为一个"监测点"。为了收集这些监测点上的用户互动行为数据，我们必须在这些监测点上部署专用的监测代码，通常把这类监控事件行为的代码称为事件代码。

前面介绍了埋点的概念，那么无埋点是什么意思呢？

事实上，事件埋点不仅需要技术人员将专用的监测代码加在每一个监测点处，还需要保证这些代码与监测点一一对应。不同的监测点所加的专用事件监测代码在命名和属性设定上也不同，在每个监测点都要加一个专属的事件代码，不能错加或者漏加，这是一个烦琐的工作，且很容易出现错误。

基于人们对埋点效率的追求，传统的由技术人员手动埋点的方式逐渐被新的无埋点技术取代。无埋点技术采用"全部采集，按需选取"的形式，只需进行简单的统计代码植入，就可以对页面中所有交互元素的用户行为进行采集，然后通过界面配置来决定哪些数据需要进行分析。

图9-9中的代码源自神策数据（一家提供数据采集和数据分析工具服务的公司）的统计代码埋点指引页面。技术人员只需要将图中的代码复制到待分析页面中的<head>和</head>标签之间即可安装神策系统。神策系统安装成功后，所有网址下的行为数据都将被收集。

```
<script>
(function(para) {
  var p = para.sdk_url, n = para.name, w = window, d = document, s = 'script',x = null,y = n
  w['sensorsDataAnalytic201505'] = n;
  w[n] = w[n] || function(a) {return function() {(w[n]._q = w[n]._q || []).push([a, argument
  var ifs = ['track','quick','register','registerPage','registerOnce','clearAllRegister','tr
  for (var i = 0; i < ifs.length; i++) {
    w[n][ifs[i]] = w[n].call(null, ifs[i]);
  }
  if (!w[n]._t) {
    x = d.createElement(s), y = d.getElementsByTagName(s)[0];
    x.async = 1;
    x.src = p;
    w[n].para = para;
    y.parentNode.insertBefore(x, y);
  }
})({
      sdk_url: '在 GitHub 下载新版本的 sensorsdata.min.js ',
      name: 'sensors',
      server_url:'数据接收地址',
      heatmap: {
          //指定是否开启点击图，default 表示开启，自动采集 $WebClick 事件
          clickmap:'default',
          //指定是否开启触达注意力图，default 表示开启，自动采集 $WebStay 事件，可以设置为'not_collect'
          scroll_notice_map:'not_collect'
      }
  });
      sensors.quick('autoTrack'); //神策系统必须是1.4版及以上
</script>
```

▲图 9-9　神策数据统计代码埋点指引

成功添加统计代码后，我们不仅可以看到网站上各页面的各种指标（PV、UV 等）的统计数据，还可以对指定的页面元素进行可视化埋点，即无须在代码层面对监控点增加监测代码，仅单击某一个用户交互的位置，一个由监测工具控制的弹窗就会打开。在这个弹窗中你可以为这个监测点命名，然后工具就开始记录这个位置的用户交互数据。非技术人员可以直接根据需要，对相关的页面元素进行操作监控。

无埋点技术因其高效和便捷的特点越来越得到中小企业的青睐，市面上也出现了很多专门提供数据采集和分析工具的第三方服务公司。

那么，无埋点技术真的是完美的吗？

当然不是，无埋点技术有优势，但也有不足。通过对比无埋点技术的优劣势，我们能更加清楚地认识这项广泛使用的技术。

1. 无埋点技术的优势

首先，无埋点技术可用于呈现多种指标和多个维度的数据，如网站的 PV、UV、IP 等，告诉分析人员每个控件被单击的次数以及概率，用户最常进行的是什么操作，用户最喜欢使用什么功能等。这有助于分析人员了解用户的行为，为产品迭代和运营指明方向。

其次，无埋点技术门槛低，使用与部署较简单，极大地避免了需求变更、埋点错误等导致的重新埋点工作。

最后，无埋点技术方案的用户友好性强，非技术人员可以直接应用鼠标进行操作，自动向服务器发送数据，避免手工埋点的失误。

2. 无埋点技术的劣势

然而，无埋点技术本质上属于前端埋点，它继承了前端埋点的固有缺陷——带来易用性的同时，也牺牲了部分数据的采集深度。

无埋点技术经常会造成数据采集不全面、传输时效性较差、数据可靠性无法得到保障等问题，且它还依赖网站或者 App 后端技术开发的严谨性与规范性、网络状态、网络口径等因素。

此外，前端埋点只能采集到用户交互数据，且适合标准化的采集，自定义属性的采集需要使用埋点技术，而每个用户的交互行为均有许多属性，无埋点技术无法深入到更细、更深的粒度。例如，在典型的电商平台中，用户单击"购买"是一次交互行为，但无埋点技术会忽略掉用户信息、商品品类等其他维度的信息，此时需要配合代码埋点来整合其他维度的信息。再如，当用户上滑屏幕时，瀑布流内容的底部载入事件、下拉菜单中下拉内容的单击等自定义行为的采集需要使用埋点技术。

除以上的缺点之外，无埋点技术的兼容性相对有限，例如，在安卓系统中进行埋点时，不同的工程师可能会给 App 界面中相同的按钮起不同的名称，当运营人员想筛选出所需数据时，不同的名称会给运营人员带来困扰。

通过以上对无埋点技术的优劣势分析对比，我们可以了解到，无埋点技术是一种优秀的数据埋点方案，但是它也有缺陷，选择埋点方案时应该根据产品和公司的实际情况，综合分析后选择最优的方案。

第 10 章　如何理解技术

10.1　产品、业务和技术之间的关系

人/群体产生需求，这些需求被公司或企业等组织充分挖掘后，输出了满足需求的解决方案，从而形成了自己的业务模式，业务模式再结合技术，最终研发出具有可行性的产品。

从宏观视角来看，产品是由具体业务和相关技术组成的（见图 10-1），即产品=业务+技术，这意味着一个产品一定可以拆分为具体的业务和所依赖的技术，例如，手机这个产品可以拆分为手机业务和手机软硬件技术。

从微观视角来看，首先，在业务侧，公司或企业等组织对用户、商业、用户需求进行分析，提供满足需求的解决方案，从而形成自己的业务模式。这些业务模式经过组织，最终拆解为具体的业务模块。整个过程构成了业务领域的知识体系，从而产生了统一的"业务"的概念。业务知识指导具体业务的发展，业务的发展会对业务知识体系进行反馈更新。

其次，在技术侧，技术最初是基于满足需求的业务而产生的，没有了需求和业务，技术就没有了存在的前提。在技术服务于需求和业务的过程中，形成了从底层的技术架构到中间层的技术框架，再到表层的技术模块的技术理论框架，最终产生了统一的"技术"的概念。技术理论促进技术的发展，技术的发展推动技术理论的修正与进步。

最终，业务和技术形成了双向驱动的关系：技术的发展拓宽了业务边界，给业务的发展提供了更多的可能；业务的发展对技术提出了更高的要求，驱动技术不断进步。

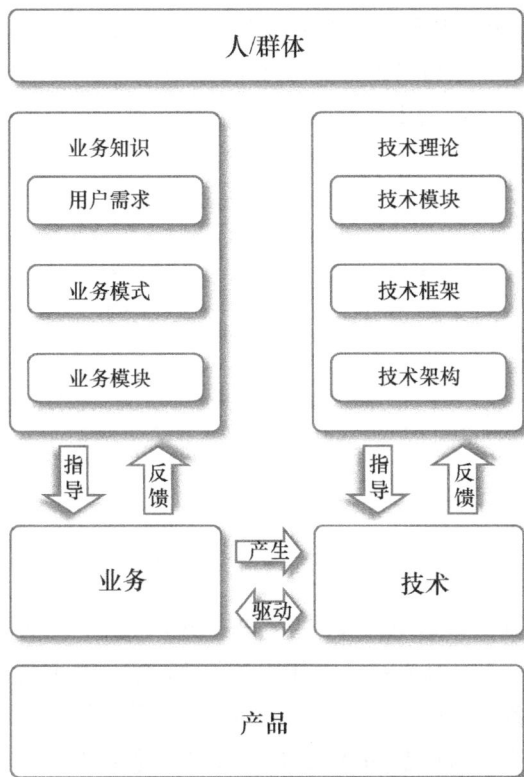

▲图 10-1　产品、业务和技术之间的关系

10.2　产品思维和技术思维的差异

思维指人脑借助语言对事物的概括和间接的反应过程。同样一个问题，在经济学家看来是一个经济问题，在政治学家看来是一个政治问题，在社会学家看来是一个社会问题。

人们之所以对同样一个问题会有多种不同的理解和解释，是因为人的思维方式不一样。经济学家具有经济学思维，问题一旦进入他的脑子，经济学的知识会和问题本身经过大脑一系列复杂的处理，最后得出经济学的解释。政治学家和社会学家处理问题的方式同样如此。经济学家使用的是经济学思维，政治学家使用的政治学思维，社会学家使用的社会学思维。

很多人把产品思维理解成产品经理的思维，把技术思维理解成技术人员的思维，这样理解不完全对。就像上面的经济学思维和政治学思维一样，产品思维和技术思维是运用不同的知识体系，站在不同的视角思考问题，所形成的一种思考习惯。

如图 10-2 所示，产品思维基于产品知识体系，站在产品的视角，关注的是需求的满足、产品的设计以及用户的体验等；技术思维基于技术知识体系，站在技术的视角，关注的是技术的实现、技术的效率以及技术的成本等。

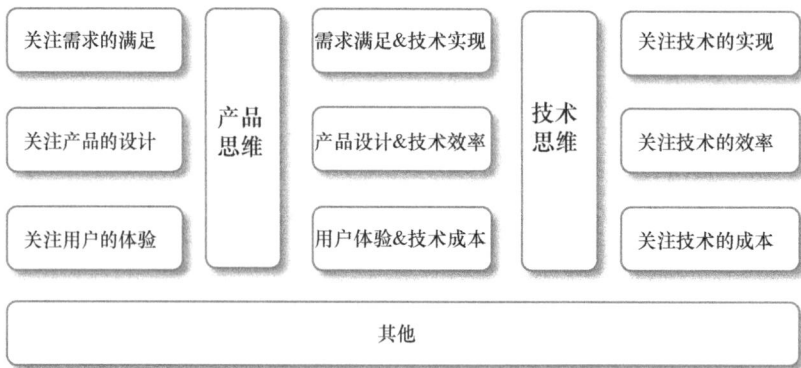

▲图 10-2　产品思维和技术思维

之所以不能把产品思维简单地理解成产品经理的思维，也不能把技术思维简单地理解成技术人员的思维，是因为思维本身是人这个主体所具备的，不是某个角色绝对拥有的。所以我们才会常说，产品经理要具备技术思维，技术人员要具备产品思维。而同时拥有产品思维和技术思维的人在看待问题时就会拥有产品和技术的双重视角，思考在技术条件下需求的合理性，思考在技术条件下产品方案的成本，思考技术选型对于用户体验的影响。

在日常的产品工作中，同时拥有产品思维和技术思维不仅能让产品经理在思考产品问题时拥有技术视角，从而与技术人员更好地沟通，让认知更加多维、协作更加高效，还有利于技术人员更好地理解用户、产品以及业务，有效地提升自己对需求的理解和对产品的认知，更好地与产品经理沟通。

10.3　学习基本的技术知识并培养技术思维

产品经理要不要懂技术？答案是要。这里的"懂"更多要求的是产品经理要了解基本的技术知识，并在工作和学习过程中逐渐培养起技术思维。技术知识和技术思维可以让产品经理在产品设计过程中思考的维度更加广泛。

例如，当你了解了"高内聚低耦合"的技术理念后，这样的理念和原则就可以运用到产品的设计中，保证每一个功能模块都具备高内聚的特性，一个任务单元尽可能地由一个功能独立完成，减少对其他功能模块的依赖。当某个模块的功能改变时，因为模块间具有低耦合的特性，所以不至于"牵一发而动全身",造成很高的变更成本。

除此之外,当产品经理了解了技术知识并拥有一定的技术思维后,在产品设计过程中就能更加清晰地把控范围和边界,例如,旧版本的兼容、存量数据的处理、多终端的适配等。同时产品经理也更能理解技术人员说"这对底层改动比较大,造成的变更成本太高"的理由。

事实上,学习技术知识和学习语文、数学知识一样,从基本的技术概念到代码的实现逻辑,是一个逐渐积累的过程。产品经理通常可以通过以下 3 种途径学习技术知识并培养技术思维。

1. 阅读技术文档

阅读技术文档是一种很高效的方式,有助于产品经理学习并了解技术知识。产品经理不懂技术怎么读得懂技术文档呢?事实上,阅读不需要全部读懂,只读能读懂的那部分就可以了,例如,要基于微信公众平台做一些关于微信公众号的产品,完全可以读微信公众平台的技术文档,文档里面有很多产品经理可以看懂的公众平台规则和功能实现逻辑,这样产品经理不仅了解了平台的规则,还在阅读过程中对技术逻辑有了一定的了解。产品经理养成阅读技术文档的习惯,可以潜移默化地加深对技术的理解,从而有效地培养技术思维。

2. 和技术人员沟通

在日常的产品工作过程中,产品经理要多和技术人员沟通,多问一些自己在理解技术逻辑过程中产生的疑问。和技术人员就具体问题进行沟通的过程,是最接近从产品逻辑向技术逻辑转化的过程,也是在实践过程中最能有效提升技术理解能力并培养技术思维的方法。

产品经理在沟通的过程要有意识地理解技术人员是如何思考具体功能的技术实现逻辑的,理解并总结产品思维和技术思维之间的差异。经过长时间的沟通与学习,同样会潜移默化地提高产品经理对技术的理解能力。

3. 阅读通俗易懂的技术书籍和文章

除和技术人员沟通交流之外,产品经理还可以通过阅读一些通俗易懂的技术图书和文章来加深自己对技术的理解。下面推荐一些适合产品经理了解技术基础知识的入门图书,以供读者参考。

- 《给产品经理讲技术》(电子工业出版社)。

- 《产品经理必懂的技术那点事儿》(电子工业出版社)。

- 《网络是怎样连接的》(人民邮电出版社)。

- 《程序是怎样跑起来的》（人民邮电出版社）。

- 《计算机是怎样跑起来的》（人民邮电出版社）。

- 《聊聊架构》（电子工业出版社）。

以上图书用通俗易懂的语言介绍了枯燥难懂的技术知识，对于一般读者来说，并没有太高的阅读门槛。通过大量的阅读，读者在扩大自己技术知识面的同时，能逐步建立起自己的技术知识体系。

10.4　如何更好地与技术人员进行沟通和协作

在产品日常的工作过程中，大多数产品经理和技术人员之间的沟通是关于产品设计逻辑和技术实现的逻辑问题的沟通。产品经理关注的是承载需求的产品功能的设计和对需求的满足问题，而技术人员关心的是具体功能技术的实现、效率和成本问题，当二者的目标出现分歧或者理解出现偏差时，往往需要进行沟通，共同设计出一套可行的产品方案来。那么在产品工作中，产品经理如何与技术人员更好地进行沟通与协作呢？

10.4.1　如何更好地与技术人员沟通

产品经理和技术人员进行沟通的场景和语境相对简单，仅仅是为了达成从产品逻辑到技术逻辑的共识，在简单的场景和语境里他们可以总结出很多行之有效的沟通方法。图 10-3 展示了产品经理更好地和技术人员沟通的基本方法。

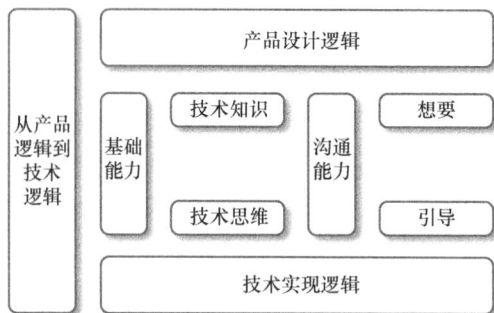

▲图 10-3　如何更好地与技术人员进行沟通

通常情况下，为了更好地进行沟通，产品经理需要储备基本的技术知识，且需要拥有一定的技术思维，形成基本的技术理解能力。同时，产品经理要具备一定的沟通能力，沟通能力被具象化后就是我们通常所说的沟通技巧。与技术人员沟通的过程可以分为"想要"和"引导"

两个阶段。

"想要"指的是在沟通过程中表达自己的产品逻辑，让技术人员理解自己的产品逻辑并给出相应的技术解决方案。大多数的问题会在"想要"阶段得到处理，顺利地达成产品设计和技术实现的共识。值得注意的是，表达"想要"的时候，不要使用任何自己一知半解的技术知识和技术语言，以免理解偏差造成误导。很多产品经理以为自己了解一点技术知识或者懂得一点技术语言，在沟通的时候经常直接站在技术人员的角度过度地使用技术语言去描述问题和想要的结果，这样往往会造成技术人员认为你懂技术，在后续的沟通中会省略一些基础共识，从而造成更大的分歧和误解。

沟通过程中产生的很多巨大误解往往是基础共识无法达成造成的。你以为他懂，结果他不懂，你以为你提出的问题和观点是建立在大家都懂的某个基础逻辑上的，但对方就是听不懂和不理解。底层的逻辑省略或基础概念的错误理解一步步演化成表层的互相不理解。所以，在这个阶段产品经理即使懂技术也要克制自己的表达欲望，"懂"是一种能力，但是为了让沟通更好地进行，把"懂"变成"不懂"也是一种很重要的能力，在"想要"阶段尽可能地用产品语言来表达。

如果在"想要"阶段没有达成共识，则需要进一步沟通。在这个阶段产品经理可以使用自己的技术知识和技术思维大胆地表达自己的理解和建议，一步一步"引导"技术人员给出专业的解决方案。因为技术人员利用自己的"懂"来修正你的"懂"的过程，就是暴露问题的过程，是定位问题的过程，也是找到解决方案的过程。

用一个具体的案例来说明"想要"和"引导"的过程。现在有一个按钮，单击该按钮就会跳转到一个新页面。因为过去有用户抱怨，这个页面打开得太慢，经常出现卡顿，所以在开发这个版本时产品经理强调，希望网络正常的情况下，能够快速流畅地打开新页面。

如果你是提出这个需求的产品经理，当你给技术人员描述这个需求时，首先应该表达出自己想要的是什么，你想要的是快速打开页面，浏览页面的时候更加流畅，不希望出现卡顿和延迟。

这个时候，会出现两种场景。一种是技术人员听懂了你的描述，根据自己的专业知识，选择一种合适的技术方案来满足你的需求。这种场景下，你只需要表达自己的想法，就可以推动项目顺利进行。

另外一种场景是技术人员说这个页面的内容太多，而且页面内有图片，加载需要很长的时间，用户在浏览时需要不断加载，存在卡顿和延迟是正常的。此时，你就要运用自己掌握的技术知识和沟通技巧，有意地引导技术人员去想出更好的解决方案，可以说出满足这个需求有哪些技术实现方式，每一种方式有哪些优缺点，哪一种方式能更有效地满足我们的需求。在不断追问的过程中，引导技术人员思考并最终给出合理的方案。而不是技术人员说无法实现，就直接放弃了这个需求。

最后，在沟通的过程中要保持谦虚，要尊重技术人员，引导技术人员自己说出问题的答案，产品经理对技术的"懂"应该是一种"引导力"，而不是一种"对抗力"。

10.4.2　如何更好地与技术人员协作

前面介绍了产品经理如何更好地和技术人员进行沟通，本节主要介绍产品经理如何更好地和技术人员协作。

行业中经常用产品经理和技术人员之间的矛盾作为调侃二者职业关系的一个话题。事实上，产品经理和技术人员在协作过程中很容易产生矛盾和冲突。例如，需求的不合理、需求的频繁变更、产品设计逻辑的不严谨等问题会导致产品经理和技术人员之间的矛盾和冲突，从而带来紧张的协作关系。

在日常的产品工作中，大致把协作冲突问题归为两类——原则问题和非原则问题。原则问题指的是工作中所有人围绕着一个核心目标要解决的问题，每个人都有明确分工，权责分明。例如，在一个产品的研发过程中，产品经理要提供完整的产品方案，技术人员要负责技术实现，测试人员要保证产品可用。若产品设计出现问题，产品经理需要负责；若产品出现致命 Bug，则技术人员和测试人员要负责。原则问题受到明确的制度约束，因而很容易解决。

非原则问题往往不受制于制度和规则，或者说规则和制度对其的约束很模糊。例如，若产品出现了 Bug，当它的等级是致命时，它就是一个原则问题，因为是原则问题，自然会很快得到解决。但是当它的等级是一般时，它就是一个非原则问题，因为非原则问题不受制度和规则的强约束，所以可以今天解决，也可以明天解决。如果产品经理和解决这个 Bug 的技术人员有良好的协作关系，当产品经理提出解决 Bug 时，可能技术人员会立刻处理。

对于一些问题，解决有大量理由，不解决也有大量理由。很多时候解决与不解决不仅取决于产品经理的选择，还需要得到技术人员的支持。如果产品经理在平时和技术人员友好相处，人际关系和谐，在评审会上他们可能会更支持你；反之，技术人员可能会用各种理由去反对产品经理的选择。

事实上，在产品工作中，甚至在所有工作中，因为有制度和规则的约束，所以原则问题都是非常好解决和处理的。而大量的协作问题是非原则问题，非原则问题才是产品经理真正需要花时间和精力来解决的问题。

作为产品经理，利用业余时间了解技术知识，目的就是可以有效地和技术人员沟通，去解决在工作中遇到的协作问题。事实上，和技术人员在业余时间多交流，或许比了解一堆技术知识和沟通技巧更能解决一个问题。

　　注意，解决非原则问题不能仅仅依靠专业知识。在原则、规则以及制度明确的情况下，产品经理通过专业知识可以有效地处理原则问题。而良好的协作关系可以在制度不明确、规则不清晰、边界难界定的情况下有效地解决非原则问题。产品经理要在强化自己的专业知识的同时，学习技术知识并培养技术思维，提升自己的人格魅力，打造和谐的人际关系。

第 11 章　如何进行项目管理

11.1　产品经理为什么需要具备项目管理能力

产品经理在理解用户需求后，需要设计出满足用户需求的产品方案，方案经过评审后，开始进行产品的研发和测试，验收完成后进行发布。从用户需求到产品方案，再到产品的研发、上线，整个过程拥有一系列独特的、复杂的并相互关联的活动。这些活动有着明确的目标，必须在特定的时间、预算范围内，依据规范完成，这个过程称为"项目"。

在互联网产品研发流程的标准分工模式下，产品经理通常负责从需求确认到产品方案输出的过程，项目经理会负责整个产品方案的排期、进度跟踪以及资源调配等工作。在需求验收阶段，产品经理进行上线前的验收工作。

但是，这样标准的分工模式仅仅会出现在一些大公司中，一些中小型公司中并不一定会有这么明确的分工模式。很多公司没有项目经理这个职位，所以产品经理不仅要把需求转化成可行的产品方案，还要跟踪整个产品方案的研发和上线工作，产品经理本质上兼任了项目经理，这是产品经理需要具备一定的项目管理能力的原因。

事实上，无论是传统行业还是互联网行业，项目经理都扮演着一个非常重要的角色。几乎所有工作的单元都可以抽象为一个项目，项目经理要参与整个项目生命周期的管理工作，不仅要把控项目的进度，确保项目按时交付，还要协调项目研发过程中的资源分配，处理项目研发过程中各种突发的问题。所以，项目管理能力是一种很重要的能力，也是产品经理必须具备的能力。

11.2 项目研发管理模型：瀑布模型和敏捷模型

1970 年温斯顿·罗伊斯提出了著名的"瀑布模型"，直到 20 世纪 80 年代早期，它一直是广泛采用的软件开发模型。

瀑布模型是工业思维的产物，其核心思想是按工序将问题简化，将功能的实现与设计分开，以便于分工协作，即采用结构化的分析与设计方法将逻辑实现与物理实现分开。如图 11-1 所示，瀑布模型将软件生命周期划分为需求分析、方案设计、实施/编码、测试/评估、运营/维护这 5 个基本活动，并且规定了它们自上而下、相互衔接的固定次序，如同瀑布流水，逐级下落。

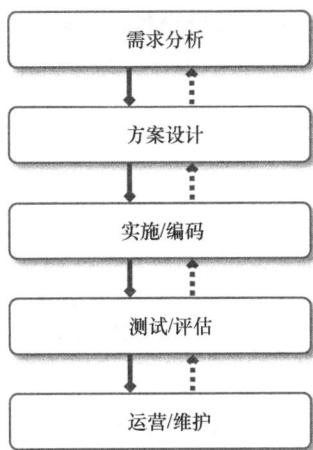

▲图 11-1 瀑布模型

瀑布模型为项目提供了按阶段划分的检查点，因此确保了项目管理过程中各活动的严谨性和规范性，能有效地保证项目的质量。此外，因为需求和产品方案都是确定的，所以瀑布模型可以在早期提供完整的产品方案，项目团队成员不需要频繁沟通。

物极必反，实现需求目标的明确、研发流程的规范以及项目周期的严格控制的同时，也牺牲了对需求变动响应的灵活性，导致瀑布模型在项目各个阶段之间极少有反馈，只有在项目生命周期的后期才能看到结果。如果最终结果和用户期望不一致，则会产生巨大的返工成本。瀑布模型的突出缺点就是不适应用户需求的变化。

随着互联网的不断发展，产品设计开始注重用户体验，强调响应用户需求的及时性。传统的瀑布模型由于缺乏灵活性，交付周期相对较长，以及项目研发过程中的改动性和可逆性较差，逐渐在很多行业和公司中被淘汰。

如今随着互联网的发展、技术的进步、分工的明确、B-S 架构的流行以及用户至上、精益、敏捷等概念的影响，人们似乎更需要一种适应现状的模型。

1995 年，阿瑟兰和施瓦伯首次提出了 Scrum 的概念，"敏捷模型"开始在世界范围内兴起。

"敏捷"代表的是一种方法，是在"以人为核心驱动"的复杂系统（complex system）背景下，诞生的具有适应性的经验性过程控制（empirical process control）方法。敏捷重点强调的是"人"，注重与人的交互，以循序渐进的方式来进行产品的研发。

图 11-2 为敏捷模型的管理模式。敏捷是一种应对快速变化的需求的软件开发能力。相对于非敏捷，敏捷不仅强调技术人员与产品以及用户之间的紧密协作，还重视面对面的沟通（有人认为比书面的文档更有效），同时要求频繁交付新的软件版本并不断反馈。敏捷模型的代码编写和团队组织方法能够很好地适应需求的变化，也更注重软件开发过程中人的作用。

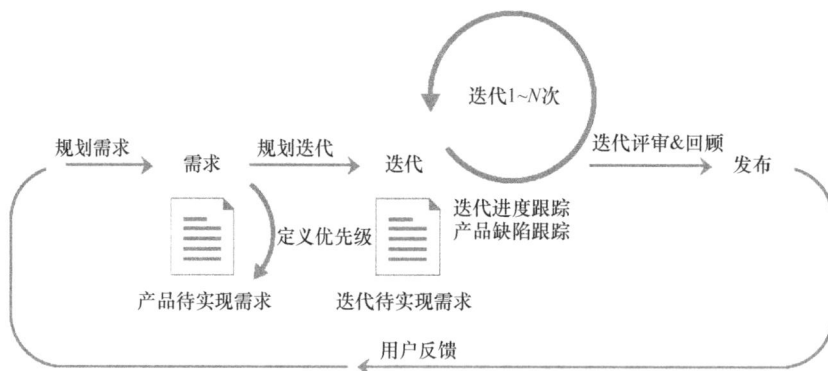

▲图 11-2　敏捷模型的管理模式

传统的瀑布式开发中，从需求到设计、从设计到编码、从编码到测试、从测试到提交，整个流程要求每一个阶段都要做到最好。特别是前期阶段，设计得越完美，提交后变更的规模和概率就会越小，返工造成的损失也就越小。敏捷开发的交付周期相对较短，原始需求不要求设计有多么完美。事实上，设计也很难在初期就具备确定性，更多强调的是要拥抱变化，这些变化通常来自用户、来自市场、来自更优的解决方案等，整个项目处在不断变更、优化的过程中，最终趋于完整并上线。这个过程更加强调队伍中的高度协作。敏捷模型有时候会被错误地视为无计划性和纪律性的模型，实际上，敏捷方法强调适应性而非预见性。

站在瀑布模型的对立面，敏捷模型的灵活性必然会导致整个项目在确定性、严谨性以及规范性方面不如瀑布模型表现得那么好，需求的易变性和不确定性可能会导致项目的进度不可控，且一定程度上会导致频繁的改动和返工。

综上所述，敏捷模型和瀑布模型的实施方法还是有很大差别的，瀑布模型几乎可以应用于任何类型的项目，尤其是早期目标和方案明确的大型项目，而敏捷模型更适用于早期目标和方案模糊并且需要不断地迭代试错与改进的中小型项目。

总的来说，敏捷模型和瀑布模型并不是一种替代的关系。敏捷模型只是在克服瀑布模型暴露出的缺点的基础上，给了产品设计另外一种可行的选择。实际的项目研发、管理过程中，要根据不同的项目背景，综合二者的优缺点，选择合适的模型。

11.3　一个完整的需求涉及的内容

在日常的产品工作中，产品经理需要在项目管理工具里创建需求，并对需求进行流转和状态追踪。创建一个完整的需求需要明确诸多内容，例如，需求来源、需求类型、需求创建人等，初始需求的各项内容越明确，越能提高效率并降低沟通成本。一个完整的需求涉及的内容如图 11-3 所示。

▲图 11-3　一个完整的需求涉及的内容

需求名称要通俗易懂，建议使用完整的主谓宾语序，例如，"某产品新增某功能"这样的句式。需求来源作为需求的基本属性之一，指的是提出需求的人或组织，可以是外部用户，可以是内部业务部门，可以是产品经理自己，也可以是其他人或组织。需求类型和需求来源一样是需求的基本属性之一，通常分为新增、迭代以及缺陷修复。关联表达该需求存在的关系，可以关联具体的产品、项目、任务、计划、业务分类、其他需求（父需求）等。

需求描述的过程中需要明确需求背景、需求价值以及产品方案，三者是构成一个完整的需求描述框架的必要元素。描述需求的逻辑是交代需求的发生背景，说明需求满足后创造出的实际价值，以及介绍能满足该需求的可行性产品方案。

需求内容描述完成后，需要给出需求优先级并指定需求的处理人。优先级的作用是帮助项目经理（通常是需求提交后流转的第一个处理人）来协调项目资源。优先级一般分为高、中、低、很低等。当然，根据实际的项目需要，优先级可以在粒度上再做调整。

需求的开发人员和测试人员通常会由项目经理或技术经理来指定，这些人员需要出现在这个需求的参数当中，以便于后续找到具体的对接人。指定的开发人员和测试人员需要评估的是开发的开始时间和开发的完成时间，以及测试的开始时间和测试的完成时间。

在其他方面，例如，项目管理工具会标记出需求的创建人和创建时间。创建人可以是产品经理，也可以是项目干系人。产品经理也可以邀请其他项目成员关注需求，关注相当于邮件的抄送功能，目的是让与此需求相关的项目成员了解需求背景和知晓需求的研发进度。

最后，如果有与需求有相关的文档，以及不方便在需求描述中展示的资料，可以上传至附件。至此，产品经理就创建了一个完整的需求。

11.4　如何设计完整的项目流

创建好一个需求后，整个需求从创建初态到完成终态，会按照既定的路径完成，我们把这样的需求状态流转路径称为"项目流"。图 11-4 展示了一个完整的项目流框架。

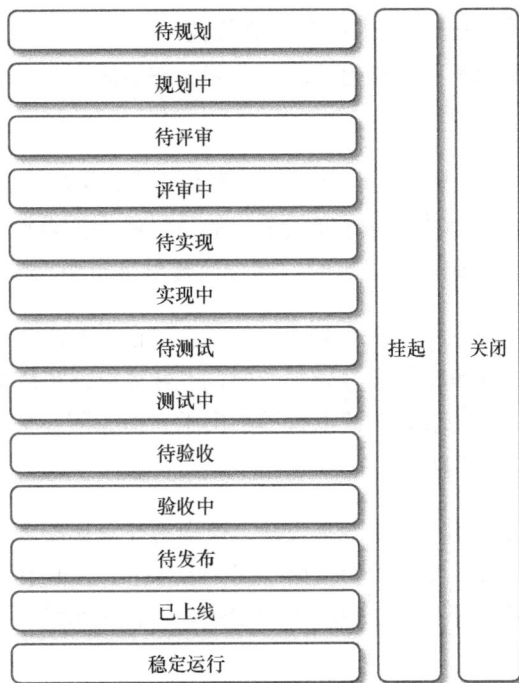

▲图 11-4 完整的项目流框架

图 11-4 中涉及的状态如下。

- 待规划。待规划状态表示需求已经记录，在等待规划中。在日常的产品工作中，同一个时间段内，产品经理可能会接到多个需求，或者记录一些可能形成需求的灵感和思考总结。对于这些需求，当前产品经理还没时间去分析（价值分析、去伪存真）和规划（形成可行的产品方案），只是暂时记录下来。这些需求此时就处于待规划的状态，等待处理。一旦产品经理开始处理，这个需求就流转到下一个状态——规划中。对于产品经理来说，"待规划"相当于一个待办事项，提醒产品经理有哪些待规划的需求需要处理。

- 规划中。规划中状态表示这个需求正在被分析，其中包括真实需求的挖掘以及需求价值的评估，最终决定要不要去满足这个需求。如果这是一个有价值的需求，则会设计出产品方案，需求流转到下一个状态——待评审。如果经过分析认为这个需求不值得满足，或者是一个伪需求，则这个需求会直接流转到关闭状态。如果这个需求出于某种原因暂时不需要满足，则会流转到挂起状态。

- 关闭。关闭状态指的是一个需求在项目流的任何一个状态中需要立即停止，无须再进行研发，且以后也不会重启。关闭状态通常是不可逆的，即需求不会再从关闭状态流转到其他状态。

- 挂起。挂起状态指的是一个需求在项目流的任何一个状态中出于某种原因需要临时搁置，等待在合适的时机重启。挂起状态和关闭状态的区别是，前者可以再次流转到其他状态，后者则不可以。

- 待评审。在规划阶段，如果认为一个需求是真实需求，且有价值，则设计完产品方案后，它就可以流转到待评审状态。待评审状态指的是已经为需求设计完产品方案，需求等待被评审，当这些需求开始进入评审时，则会流转到评审中。

- 评审中。评审中状态指的是需求正处于评审阶段。根据需求规模以及复杂度，若需求评审周期较长，则会在评审中状态停留很长时间；若需求评审周期较短，则在评审中状态停留较短时间。有少数需求会在评审过程中出于一些原因被关闭或挂起。大多数需求会在评审完成时进入待实现状态。

- 待实现。对于评审通过的需求，一般会输出详细的开发排期表，指定具体的开发人员和测试人员，确定开发的开始时间和结束时间。此时处于评审中状态的需求会流转到待实现状态。开发人员只需关注待实现状态中指派给自己的需求。开始进行开发时，需求会流转到实现中状态。

- 实现中。流转到实现中状态的需求通常会在该状态停留较长时间，直到开发人员开发完成，需求会从实现中状态流转到待测试状态，并等待测试人员测试和反馈。

- 待测试。测试人员只需要关注待测试状态中那些指派给自己的需求，并进入测试阶段。开始测试时，需求会从待测试状态流转到测试中状态，表明这个需求正在被测试。

- 测试中。处在测试中状态的需求，会不断得到反馈并被修复。最终测试完毕，没有问题后，需求会从测试中状态流转到待验收状态。

- 待验收。当产品经理查看处于待验收状态的需求时，针对具体的需求进行验收。当开始验收需求时，该需求会从待验收状态流转到验收中状态，表明此需求正在被验收。

- 验收中。处在验收中状态的需求可能会因为验收不通过，而继续流转回上游状态并进行测试与修复，通过验收的需求会从验收中状态流转到待发布状态。

- 待发布。当发布人员看到待发布状态列表中的需求时，会对列表中的需求进行发布，发布成功则标志需求已经上线，同时需求会从待发布状态流转到已上线状态。项目发布通常很快就能完成，根据具体的项目流的粒度要求来决定要不要再添加一个发布中的状态。

- 已上线。已上线状态表示需求已经正式上线，在生产环境中观察一段时间（具体的周期根据具体的项目提前定义）后，如果没有出现问题，则需要把已上线状态变更为稳定运行状态。

- 稳定运行。稳定运行状态标志着整个需求的完结。稳定运行状态和关闭状态一样，属于不可逆状态。如果过了很长时间，之前的需求在线上环境中出现问题，无须再挂起历史需求，可直接根据新需求进行迭代处理。

以上介绍了一个通用的项目流框架，在实际的产品工作中，产品经理如果兼任项目经理，就可以根据自己公司的研发体系以及项目协作背景来设计合适的项目流状态和粒度，重要的是能保证整个需求生命周期的正常运行，整个项目流程要形成流转的闭环。

11.5　基于 TAPD 的项目管理工具简介

古人云："工欲善其事，必先利其器。"工具向来是个人能力的放大器，在进行项目管理时，优秀的项目管理工具通常会有效地提高产品经理的工作效率。本节将结合 TAPD 这款项目管理工具，介绍在日常的产品工作中，如何使用项目管理工具更好地管理项目。

TAPD（Tencent Agile Product Development，腾讯敏捷产品研发）平台是凝聚了腾讯团队多年的协作理念和敏捷研发精髓的一款项目管理工具。TAPD 为大中型研发团队提供了全过程和全方位的敏捷研发管理解决方案，通过制订有效的产品规划和长期的发布计划，并使用"敏捷迭代""小步快跑"的方式进行产品开发及质量跟踪，从而帮助大中型团队快速迭代产品功能，按计划完成产品研发。

如图 11-5 所示，TAPD 的功能涉及需求、缺陷、任务、迭代、故事墙、甘特图、测试计划、测试用例、发布计划、工时进度、报表、文档、反馈。根据需求规划和发布计划，控制产品发布的节奏，有效进行迭代计划，以敏捷迭代的方式进行开发、测试、进度跟踪以及质量把控。

需求	缺陷	任务	迭代	故事墙	甘特图	测试计划
分类管理用户故事	快速跟进产品缺陷	合理拆分成员任务	迭代式管理、小步快跑	直观展现需求状态	查看工作排期	制订和执行测试计划

测试用例	发布计划	工时进度	报表	文档	反馈
管理多层级的测试用例库	制订长期的发布计划	支持工时填写与工时跟踪报告	多维度的统计报表	协作编辑与知识共享	收集整理用户反馈

▲图 11-5　TPAD 的功能

143

本节将对 TAPD 的几大核心功能做详细介绍，它们分别是需求规划功能、计划发布功能、迭代计划功能、任务分配功能、进度跟踪功能、测试管理功能、发布追踪功能、回顾与沉淀功能、测试与反馈功能。

1. 需求规划功能

产品需求在敏捷模型中称作用户故事（user story）。在设计需求的过程中，产品经理使用需求规划功能录入需求单，如图 11-6 所示。需求单包含了原始需求的各种参数以及详细的产品方案描述，需求原型图或其他材料也会作为附件添加到需求单中。需求单录入完成后，需求就会随着设计好的项目流与项目的推动进行状态流传。在 TAPD 中，产品经理可以直接在相关的需求管理模块对需求进行增删改查等操作。

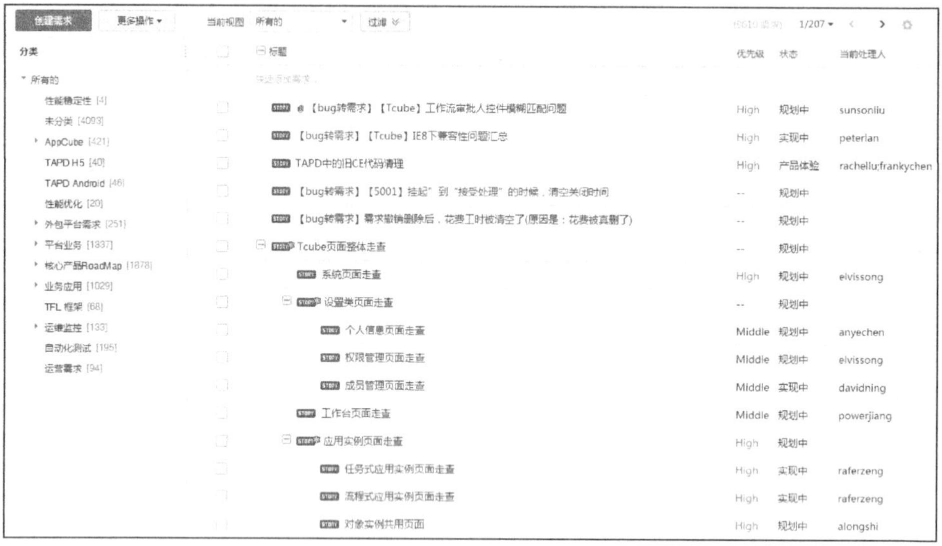

▲图 11-6　TPAD 需求单

2. 计划发布功能

对于大中型的研发团队，在产品研发过程中通常需要制订一个长期的发布计划来控制产品的发布节奏。发布计划可以制订一个或多个。创建发布计划需要设定好发布计划的目标、开始时间和结束时间，以及发布计划中的相关需求或缺陷，如图 11-7 所示。发布计划可以理解为对多个针对同一个目标的不同需求的"打包"发布。

例如，在一个典型的需求研发场景中，一个完整的业务流需求 X 需要系统 1 的功能 A、系统 2 的功能 B、系统 3 的功能 C 共同协作才可以完成。功能 A、功能 B、功能 C 分别由不同的产品经理负责，从而产生了需求 a、需求 b、需求 c，这个时候项目经理就可以把针对这个业务的 3 个功能需求打包成一个发布计划，保证在发布周期内 3 个功能都能按时上线。3 个功能统一发布上线表示需求 X 已满足，这不仅标志着这个发布计划的结束，还标志着这个发布计划产出了一个可交付版本。

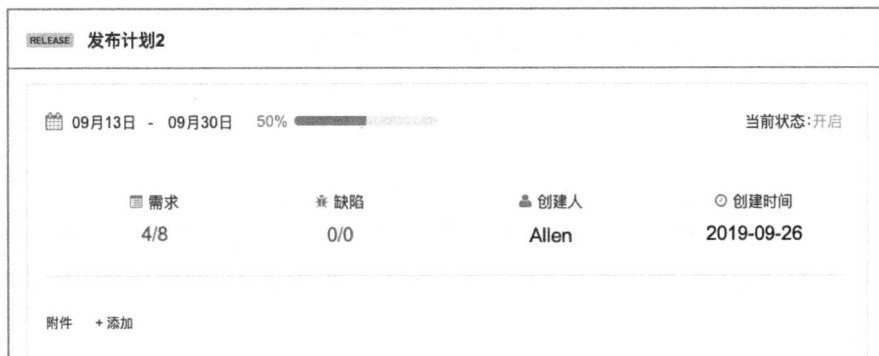

▲图 11-7　TAPD 发布计划

3.　迭代计划功能

迭代计划和发布计划的本质相同，都是把具有相关性的需求规划在同一个周期以共同管理的过程。创建一个完整的迭代计划需要确定开始时间、结束时间、技术负责人、测试负责人、项目经理、产品负责人、迭代计划的优先级，以及迭代计划内关联的需求或缺陷等信息，如图 11-8 所示。

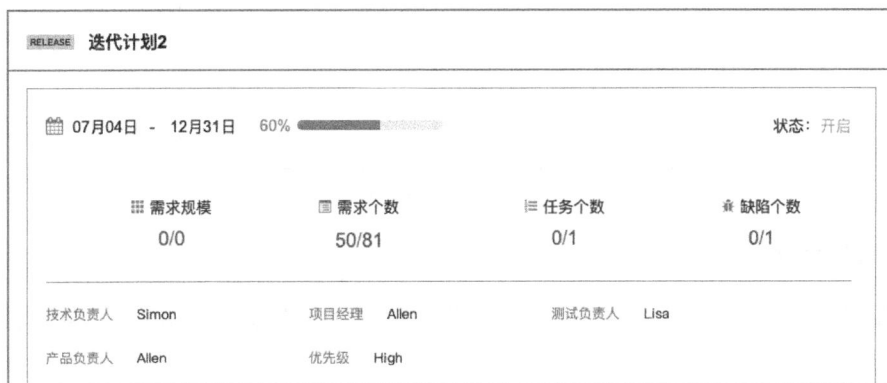

▲图 11-8　TAPD 迭代计划

迭代计划和发布计划的不同之处在于，迭代计划更多的是针对同一个产品的多个需求进行共同管理。例如，对于一个产品在同一时期实现了好几个功能，每个功能都对应一个独立的需求，这些需求拥有同样的产品负责人和项目经理，因此可以被"打包"成一个迭代计划。

对于 App 的版本发布，每一个版本都会包含很多模块需求，如产品功能需求、运营活动需求等，这些需求被"打包"成一个迭代计划，当最后一个计划内的需求被满足时，这个迭代计划就结束了。整个迭代周期的进度可以通过进度表与燃尽图等工具清楚地跟踪和监控。

4. 任务分配功能

TPAD 的任务分配功能可以有效地把需求指派给对应的技术、测试人员。接到任务的人会在自己的工作台中看到分配给自己的任务，然后开始处理，处理完成后更新项目流状态，以便团队成员及时了解整个需求的研发进度。

如图 11-9 所示，在一般的协作模式中，产品经理创建需求后，会将任务指派给具体的"处理人"，这个处理人一般是技术总监或者项目经理，处理人再将任务分配给具体的开发人员和测试人员。整个任务分配过程中的字段信息和流转方式都可以根据实际项目的需求自定义。

▲图 11-9　任务分配

5. 进度跟踪功能

在利用 TAPD 进行项目管理的过程中，人们可以使用故事墙、燃尽图、甘特图等工具进行需求跟踪。

故事墙以卡片的形式详细地展示了项目的进度，如图 11-10 所示。卡片包含了任务内容、任务优先级、任务负责人、当前状态等信息。在进行每日晨会时，通过白板故事墙或电子版故事墙，团队成员可以清晰地了解每个成员的工作状况和当前迭代进度。项目负责人也能够及时地通过故事墙了解当前团队的状态，并及时调整。

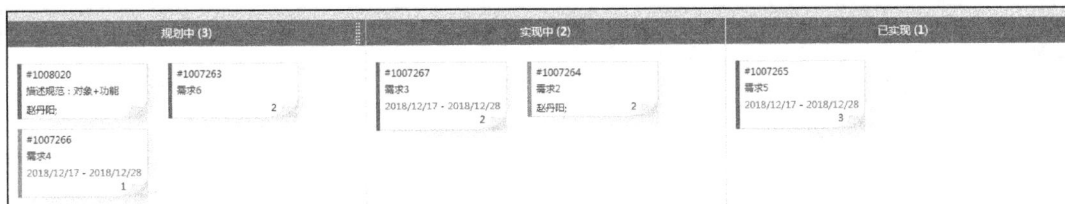

▲图 11-10　故事墙

燃尽图（burn down chart）是用于表示剩余工作量的工作图表，有 Y（工作）轴和 X（时间）轴。理想情况下，该图表是一条向下的曲线，随着剩余工作的完成，"烧尽"至零。燃尽图能向项目组成员和企业主提供一个展示工作进度的公共视图，人们可以在 TAPD 中利用燃尽图来观察项目的整体进度与健康程度，如图 11-11 所示。

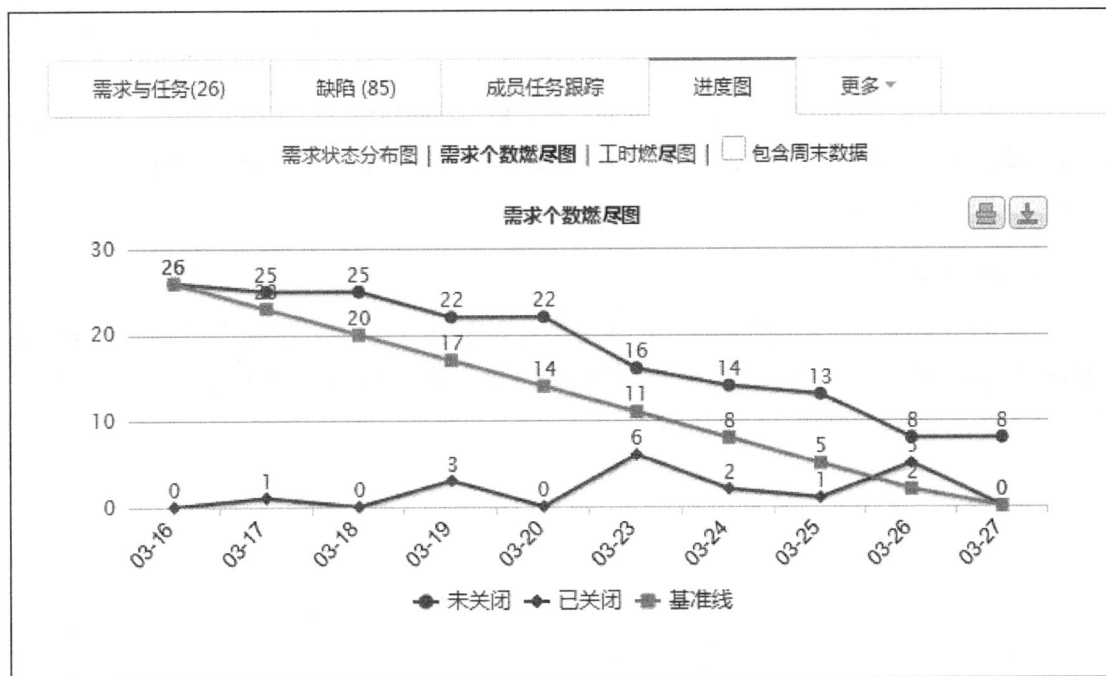

▲图 11-11　燃尽图

在跟踪需求进度的过程中，人们还可以通过甘特图了解开发进度。甘特图能以图示的方式通过活动列表和时间刻度形象地展示任何特定项目的活动顺序与持续时间，如图 11-12 所示，从而直观地表明任务计划在什么时候进行，以及实际进展与计划要求的对比，方便评估工作的进度。

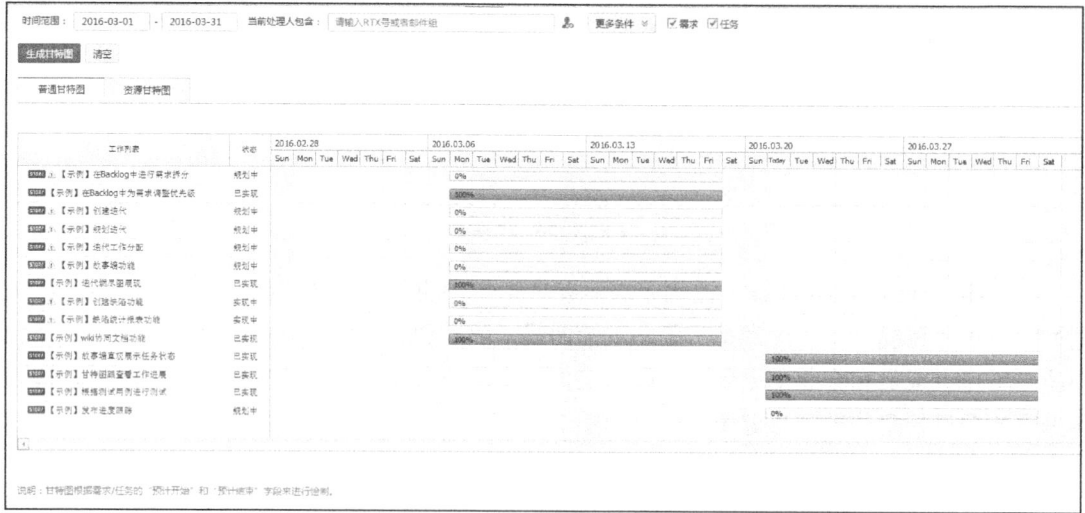

▲图 11-12　甘特图

甘特图不仅可以从任务和人员两个维度直观地展示在预估的时间范围内每日的工作进展，还可以通过成员、时间点、优先级等更精准地展示具体工作进度状况，当出现进度异常时，项目经理可及时进行调整。

6. 测试管理功能

开发完成后，测试人员会根据测试计划规划的测试用例对需求进行测试，测试过程中如果发现有 Bug，他会通过创建缺陷来将 Bug 分配给开发人员。缺陷单包含 Bug 的描述、重现步骤、解决方案等信息，如图 11-13 所示。

▲图 11-13　缺陷单

开发人员修复 Bug 后，会将缺陷状态设置为已解决，此时缺陷单流转回测试人员手中。若测试人员验证 Bug 已正确修复，会将缺陷单关闭；否则，会退回开发人员。整个过程可重复进行，直至 Bug 被完全修复。

7. 发布追踪功能

TAPD 提供了项目的发布追踪功能，发布进度的跟踪主要通过发布燃尽图进行，发布燃尽图能展现发布计划中剩余需求总数量随日期的变化而逐日递减的燃尽过程，如图 11-14 所示。实际燃尽线与基准线越贴合，发布进度越符合预期。

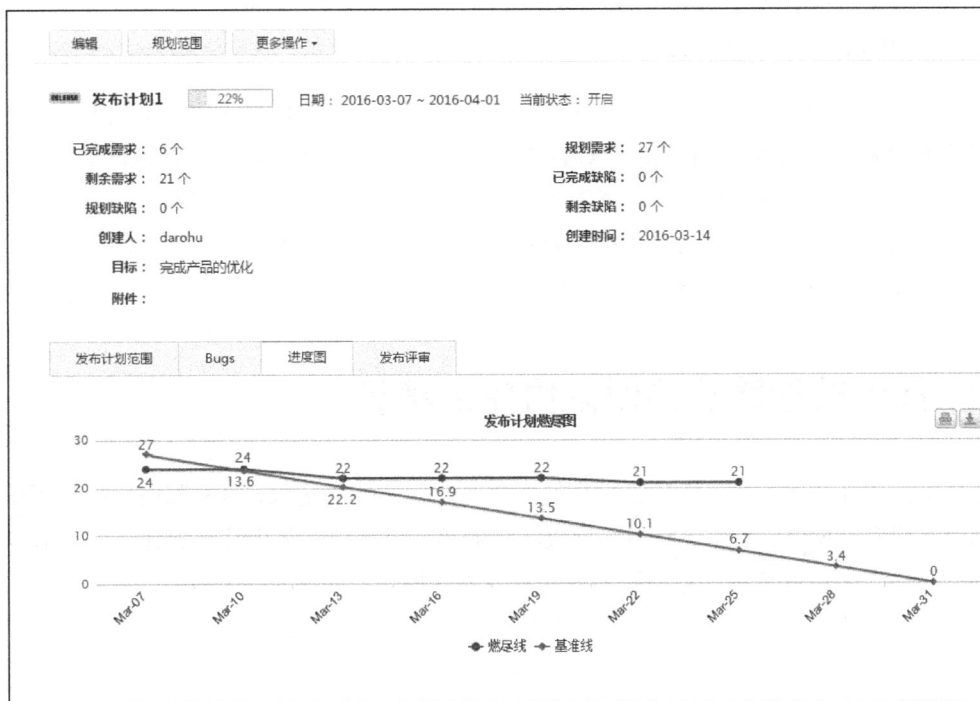

▲图 11-14　发布燃尽图

发布燃尽图形象地展示了一个发布计划中的剩余工作量和剩余工作时间的变化趋势，是反映项目进展的一个指示器。发布燃尽图的走向代表了发布进度的健康程度，当走向出现异常时，项目经理需要对团队的开发节奏进行调整。

8. 回顾与沉淀功能

一个需求研发完成并上线后，项目经理会组织项目成员对整个研发过程进行回顾，总结好的部分和不好的部分，发现改进点，提出解决措施。研发经验和协作经验的积累，会使得整个团队的配合更加高效。团队在研发过程中产生的经验积累可以通过 TPAD 提供的 Wiki 文档功能进行记录，无论是团队发展过程的记录，还是产品的里程碑规划，或者是开发、测试人员的技术分享都可以在文档中呈现。每个团队成员都可以通过文档收集并整理相关知识条目，对知识库进行补充和反馈，实现团队经验的积累与传承。

9. 测试与反馈功能

产品交付、发布后，产品经理需及时关注用户的反馈，收集用户反馈的问题及优化点，为下一轮需求规划及产品优化做好准备，从而保证产品持续可用。

以上是 TAPD 项目管理工具的基本功能介绍，类似于 TAPD 的项目管理工具还有禅道、Teambition、Worktile 以及 Tower 等。

每一款项目管理工具都有自己的优缺点，以上介绍了 TAPD 这款项目管理工具的诸多优点，但并不代表它是完美的，例如，TAPD 中虽然有需求和项目的概念，但是弱化了产品的概念，往往一个具体的项目或需求并不能清晰地关联出某个实体的产品。在为自己的团队选择项目管理工具的时候，我们可以对比以上工具的优劣，并结合自己的团队规模、协作习惯以及项目背景择优使用，适合自己的才是最好的。

11.6　如何管理跨部门团队协作的项目

日常的产品工作中，产品经理经常会遇到需跨部门协作的需求，这些部门包括但不限于市场、运营、营销、设计、技术、财务、行政、法务等。跨部门的需求往往要比一般的独立需求难处理，需要产品经理具备一定的跨团队的项目协作能力。如图 11-15 所示，跨部门项目协作的基本流程为明确目标、传递目标、表达需求、确定方案、落地执行，即首先要明确整个项目的目标，然后通过邮件或项目启动会等形式同步目标给所有协同部门，表达需要其他团队的支持，接着进行方案的讨论并达成共识，最后落地执行。

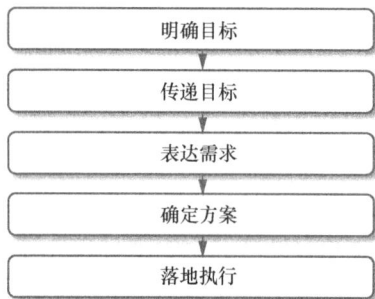

▲图 11-15　跨部门项目协作的基本流程

然而，实际的项目协作的过程中我们会遇到许多流程之外的问题，例如，产品经理自身能力不足，主要体现在沟通能力、跨部门项目协作能力、问题处理能力、产品知识和业务知识储备不足等。作为整个需求项目的负责人，产品经理的这些不足会影响整个项目的运行，所以产品经理在日常的产品工作中要有意识地培养并强化这方面的能力。

此外，我们还可能遇到一些边界模糊的问题，例如，在项目推进的过程中，会遇到一些没有在项目初期明确好的任务。事实上，在项目推进过程中衍生出来的许多任务很难提前定义好。当遇到这样没有明确分工的任务时，产品经理要召开项目沟通会议，明确所有未明确分配的任务，一旦所有的协作团队达成共识，就要严格执行。

在项目推进的过程中，我们还可能会遇到其他部门配合不足的问题，配合不足的原因可能是重视程度不够、资源不足或利益一致性不强等。为了避免这样的情况发生，产品经理在项目启动初期，在向其他部门传递项目整体目标时，要明确此项目的重要程度，让协同部门给予一定程度的重视，并提前进行资源调配等。

在跨部门沟通协作的过程中，在规则和制度不明确的情况下，产品经理也要能很好地处理问题，推动项目的进展。这种在跨部门沟通协作的技巧通常体现在以下两个层面。

- 在利益层面，在规则和制度明确的情况下，产品经理可以从一定程度上以利益的一致性（即共赢）来推动项目的发展。利益的一致性不仅包括双方的项目成功后的可得利益，还包括项目失败后双方的损失。

- 在权力层面，一般情况下角色性质决定了产品经理是没有实际的领导权的，所以在项目协作方面，产品经理是没有行政推动权的，只能依靠制度和规则来推动项目的发展。但是要明确一点，项目不是为产品经理而做的，而是为企业或公司等组织的集体利益而做的，产品经理可以有效地利用这种基于集体利益产生的"权力"来推动项目的进展。

这种权力在中小型公司通常由公司负责人赋予，所以中小公司的产品经理通常会说"公司负责人说要这样做""这个是公司负责人的意思"。在大公司，我们也经常会听到"这个是公司层面的要求""这个是高层的要求"等。其实这都是在一定程度上行使这种权力来推动项目的进展。所以，产品经理要学会有效地驾驭这种权力，在必要情况下行使这种权力可以有效地推动整个项目的进展。

综上所述，在管理需跨部门协作的项目时，产品经理要提升自己的跨团队协作能力，在依靠制度和规则的同时，还要借助制度和规则之外的力量，或者借助共同利益，以及利用组织赋予的特殊"权力"。规则之内强调的是"技术"，而规则之外强调的是"艺术"，只有技艺结合，才能让产品研发和项目管理更好地进行。

第12章　如何进行行业分析和商业分析

12.1　如何进行行业分析

工作了 1～3 年的产品经理基本上具备了需求逻辑产品化的能力，无论是设计一个 CRM 系统还是设计一个 App，从开始的需求分析，到后来的产品设计，再到最后的产品研发上线，他们对整个流程都已经驾轻就熟。但这种驾轻就熟很大程度上基于对公司业务逻辑和产品体系的熟悉。一旦脱离了公司体系，很多人往往对行业没有足够的认知，这种认知的匮乏短时间内也许并不影响其理解需求和设计产品，但从长远来看，这会影响其对整个产品宏观方向上的把控和决策。因此，职业生涯中越往上走，对行业的认知能力越重要。

虽然公司的行业规模有多大、处于行业生命周期的哪个时期、有哪些同类型的竞争者、呈现什么样的竞争格局、整个行业的未来发展前景是怎样的等问题往往和产品设计没有直接关联，但是这些也是产品经理对产品做战略规划时需要思考的。

一些事业有成的人除抓住机遇之外，还拥有一种对趋势的把握能力以及行业洞察力。同样，这样的能力在产品经理处于高级产品经理甚至是产品总监级别时尤为重要，产品经理很多战略性的决策会决定产品的生死存亡。

所以，产品经理应该在职业生涯的早期就培养自己的行业分析能力，了解这个行业的模式是什么，上下游是什么，赚的是什么钱，市场规模和用户规模有多大，玩家都有谁，竞争格局是怎样的，自己的产品或服务处于什么地位等。对行业了解得越全面、越透彻，越能有效地进行产品定位和战略规划。

那么，如何进行行业分析呢？

在进行行业分析之前，先看看了解一个行业的基本方法，如图 12-1 所示。

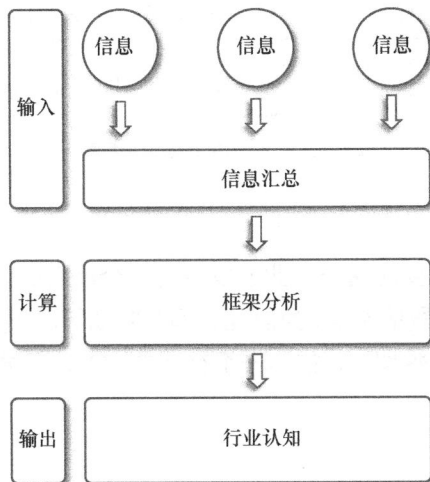

▲图 12-1 如何了解一个行业

要了解一个行业，我们一般会通过各种渠道了解行业的基本信息，这些碎片化的信息形成了我们对一个行业的基本认识。在获得行业信息方面，这里介绍以下几种比较常见的方式。

- 关注行业报告。行业报告本身就是一些专业的分析师对一个行业的分析、总结，无疑是获取行业信息最快速、最高效的方式之一。这种方式能满足 80%的行业信息诉求。提供行业报告的常用网站有艾瑞网、易观智库和 199IT 等。

- 关注意见领袖。快速了解一个行业的一种很好的方式就是找到这个行业中专业的人或者组织，向他们学习。专业人士往往能在大的框架和格局上，帮助我们了解整个行业的底层结构和商业模式，让我们节省很多摸索的时间。

- 关注垂直媒体。通过行业垂直媒体的相关资讯和动态快速了解行业信息，往往比通过各种泛化媒体的零散信息了解行业信息要高效得多。

通过上面的方法，我们能获取大量的行业信息，但是信息只是一种事实，本身并不是知识，例如，水在 0℃ 以下会结冰是一种事实，但是利用水结冰的事实做冰棍需要知识。

同样，在通过各种有效渠道收集了大量的行业信息后，只有通过有效的分析框架对信息进行分析处理，才能形成结构化的行业知识，从而获得对整个行业的完整认知。图 12-2 展示了常用的行业分析框架。

153

行业发展	行业规模	市场特征
商业模式	产业链分析	竞争格局
发展趋势	融资案例	行业评价

▲图 12-2　常用的行业分析框架

1. 行业发展

为了分析一个行业，首先要对这个行业的发展有一个清晰的认识，例如，这个行业是什么时候形成的，经历了哪几个阶段的发展，当前处于哪个时期等。一般使用行业生命周期理论（萌芽期、发展期、成熟期还是衰落期）来描述一个行业的发展，即描述清楚行业的过去、现在以及未来。

2. 行业规模

行业规模指的是整个行业所创造出的市场规模，与交易和资金密切相关的行业通常以交易规模来描述行业规模，例如，"2018 年中国电子商务市场交易规模预计将达 28.4 万亿"。其中，"28.4 万亿"指的就是 2018 年电商行业的市场规模。而与交易和资金不太相关的一些行业（如社交行业等）通常会使用用户规模来描述行业规模。

3. 市场特征

市场特征有利于我们看清整个市场的现状。现代市场根据特征一般分为以下 4 类。

- 统一的市场。一个统一的市场不仅能使消费者在商品的价格、品种、服务上有更多的选择，还可以使企业在购买生产要素和销售产品时有更好的选择。

- 开放的市场。一个开放的市场能使企业在更大的范围内和更高的层次上展开竞争与合作。开放的市场一般具有很高的自由度，开放往往对标的是垄断。

- 竞争的市场。竞争是指各经济主体为了维护和扩大自己的利益而采取的各种自我保护的行为和扩张行为，例如，努力在产品质量、价格、服务、品种等方面创造优势。具备充分的市场竞争通常代表着整个行业充满生机和活力。

- 有序的市场。如果一个行业信息对称、规范有序、监管明确，则说明这个行业具备有序的市场特征。市场的有序性能保证平等竞争和公平交易，能保护生产经营者和消费者的合法权益。

4. 商业模式

要清楚整个行业的商业模式有哪些，例如，电商行业有很多垂直细分的商业模式，包括 B2B（Business to Business）、B2C（Business to Customer）、C2C（Customer to Customer）、垂直电商、社交电商等。当然，这些模式往往较抽象地概括了同一类公司的商业模式。在行业分析过程中，不仅要了解整个行业有哪些细分的商业模式，还要学会分析那些代表性公司的具体商业模式，例如，对于同属于 B2C 模式的两家电商公司，分析其具体的商业模式有什么不同，是否由具体的商业模式决定了公司的现状，并影响着公司的未来。如何分析一个公司或产品的商业模式会在下一节详细介绍。

5. 产业链分析

了解一个行业的产业链，对于分析整个行业尤为重要，例如，为了分析智能手机行业的产业链，要搞清楚提供内存、屏幕、射频、天线、摄像头、电池、芯片等的厂商都有哪些，以及如何研发、生产手机。要进行产业链分析，不仅要从大的框架上了解一个行业的商业模式，还要深入了解整个产业链中的每一个环节。

6. 竞争格局

为了分析一个行业所呈现出的竞争格局，不仅要明确这个行业中主要的"玩家"有哪些，还要了解这些玩家都处于一个什么样的竞争态势，例如，当团购模式兴起的时候，"千团大战"就是对这个行业白热化竞争的一种描述。同样，一个行业处于"红海"或"蓝海"也是对这个行业的竞争态势的一种描述。行业玩家和竞争态势共同形成了这个行业的竞争格局。

7. 发展趋势

一个完整的行业分析框架必然少不了对整个行业趋势的分析。大的框架下，行业趋势往往随着行业的生命周期（萌芽期、发展期、成熟期、衰落期）变化，但是大的生命周期框架有时会显得过于宽泛，不足以精确地描述未来几年内整个行业的发展趋势。所以在进行行业的发展趋势分析时，首先要在大的框架下搞清楚当前行业处于哪个阶段，然后在具体的阶段内通过信息收集来获取既定周期内整个行业的发展趋势预测。

8. 融资案例

资本往往是一个行业的风向标，所以要想了解一个行业，就要关注这个行业的资本动向，也就是要关注整个行业每天都在发生的融资案例。

9. 行业评价

通过以上的分析模块，对整个行业有了一个结构化的认知之后，产品经理要对整个行业形成自己的理解和评价，只有在有了自己的理解和评价后，才算真正了解了一个行业。

以上介绍了一个完整的行业分析框架，整个框架帮助产品经理建立了很多节点性的行业印象，从而形成全面的行业认知。产品经理应该多关注并研究行业。行业分析能力也是产品经理能力模型中的基本能力，别让自己成为一个只会画原型、实现功能的产品经理。

12.2　如何进行商业分析

用一个很形象的例子来说明行业和商业的关系：东汉末年分三国，三国格局就可以看成一个新兴的行业格局，魏、蜀、吴 3 个国家可以看作"三国"这个行业里面的公司，每个公司都有自己独特的商业模式，包括自己的政策、文化、军事、外交模式等，其最终的目的都是确保自己能在"三国"行业格局里面取得优势，一统天下。假设行业分析是帝王视角，它帮我们看清群雄的版图割据形势，那么商业分析会帮我们看清楚每个国家赢得天下的方式。

所以，行业分析让我们了解游戏规则，商业分析则让我们定位好自己的角色，玩好游戏成为赢家。拿电商行业举例，它从不同的维度可以划分出很多商业模式，按交易对象，有 B2B 模式、B2C 模式、C2C 模式；按销售商品品类，有垂直电商、综合电商。当然，还有其他模式，如跨境电商、社交电商、导购电商、网红电商、直播电商等。

一个公司或企业通常以一种或多种模式作为自己的商业模式，例如，淘宝采用 C2C 模式，天猫采用 B2C 模式，拼多多则在基本电商模式的基础上强调拼团低价模式，并依附微信强大的社交裂变能力，演化出新的商业模式——社交电商。

许多产品经理在工作过程中运用的是产品思维和用户思维，考虑的是需求逻辑产品化的过程，即思考的是把具体需求转化成满足需求的产品。但是随着职业生涯向上发展，到产品总监甚至 CEO 这个级别的时候，产品经理的很多决策已经不基于产品功能本身做出，但同时会对产品的未来产生重大的影响，而在这些决策过程中，商业思维显得尤其重要。

苹果公司的 Lisa 计算机以乔布斯女儿的名字命名，是全球首款将图形用户界面（Graphical User Interface，GUI）和鼠标结合起来的个人计算机，是当时世界上最好的计算机产品。然而，Lisa 计算机于 1983 年面市时，苹果公司没有充分考虑到消费者对计算机的购买能力，每台售价为 1 万美元，导致其销量不佳。正因为如此，不少企业用户当时更愿意采购价格相对低廉的 IBM-PC。乔布斯在后来的采访中无奈地说，Lisa 计算机领先当时业界 10 年的水平，但是事实上我们输了。

在有用、好用、有价值的前提下，一款产品只有在合适的时间以合适的价格出现在用户的视野里，才有可能成为优秀的产品。有用、好用、有价值强调的是产品思维，合适的时间、合适的价格强调的则是商业思维。

思维本身就带有"遮蔽"的属性，这在心理学上称作"思维定势"，我们在工作中更多地使用产品思维，因为产品思维让我们处理工作时游刃有余，但是产品思维定势容易让我们忽略产品之外的东西。很多时候我们需要跳出产品本身，把我们当下创造的产品放在一个大的行业和商业框架中，只有产品思维和商业思维共同起作用，才有可能创造出成功的产品。

商业分析和行业分析一样，通常需要借助分析框架或者模型来规范发散思考的过程。这里介绍一款商业模式分析工具——商业闭环设计（BCD）策略仪表盘，如图 12-3 所示。

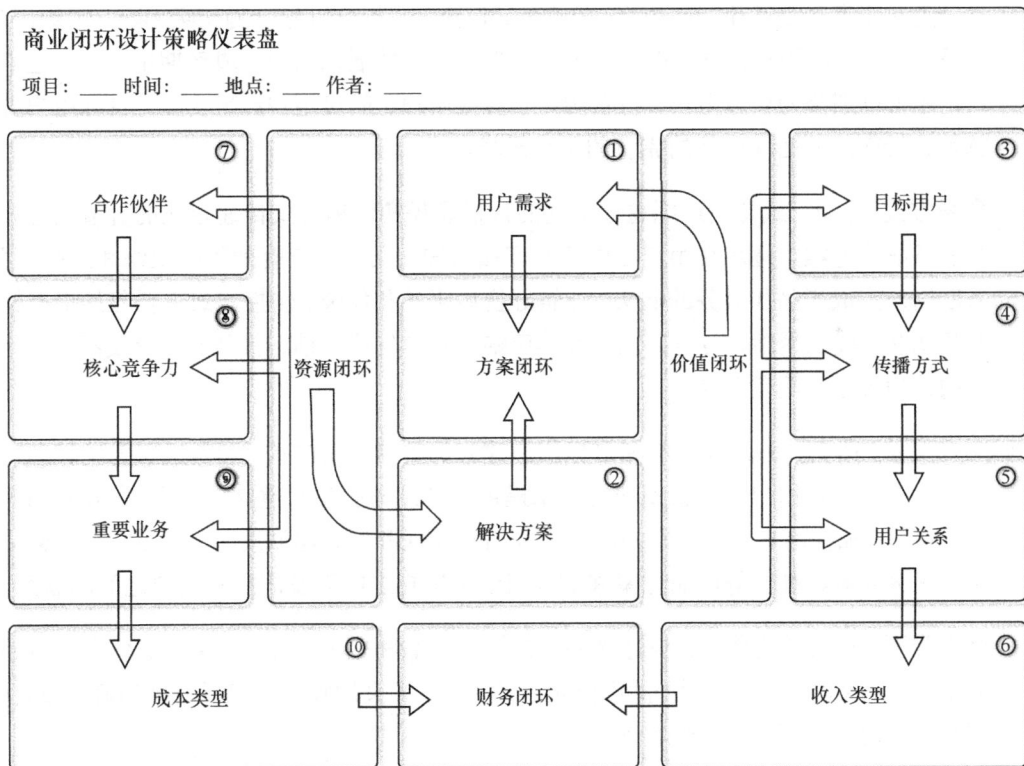

▲图 12-3 商业闭环设计策略仪表盘

整个商业闭环设计策略仪表盘分为十大模块和四大闭环，诠释了一个完整的商业模式需要回答的问题和必须形成的闭环。

1. 十大模块

十大模块分别如下。

- 用户需求。在分析整个商业模式的框架中，首先要搞清楚产品或服务满足了什么样的用户需求，例如，微信满足了用户的社交需求，淘宝满足了用户的在线购物需求。通过需求挖掘和需求价值评估，保证整个商业框架底层的用户需求是真实有效且有价值的。

- 解决方案。解决方案是指组织根据用户场景、基本需求、预期获益为用户设计一一对应的服务清单、基础功能、增值服务等，实现用户需求和解决方案的完美吻合。解决方案的匹配度越高，用户越愿意为服务买单，企业越容易设计出超出用户预期的产品和服务，进而实现双方的价值最大化。

- 目标用户。目标用户是指产品所面向的细分用户群体。根据不同的维度，目标用户可以划分为决策者、使用者、购买者、影响者、传播者，也可以划分为初级用户、中级用户、高级用户、专家用户，也可以划分为种子期用户、发展期用户、成熟期用户、衰退期用户，还可以划分为普通用户、付费用户、直接用户、间接用户。事实上，目标用户分析就是分析产品所面向群体的完整的用户画像。

- 传播方式。传播方式是指组织通过不同的传播途径和营销方式传递企业的价值理念和产品服务解决方案，逐步在用户心中建立产品认知，帮助用户有效识别组织和产品服务，协助用户完成产品和服务的购买，并做好售后服务和保障。传播方式主要包括借助销售业务团队、线上网络、自有店铺、实体店铺、合作伙伴店铺、代理商、批发商、合作伙伴的传播渠道和流量渠道等。

- 用户关系。用户关系是指组织和目标用户建立的长期稳定的关系，是组织为了长期服务目标用户和目标用户为了长期使用组织提供的产品与服务而建立的关系。在互联网产品的语境里，加强用户关系通常指的是提高用户黏性和用户忠诚度。人们经常使用会员体系、积分体系、社区等产品方案来加强组织和用户之间以及产品和用户之间的联系。

- 收入类型。收入类型是指企业通过为用户提供产品和服务，从目标用户群体中获得的不同收入。狭义的收入指显性的利润（显性收入），广义的收入还包括品牌口碑、知名度、用户量、用户数据等（隐性收入）。

- 合作伙伴。合作伙伴是指那些与企业存在合作关系的外部资源。外部资源能够有效地弥补公司本身资源不足的问题，合作伙伴越多，越能有效地促进公司的业务发展并提高资源整合能力，使整个产品的生态体系更加强健。

- 核心竞争力。核心竞争力是指保证组织的商业模式整体、有效地运转所需要具备的核心资源。除满足用户刚需的产品和服务之外，人才资源、核心技术、市场资源和先进的管理方式等都可以作为整个公司商业框架对外的核心竞争力。

- 重要业务。重要业务是指组织商业模式的其他模块的正常运作所需要进行的关键业务或活动，作用是保证组织商业模式能够稳定发展。例如，对于新上线的产品，其关键活动是提高下载量和注册量，到了产品成熟期，其关键活动可能会变成提高用户的活跃度和存留率。同样，每年的"双11"购物节对于淘宝来说，也是一个重要业务。

- 成本类型。成本类型是指组织在整个商业模式当中的部分模块需要投入的不同成本，包括人力成本、物力成本、技术成本、运营成本、时间成本等。

2. 四大闭环

四大闭环分别如下。

- 方案闭环。方案闭环是整个商业框架的基础闭环，要求通过挖掘用户的本质需求，进而设计出满足需求的产品解决方案，实现用户需求和解决方案之间的完整闭环。

- 价值闭环。价值闭环是指为目标用户设计出能给他们创造价值的产品或服务解决方案，通过传播方式将解决方案和服务传递给其他目标用户，通过用户关系形成自发的传播效应，从而形成完整的价值链条，并为组织创造持续不断的收入。

- 资源闭环。资源闭环是指通过外部资源和内部资源的整合和配置，执行重要业务，帮助企业实现整个商业模式的有效运转。

- 财务闭环。财务闭环是指整个商业模式产生的收入与支出应形成一个闭环。如果收入大于支出，则说明形成了财务的正向流通闭环，整个商业模式是健康的；反之，整个商业模式是不健康的，要找出原因并进行营收和成本上的调整。

以上介绍了商业闭环设计策略仪表盘的使用方法。工具虽然能有效地辅助思考，但并不能替代思考本身，更重要的是在日常的产品工作中，要有意识地去分析产品背后的商业模式，培养商业嗅觉和敏感性，从而形成优秀的商业思维。

第13章　产品设计实践

13.1　账号体系设计

在现实生活中，身份证是我们进行许多活动都需要的一种凭证，如坐飞机、乘火车、住酒店等需要出示身份证，它是独立个体在社会实践活动中的重要身份识别物。同样，账号在产品与用户之间承载了身份识别的作用。

用户、产品和账号的关系如图 13-1 所示，账号作为产品对用户进行唯一性识别的依据，几乎被所有的产品采用，账号让每个用户有了身份标识。在用户的角度，账号体系能记录用户自身的各类数据，并且是和产品交互的身份标识。在企业的角度，账号体系可以帮助企业有效地识别用户，收集用户信息并建立用户体系及用户画像，实现用户精细化营销与运营，为企业带来更多的价值。

账号是产品
对用户的唯
一识别标志

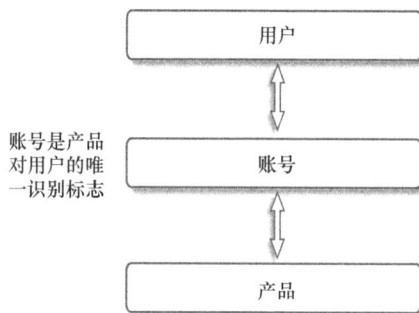

用户

账号

产品

▲图 13-1　用户、产品和账号的关系

本节主要从账号体系的基础框架、账号体系的基本组成要素、注册/登录要素组合优劣势分析、注册/登录流程设计、找回密码流程设计、账号体系的风控设计，以及多个账号体系的业务整合方案方面来介绍如何为产品设计完整的账号体系。

13.1.1 账号体系的基础框架

如图 13-2 所示，整个账号体系的基本框架由要素和活动组成。要素指的是形成账号体系的基本组件，活动指的是账号体系的具体应用场景。其中，要素部分要明确用户身份、用户名（user name）、密码（password）、昵称（nickname）等基本概念，活动部分要明确注册、登录、密码找回等基本逻辑。

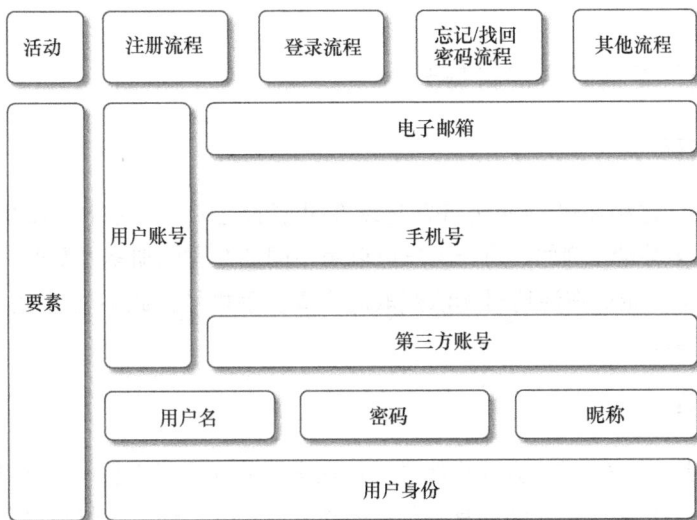

▲图 13-2　账号体系的基础框架

13.1.2 账号体系的基本组成要素

账号体系的基本组成要素如下。

- 用户身份。用户注册后，系统会建立一个内部标识，自动按顺序为用户分配一个数字编号，即 UID。该标识在该系统中具有唯一性，不可更改，对外不可见，是用户的身份标识，用户所有的数据资产都会绑定到这个内部标识上，类似于现实生活中的身份证号码。

- 用户名。用户名由用户自定义或系统随机分配。系统分配的用户名一般由英文字母、数字组成。用户名在系统中具有唯一性，一般设置后不可更改。

- 密码。密码是一串理论上只有身份标识所有者记得的字符串，目前是最常用的一种身份识别方式。

- 昵称。昵称是用户自定义的个性化名称，可自由设置和改动，一般为公开信息，对他人可见。常见的各类个人信息的名称就是用户昵称。

- 用户账号（user account）。用户账号是一个集合概念，是用户的外部标识，包括用户名、手机号、电子邮箱、第三方账号等，并与 UID 形成唯一性映射。例如，在注册时，用户可以采用填写手机号或者邮箱等方式。

此外，第三方账号通常称为 Openid，又称开放 ID，一般由一些具备大规模用户群的产品开放出自己的账号能力供其他产品接入，从而实现快速登录的功能，常见的有微信、微博、QQ 等产品。

13.1.3　注册/登录要素组合优劣势分析

1. 用户名+密码

"用户名+密码"这种注册/登录方式常出现在早期的互联网产品中，如今已经比较少见。该要素组合存在很多弊端，例如，同一用户可以用不同的名称注册多个账号，用户名重复性较高造成产品频繁校验，企业在注册时无法获取用户真实手机号因此不利于后续营销，用户名相对而言比较难记忆等。

2. 邮箱+密码

"邮箱+密码"这种注册/登录方式也经常出现在早期的互联网产品中，常见于 PC 端产品的注册/登录，相比于用户名而言，邮箱具备更强的独立性和唯一性。其弊端也和"用户名+密码"登录一样，同一用户可通过多个邮箱注册，且邮箱注册需使用验证码验证邮箱的有效性和真实性，操作较麻烦。

3. 手机号+验证码

"手机号+验证码"这种注册/登录方式目前在市场上是非常常见的，常见于各类型的产品，尤其是移动端产品。这种方式的优点是注册流程简单快捷，无须设置密码，登录时也无须记住密码，输入手机号及收到的验证码即可，降低了用户的记忆成本。手机验证码的实时性较强，有助于提高账号整体的安全性，使账号不易被不法分子窃取。一般每个用户最多拥有 1～2 个手机号，使得恶意注册的概率大大降低。

但是这种方式也有其弊端，例如，手机号可能存在换号、回收、再次投放等场景，每种场景下的应对方案都要预先设计。此外，手机有时候会由于各种状况而收不到短信，这会中断注册/登录流程。为了应对用户收不到短信的情况，在初次注册时，很多产品会强制要求用户设置密码。这样用户即使在收不到短信的情况下，也可以用手机号作为账号，用密码进行登录。

4. 第三方账号登录

第三方账号登录现已经非常普及，如微信、QQ、微博等大型平台拥有很庞大的用户群，当用户在手机中注册/登录 App 时，可以快速使用第三方平台授权登录。只需初次登录时授权，后续无须再输入账号密码等校验信息，这提高了登录效率。要强调的是，第三方账户只提供了一种快捷的登录方式，初次通过第三方账号进行注册后，通常还需要进行手机号绑定以及创建密码等操作，以确保用户在无法使用第三方账号登录的情况下还可以登录。

5. 其他注册/登录方式

无论是"账号+密码"还是"手机号+短信验证码"，其实它们都间接地对用户身份进行安全校验，其本质都是对一个账号和拥有这个账号的用户的"安全码（密码或手机验证码）"进行匹配校验。若成功，则可以登录；若失败，则不能登录。

"安全码"的形式和载体也在发生改变，安全码可以是指纹、声纹、面孔、虹膜等人体生物特征。当然，还有运营商的 SIM 卡。对于大部分移动端，在登录 App 时，用户不用输入密码，也不用接收短信验证码，可以直接单击"本机手机号码一键登录"按钮。这其实通过运营商特有的网关认证能力，直接验证登录 App 的手机号码和本手机的 SIM 卡号码是否一致。和短信验证码登录一样，这种方式也通过验证手机号码来核实用户的身份。这些新兴的校验方式已经越来越普及，也越来越便捷和安全。

产品经理作为一个产品注册/登录方式的设计者，要了解不同注册/登录组合的优劣势，再结合具体的产品形态和登录场景选择合适的要素组合来作为最优方案。

13.1.4　注册/登录流程设计

1. 注册/登录流程需遵循的原则

首先，注册方式应具有普遍适应性，保证所有用户都可以用。其次，注册流程应尽量简单快捷。最后，保证注册方式的安全性。

2. 注册/登录流程设计思路

注册/登录流程设计包含以下 3 个步骤。

（1）确定是否需要注册/登录流程。

账号体系是整个产品设计中重要的一环，但是并不是所有的产品都需要，有极少数产品是不需要账户体系的。但大多数产品需要账号体系，依赖程度是由产品类型和性质而决定的，例如，社交类产品（如微信）会高度依赖账号体系，而工具类产品（如 Photoshop）不那么依赖账号体系。

（2）选择注册/登录要素。

根据前面的分析，再结合具体的产品形态和用户使用场景，选择合适的注册/登录要素。注册方式的确定还要考虑以下 3 个方面的内容。

- 用户来源：主要针对第三方登录，例如，若产品的用户与微博的用户高度相关，在选用第三方登录时，应选择微博；如果产品的用户和微信的用户高度相关，则可以选择微信登录。

- 业务模式：主要是风险控制与流量的平衡，对风险控制要求低的产品的注册流程简短。

- 平台渠道：在不同的渠道中，用户对注册/登录流程的接受程度存在区别，如对于小程序，流程力争简单；对于 App 和网站，根据业务需要把握平衡点。

（3）设计注册/登录流程。

输出注册/登录流程逻辑的流程图和原型图，确保流程图实现流程闭环，原型图要实现信息结构完整与交互闭环。值得强调的是，不同类型的产品有不同的注册/登录前后置策略，设计产品账号体系时，要综合考虑使用哪种策略。两种策略的优缺点分析如下。

- 对于注册/登录前置（必须先注册/登录才可以使用），优点包括统一注册入口，逻辑处理简单，用户信息收集完整；缺点包括用户体验差，容易造成用户流失。

- 对于注册/登录后置（先使用，触发特定功能时才需要注册/登录），优点包括用户可以以"游客"的身份体验产品，对用户友好，用户体验较好；缺点包括注册验证入口多，系统维护成本较高，前期需进行整体规划，用户信息需要分多环节收集。

13.1.5　找回密码流程设计

在使用产品的过程中，用户会存在忘记密码的情况。针对忘记密码的场景，产品经理在设计初期就要考虑到相应的解决方案，并设计找回密码的流程。常见的几种找回密码的方式如下。

- 手机验证：方便快捷，但是存在手机号码更换、二次放号等问题，所以不能只有这一种密码找回方式。

- 邮箱验证：以前是找回密码的主要方式，现在逐渐被手机验证代替，但是它仍有自身的重要价值，与手机验证配合，提供找回密码的多种方式。

- 人工审核：针对用户会出现的极其特殊的情况而增设的人工渠道，用户量大的平台一般会专门设计人工审核的找回密码的方式。

13.1.6 账号体系的风控设计

对于任何一个产品，安全性都是在设计过程中要考虑的基本特性。账号风控的根本目标就是确保用户身份的合法性、真实性，杜绝不法分子的盗取，防止恶意攻击。账号体系的风控策略主要归结为以下几种。

- 禁止非正常的、大量的"验证账号是否存在"的操作请求，防止不法分子通过不停地输入大量账号，获取该账号是否存在的信息。

- 确保用户访问的真实性，进行手机号验证或使用手机扫码登录。

- 注册时增加邮件验证功能或者通过邮件进行激活确认。

- 限制短信条数，保护短信通道不会因恶意用户大量发送短信而堵塞。

- 通过 IP 地址指定请求上限，防止恶意用户大量发起注册请求，攻击服务器。

- 在出现异常操作、非本人 IP 地址/手机登录时有短信提醒。

13.1.7 多个账号体系的业务整合方案

很多公司拥有多条产品线，每个产品都有自己独立的账号体系，各个账号体系之间互不相通，这对内对外都会造成不良影响。对内，这容易造成信息孤岛和业务孤岛，不利于业务整合，造成资源浪费。对外，一个用户为了使用同一个公司的不同产品需要记住多套账户信息，给用户带来使用上的不便，且不易让用户形成品牌意识。

为了解决以上问题，需要将账号系统打通，使用的技术解决方案通常称为单点登录，使用的产品概念通常称为账号通行证（passport）。账号通行证是指产品账号信息统一处理，所有应用系统都直接依赖同一套身份认证系统，一个账号可以登录同一公司的多个产品。例如，用户可以通过网易邮箱账户登录网易旗下其他产品。

产品经理从 0 到 1 搭建账号体系时，应预估公司后期的发展方向，决定是否有必要采用通行证的技术预留方案，如果等很多产品已经成型后再去考虑打通账号体系，则可能需要花费更高的技术成本。

13.2　CRM 系统设计

CRM（Customer Relationship Management，客户关系管理）最早由著名的 IT 管理咨询公司 Gartner 在 20 世纪 90 年代末期提出。其经过几十年的发展，虽然有一些技术层面的演变，但其核心理念并没有改变。CRM 以客户数据的管理为核心，利用信息科学技术，实现市场营销、销售、服务等活动的自动化，并建立一个收集、管理、分析、利用客户信息的系统，帮助企业实现以客户为中心的管理模式。客户关系管理既是一种管理理念，又是一种软件技术。

CRM 系统按照功能类型，主要分为 3 类，分别是操作型 CRM 系统、分析型 CRM 系统和协作型 CRM 系统。

- 操作型 CRM 系统：前端办公室应用，包括销售自动化、营销自动化和服务自动化等内容，通常承载着获取客户、维护客户以及管理客户等功能。

- 分析型 CRM 系统：主要功能是分析从 CRM 系统和其他业务系统中获得的各种客户数据，为企业的经营、决策提供可靠的量化依据，这种分析需要用到多种数据管理方案和数据分析工具。

- 协作型 CRM 系统：主要由呼叫中心、客户多渠道联系中心、帮助台以及自主服务帮助导航等组成，能为企业与客户提供多种沟通渠道，提高企业与客户的沟通能力。常见的客服系统就是协作型 CRM 系统的典型代表。

以上 3 种不同类型的 CRM 系统所承载的核心功能经常会出现在一个管理后台中，也就是我们经常看到的公司管理后台系统。在实际的产品工作中，我们可能会遇到医疗行业、金融行业、教育行业等不同行业的 CRM 产品设计需求。难道每遇到一个行业都需要重新学习这个行业的 CRM 产品如何设计吗？事实上，这是不需要的，既然 CRM 系统是一种管理理念，就意味着它有一套完整的框架体系，且不以具体行业或公司的业务逻辑为转移。在设计 CRM 产品的过程中，只要掌握了基本的框架体系，就掌握了 CRM 产品设计的基本思路，面对任何行业我们都可以快速地根据基本框架抽象出业务体系，然后再具象出产品功能。图 13-3 展示了 CRM 系统的框架。

CRM 系统是 CRM 体系具象化的表现形式，我们把系统的使用者称为用户，用系统来管理和维护的对象称为客户，用户和客户之间产生的交互和联系称为业务关系，这些业务关系在有的行业中称为商机，在有的行业中称为合同，在有的行业中称为线索。

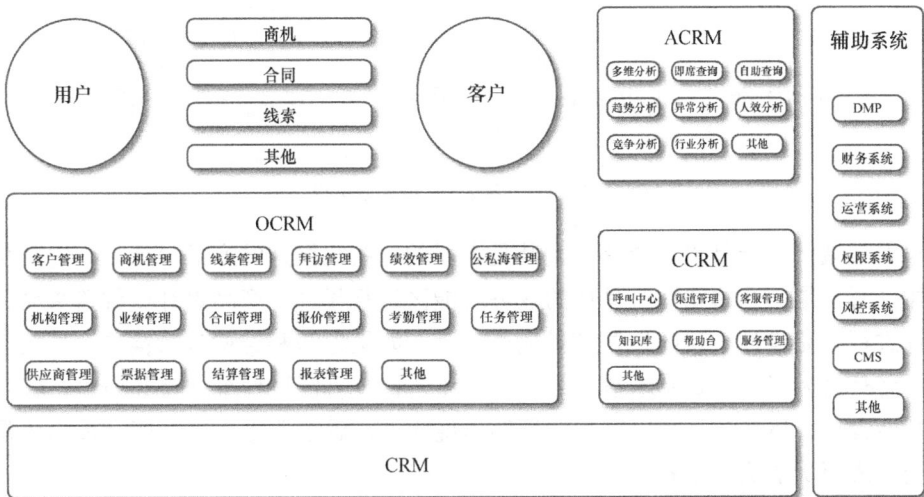

▲图 13-3　CRM 体系的框架

具体的业务关系形式由行业自身的业务逻辑而定，设计一个 CRM 系统的核心思路是理解 CRM 系统的用户需求、客户需求，以及用户和客户之间的业务关系。

举一个简单的 CRM 系统需求和产品设计的案例。某经营连锁便利店的公司中，市场部门有一批业务员，业务员的日常工作有两种——开发新门店，促进店主在公司旗下的订货商城订货。无论是自己开发了新的门店，还是促进了店主订货，业务员都可以获得业绩提成。目前该公司用 Excel 表格来管理这些业务员的业绩以及绩效，但效率相对较低，该公司希望产品经理能设计一个 CRM 系统来有效管理这些业务员以及他们的业绩和绩效。

了解了公司的需求后，产品经理利用 CRM 体系的框架来设计产品方案。首先确定了系统的用户（业务员）以及服务的客户（门店/店主），这两个对象之间的业务关系为门店开发和激励订货，再辅以一些 CRM 系统的核心功能模块，如业务员管理模块、门店管理模块、订货管理模块、业务结算管理模块，以及后台管理系统的基础模块（如 Dashboard 模块、权限管理模块、账户管理模块、系统设置模块等）。这样，一个业务逻辑相对简单的 CRM 系统就设计出来了，如图 13-4 所示。再复杂的 CRM 系统都可以基于这样的产品设计思路设计出来。

基于预先设计好的系统架构，完成具体功能的细节设计，通过产品原型和产品说明文档邀请相关人员进行评审，产品方案通过后紧接着进行产品研发，最终完成整个 CRM 系统的上线。

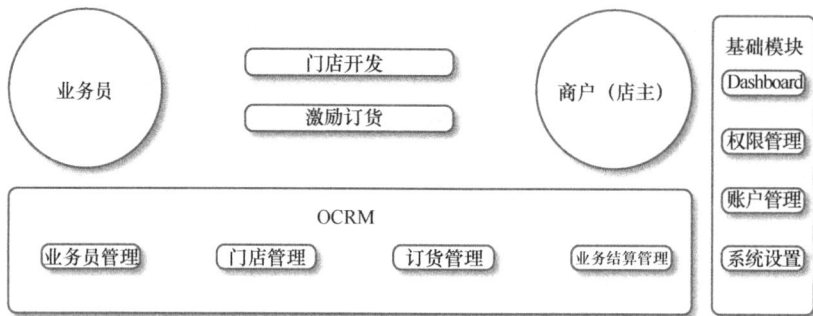

▲图 13-4　某公司 CRM 系统架构

这里要强调一种产品设计思路：尤其是大型的、系统级别的产品设计，一定要从底层的框架开始，而不是一开始就针对具体的业务功能区进行设计。产品设计就像盖大楼，系统框架的设计过程就是设计大楼的地基和结构的过程。如果地基和结构没有问题，那么再添砖加瓦，就不会有太大问题。如果地基和结构在设计之初没有经过仔细评审和研讨，就开始着手具体的功能设计，那么一旦底层产品的框架出现问题，后续无论是进行产品重构还是技术重构，都会造成巨大的成本浪费。

13.3　权限体系设计

起初，软件工程师把现实世界的业务逻辑编码成可视化的管理系统，以进行高效率的分工协作和信息流转，这完成了现实世界的业务逻辑到虚拟世界的映射。由现实世界的组织关系和分工协作产生的权限控制逐渐映射到系统中，于是有了产品的权限体系。

几乎所有的后台管理系统都需要进行权限管理，最初工程师想到的最简单的权限体系是用户和权限直连，即系统新建一个用户，就给这个用户分配相应的权限。访问控制列表（Access Control List，ACL）模型如图 13-5 所示。

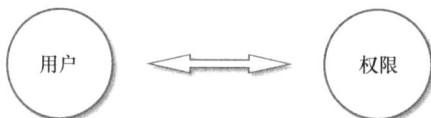

▲图 13-5　ACL 模型

早期的后台管理系统功能单一，且用户比较少，随着业务的发展以及新功能的不断增加，系统用户逐渐增多，权限项开始变得复杂多样，导致每次新增一个用户都要重新分配权限。随着系统越来越复杂，给新用户分配权限变成了一件操作起来越来越费时费力的事。此时 ACL 模型已经不能满足实际的操作需求。

接着，就出现了基于角色的权限访问控制（Role-Based Access Control，RBAC）模型。RBAC 模型在用户和权限之间增加了角色的概念，如图 13-6 所示。RBAC 模型的核心设计思路是授予用户的访问权限通常由用户在一个组织中担当的角色确定。RBAC 模型中的权限被分配给角色，角色被分配给用户，用户不直接与权限关联，而是通过角色间接关联。

▲图 13-6　RBAC 模型

在 RBAC 模型中，用户标识对于身份认证以及审计记录是十分有用的，但真正决定访问权限的是用户对应的角色标识。用户能够对一个客体执行访问操作的必要条件是该用户被授予了一定的角色，其中有一个在当前时刻处于活跃状态，而且这个角色对客体拥有相应的访问权限，即 RBAC 模型以角色作为访问控制的主体，用户以什么样的角色对资源进行访问，决定了用户可执行何种操作。

ACL 模型直接将主体和受控客体相联系，而 RBAC 模型在二者中间加入了角色，通过角色沟通主体与客体。RBAC 模型的优点是当主体发生变化时，只需修改主体与角色之间的关联而不必修改角色与客体之间的关联。

现在 RBAC 模型已经被大多数管理系统使用，随着实际业务逻辑趋于复杂化，在 RBAC 模型的基础上又衍生了许多满足实际业务需求的变种模型。下面结合具体的需求案例来介绍基于 RABC 模型的产品权限体系设计方案。

1. 用户–角色–权限

某公司是一家小型的创业公司，公司准备自主研发一套 CRM 系统作为公司整体业务的管理后台。因为有多个部门的人员使用这个管理后台，不同的角色拥有不同的权限，初期人员相对较少，组织架构简单，所以采用了最基本的 RABC 模型。整个产品方案的实现过程分为 3 步。

（1）设计权限列表项。通过对具体业务权限需求的了解，设计权限列表，把需要加权限控制的操作模块全部展示出来。一般权限模块的控制主要分为菜单权限以及数据权限。菜单权限主要控制这个菜单是否显示，这意味着当前用户是否有这个功能的权限。数据权限就是菜单内部的数据的访问权限，以及对数据的增删改查和导出的操作权限。

（2）新建角色，赋予角色权限。

（3）新建账号，使账号关联角色。账号通过关联的角色间接继承了角色拥有的权限。

2. 用户-组织-角色-权限

A 公司度过了创业初期，拿到了融资，并且稳定运营，又招了很多新的员工，面对新的组织架构调整，权限体系要有所迭代以适应新的组织权限。这个时候，市场部有一批业务员，根据业务保护机制，需求是业务主管可以查看下级业务员的客户信息，而业务员只可以查看自己的客户信息，不可以查看别人的客户信息。为了满足这一的需求，引入了"组织"的概念，即在 RABC 模型的基础上引入了用户-组织-角色-权限。角色和组织的直接关联对象都是用户，二者之间没有直接关系。

此时，只需要给账户关联一个组织，就可以在新建账户时实现对同组织内部，以及上下级组织之间的数据权限控制。为什么不将角色直接和组织进行关联，而是将用户和组织直接关联？这个问题留给读者。

3. 用户-组织-角色-角色组-权限

随着公司的发展，组织架构变得复杂，同样一个人可能承担多个角色的职责并且需要拥有相应角色的权限。虽然用户和角色是多对多的关系，但是与其每次新建一个用户都需要选择多个角色，不如把特定的角色打包成一个组，也就是所谓的角色组。

角色组是角色的集合，一个用户关联了这个角色组后，就获得了这个角色组里面所有角色的权限。如果角色组中有角色权限互斥，则取互斥角色权限的并集。例如，风控师角色和档案管理员角色是两个独立的角色，现在如果一个新的用户同时需要这两个角色的权限，有两种实现方式。第一种，新建一个角色，命名为"风控师+档案管理员"，这个角色同时拥有风控师和档案管理员的权限；第二种，直接把风控师和档案管理员两个角色打包形成一个角色组，角色组拥有成员角色的所有权限。显然，第二种方式要优于第一种。

以上介绍了权限体系的整体设计思路。权限体系和 CRM 系统都是通用体系，不基于行业和具体业务逻辑的变更而转移，产品经理只需掌握核心的设计思路就可以针对所有产品的权限需求进行设计。

13.4　会员体系设计

会员体系本质上是一套基于用户运营目的的营销规则，所以通常又称为会员营销体系。从运营的角度来看，会员体系本质上通过一系列成长规则和专属权益来提升用户对平台的忠诚度，并通过基本的等级规则以及等级所附带的权益逐步培养用户成为核心用户，引导用户在平台持续活跃，使用户深入参与平台的各项业务，增强用户的黏性，提高用户的活跃度和存留率，最后甚至让用户自发地向身边的人推荐产品。

从产品的角度看，会员体系本质上是以特定的"成长值"为核心建立起来的运营辅助体系，这些"成长值"常常被各种产品赋予不同的名称，例如，淘宝称之为"淘气值"，京东称之为"京享值"，苏宁称之为"生态值"。这些成长值单向或者双向的增加或减少往往控制着用户等级以及附带的权益的增加或减少。

图 13-7 展示了整个会员体系的产品设计框架，整个会员体系框架主要分为准入规则、成长值规则、会员等级、权益规则以及风控规则等模块。

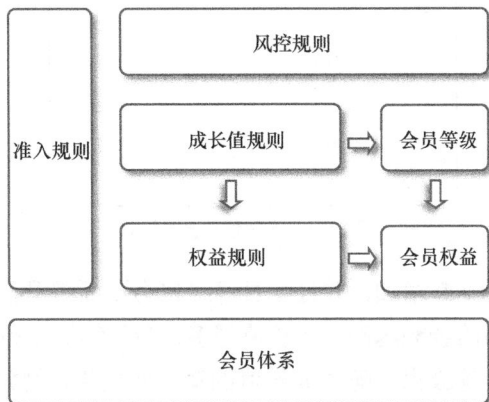

▲图 13-7　会员体系的产品设计框架

1. 准入规则设计

准入规则决定了用户可以通过哪种方式成为会员。例如，对于一些产品，用户只要注册就是普通会员，普通会员没有相关权益，需要累积一定的"成长值"才可以获得相对应的会员等级，从而享受该等级的会员权益。对于另一些产品用户需要充一定金额才可以成为会员并享受会员权益，充的金额实际上也让用户获得了一种可以消耗的"成长值"，例如，对于一些视频网站的会员，充值一次相当于购买了一段时间的会员，到期后会员权益自动取消。

所以，在设计会员体系准入规则的时候，要根据不同的产品形态和用户使用场景去选择合适的会员准入规则。

2. 成长值设计

成长值是会员等级的判断指标，用户通常需要达到一定的触发条件才可以获得成长值。图 13-8 展示了淘气值与会员等级。淘宝会根据用户每次交易的金额赠送一定的成长值，用户也可以通过完成具体的任务来提高成长值。成长值达到相关会员等级的要求，用户就拥有了这个会员等级，从而获得与该等级相关的会员权益。

▲图 13-8　淘气值与会员等级

一些产品中，成长值会不断增加，并且会员等级也会不断提升，例如，在一些电商平台的会员体系下，用户购买商品的金额越高，成长值越多，会员等级就越高。另外一些产品的成长值则是双向的，对应的会员等级也会随着成长值的变化而变化，例如，在某电商平台中，若用户获得成长值的行为失效，则需要扣减对应成长值，如退货、删除评价等行为会导致成长值减少，对应的会员等级也会降低。

还有一些平台会在一个特定的时间周期评估用户的各种数据，根据规则重新计算出成长值，然后得出会员等级。例如，支付宝会员的大致规则是计算用户近一年的行为数据，会员身份的有效期为一年。若在有效期内升级，则立即生效并且新等级有效期自动延长一年；若在有效期结束时成长值不足以达到当前等级，用户将会被降级。

3. 会员等级设计

不同的会员等级往往会有不同的会员权益，一般等级越高会员权益越多。以电商产品为例，依照 RFM 模型来设计等级体系：R（Recency）表示用户最近一次的购买时间，F（Frequency）表示用户在最近一段时间内购买的次数，M（Monetary）表示用户在这段时间内购买所花费的金额。

根据 RFM 模型与产品运营数据，产品经理可以提取主要的用户数据字段，如用户 ID、用户（最近）购买时间、用户购买次数、用户消费金额，再根据每个字段的值进行权重计算。若得到的分数落在预先设定好的等级区间中，则用户就属于这个等级的会员。

当然，有些产品的会员等级体系比较简单，充的金额越多等级就越高。在一些游戏产品中，玩家越厉害，等级越高。

4. 会员权益规则设计

会员权益的玩法非常多样，例如，一定等级的会员可以享受折扣、包邮以及其他会员权益等。虽然玩法多种多样，但是最终目的都是营造稀缺感和尊贵感，让会员用户能感受到自己与普通用户待遇的不同，而直接营造这种感觉的方式就是限制等级，只有达到某个等级才能享受权益，激励用户一步一步地追求更高的等级、更多的权益，最终提升用户的忠诚度。

5. 风控规则设计

用通俗的语言解释哥德尔第二不完全性定理就是，过于自洽的体系必有 Bug。也就是说，没有体系是完美的，所有封闭体系的设计都需要考虑潜在的矛盾和风险。会员体系作为一个闭环体系也是一样的，需要根据相关的风控规则来预防潜在的风险。会员体系中的风控规则设计一般要考虑以下几种规则以及场景预案。

- 成长值上限：在设置成长值来源时或者针对每个来源设置每日获取上限，或者针对每个账号设置每日获取上限，超过上限后，即便完成任务，也不再增加成长值。

- 异常数据预警：通过系统监控所有会员的成长值增减情况，例如，若某个会员的成长值突然在短时间内剧增，增幅已经达到系统预警，则需要对该会员的具体数据和行为进行分析。

- 黑白名单：针对数据或操作异常的用户账号进行拉黑处理，拉黑后用户将无法获取成长值，也无法享受对应的会员权益。

- 人工后台干预：针对部分系统无法自动处理的场景，在开发时预留成长值更改接口，运营人员可在后台手动扣减或奖励用户成长值。

以上介绍了整个会员体系的设计框架以及框架内的具体规则。会员体系和账户体系一样属于通用体系，不基于产品形态和业务逻辑的不同而转移，只要产品具有账户体系且有提升用户黏性和忠诚度的运营需求，在产品层面就可以考虑通过会员体系来满足。

13.5 支付体系简介

所有涉及交易的产品必然会有一个模块，那就是支付模块。支付模块作为一种通用模块，承载了很多基本的支付功能，如收付款功能、充值功能、提现功能、打赏功能等。一些公司会招聘专门的支付产品经理来负责产品支付模块的设计。支付产品经理需要了解很多与支付相关的知识，这些知识多而庞杂，形成了整个支付体系。

要理解支付体系，首先要建立一个基本的理解框架，这个模型包括 3 个方面——信息流、现金流和支付规则。

- 信息流：明确支付过程中每个环节的信息流转和状态响应，一些信息的流转最终会导致资金在银行账户之间转移，只不过在信息和资金的传递上有时间上的延迟，通常表现为 $T+N$ 等。

- 资金流：描述在整个支付过程中资金是怎么流转的，应该明确支付完成后具体的资金是怎么在银行账户之间进行转移和清结算的。任何具体的支付场景下都会存在信息流和资金流的流转，能清楚地梳理出流转过程，是设计产品支付模块功能的基本要求。

- 支付规则：为了设计产品支付模块功能，产品经理应该清楚支付体系的所有基本规则，从基本的代扣、代付等概念出发，到具体的支付功能上线运行，需要在理论和实践过程中，逐渐看到整个支付体系的全貌。

支付规则通常包括支付渠道、支付方式、支付类型、支付标的、银行接口、支付应用场景、如何对接第三方支付公司 7 个方面。

13.5.1　支付渠道

顾名思义，支付渠道就是平台上用户进行支付的通道，这些支付渠道帮助平台用户完成交易金额的支付，并且支持平台与银行之间的资金流转、对账和清结算。一般交易平台都会对接多家支付渠道公司，以下是一些主流的支付渠道的介绍。

1. 第三方支付

就目前的市场情况来说，能支持全银行在线支付业务的只有微信、支付宝和银联。微信和支付宝两种支付渠道几乎占据了第三方在线支付渠道的 90%以上的市场份额，并且这两个渠道支持各种业务的平台，对接的银行非常多，性能和稳定性都非常高。其他常见的第三方支付渠道有通联支付、易宝支付、快钱支付、拉卡拉支付等。

2. 银联

银联作为一个比较特殊的第三方支付渠道，为平台对接银行起到了非常大的帮助作用。平台对接银联的支付渠道（快捷支付）后，用户在平台消费时需要绑定银行卡，首次支付需要上传银行卡号、手机号、身份证号码。银行卡绑定后，后续的操作步骤会相对便捷一些。但是银联对企业资质的要求比较高，并不是所有的企业都有资格接入，无法接入银联的企业只能选择其他第三方支付渠道。

3. 第四方支付

第四方支付是相对第三方而言的，是对第三方支付平台服务的拓展。第三方支付介于银行和商户之间，而第四方支付介于第三方支付和商户之间，没有支付许可牌照的限制。

第四方支付集成了各种第三方支付平台、合作银行、合作电信运营商、其他服务商接口。也就是说，第四方支付继承了第三方支付及多种支付渠道的优势，能够根据商户的需求进行个性化定制，形成支付通道资源的互补，满足商户需求，提供适合商户的支付解决方案。

总体来讲，第四方支付属于支付服务集成商，具有无可比拟的灵活性、便捷性和支付服务互补性。第四方支付的中立性可以在一定程度上避免恶意竞争的状况，保证支付行业健康发展。

13.5.2　支付方式

支付方式是指第三方支付公司根据不同的支付场景，提供的不同类型的支付服务，常见的支付方式有网银支付、认证支付、快捷支付、账户支付、代扣支付和协议支付等。

1. 网银支付

网银支付（即网上银行支付）是即时到账交易。网银支付是银联最成熟的在线支付功能之一，也是网民在线支付的首选方式，是国内电子商务企业的在线交易服务不可或缺的功能之一。对于网银支付，银行卡需事先开通网银支付功能，且支付时在银行网银页面输入银行卡信息并验证支付密码。网银支付具有稳定易用、安全可靠的特点。

2. 认证支付

认证支付是指付款人在第三方支付平台中输入银行卡的相关信息（如卡号、密码、CVN2、有效期、预留手机号等），由第三方支付平台经过付款人发卡行进行验证，使用第三方支付平台短信验证或发卡行手机短信验证等辅助认证完成支付交易的支付方式。

3. 快捷支付

快捷支付指的是指付款人把在第三方支付平台注册的账户与银行卡账户关联（一般情况下关联时需由发卡行验证），交易时付款人使用第三方支付平台的账户发起交易，由第三方支付平台联动付款，由发卡银行进行交易授权的支付方式。

从银行的角度讲，这是其对外开放的快捷支付接口，而对于普通用户的感知来说，这就是我们经常说的快捷支付。在进行快捷支付时，第三方支付平台往往会要求用户先在第三方支付平台注册会员，然后进行四要素（姓名、身份证号、卡号、预留手机号）绑卡，最后才能完成付款。

为了给用户创造更好的支付体验，有些商户平台与第三方支付平台深度合作，用户只需要在商户平台界面上完成绑卡即可，整个绑卡流程中不会出现第三方支付平台的界面。这是由于用户在商户平台填写的信息都在后台传给了第三方支付平台，然后第三方支付平台为用户隐式注册了第三方平台账户，原理与用户在第三方支付平台显式注册一样。

4. 账户支付

账户支付指买卖双方必须先到第三方支付平台注册会员，然后通过网银或其他方式往虚拟账户中充值，支付时从虚拟账户直接扣除金额（这里并不涉及实际的资金流转，只是信息层面上数字的增减），典型的如 Paypal。

5. 代扣支付和协议支付

代扣支付的流程是在用户授权后，商户通过第三方支付公司提供的代扣服务，获取用户的四要素（姓名、身份证号、银行卡号、预留手机号）及相关交易信息，将用户银行卡中的钱扣掉。代扣支付使用的签约方式是线下纸质的代扣协议，它存在的问题是传统的代扣业务常常不需要协议也可以操作，这意味着接入了第三方支付代扣的公司只要拿到用户的四要素信息就可以随时从用户的卡上把钱扣掉，这有很大的业务风险。

所以目前很多银行已经停止对第三方支付公司开放代扣接口，这意味着以后第三方支付公司将逐渐对外关闭代扣业务，转而使用协议支付。

协议支付与代扣支付最大的区别是，在代扣之前用户需要自己完成绑卡签约操作，以线上绑卡签约代替代签订纸质协议。用户向商户提供自己的四要素，并填写银行返回的验证码。完成绑卡后，第三方支付机构才有权利通过网联将用户在银行卡中的钱扣掉。可见，协议支付避免了传统代扣业务中的授权漏洞，是合规的代扣方式。协议支付的签约流程如图 13-9 所示。

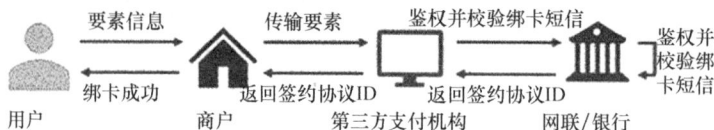

▲图 13-9　协议支付的签约流程

13.5.3　支付类型

根据支付场景、媒介、技术以及载体，支付类型通常分为付款码支付、JSAPI 支付、Native

支付、App 支付、H5 支付和应用内支付等。

1. 付款码支付

以微信支付为例,付款码支付是指用户展示微信钱包内的"付款码",商户系统扫描后直接完成支付,适用于线下面对面收银的场景,如超市、便利店、餐饮店、医院、学校、电影院和旅游景区等实体场所。付款码支付属于 B 扫 C 的支付。

2. JSAPI 支付

以微信支付为例,JSAPI 支付是指微信商户通过调用微信支付提供的 JSAPI,在支付场景中利用微信支付模块完成收款,其应用场景如下。

- 线下场所:调用接口生成二维码,用户扫描二维码后在微信浏览器中打开页面,完成支付。
- 公众号场景:用户进入商家微信公众号,打开某个主页面完成支付。
- PC 网站场景:在网站中展示二维码,用户扫描二维码后在微信浏览器中打开页面,完成支付。

3. Native 支付

以微信支付为例,Native 支付是指商户系统按微信支付协议生成支付二维码,用户再用微信"扫一扫"完成支付的模式。该模式适用于 PC 网站、实体店中单品或订单、媒体广告支付等场景。和付款码支付相对应,Native 支付属于 C 扫 B 的支付。

4. App 支付

以微信支付为例,商户在移动端 App 中集成微信支付功能,App 调用微信提供的 SDK 调用微信支付模块,App 会自动跳转到微信中完成支付,支付完后跳回到 App 内,最后展示支付结果。

5. H5 支付

H5 支付是指商户在微信客户端外的移动端网页中展示商品或服务,用户在前述页面中确认使用微信支付时,商户发起本服务,调用微信客户端进行支付(交互细节类似于 App 支付)。H5 支付主要适用于触屏版的手机浏览器请求微信支付的场景,可以方便地从外部浏览器调用微信支付。

6. 应用内支付

应用内支付指使用手机操作系统自带的支付功能来支付,目前国内主要的应用内支付有

Google Pay、Apple Pay、小米支付、华为支付等。

13.5.4　支付媒介

根据支付媒介，常见的支付类型有银行卡支付、余额支付、零钱支付、积分支付、代币支付等。

1. 银行卡支付

银行卡支付指的是直接使用微信、支付宝、网银、快捷支付等绑定的银行卡作为支付标的。银行卡支付分为线上支付（我们通常使用的在线支付）和线下刷卡（POS）支付。

2. 余额支付

有的交易平台为了增加用户黏性会设立余额账户，用户可以给自己的余额账户充值，在后续的支付过程中可以直接使用余额支付。其背后的资金流转只在用户充值、提现的时候体现，平时的余额支付仅仅是信息的流转，对标的是上文中提到的账户支付模式。

3. 零钱支付

零钱支付和余额支付原理一样，例如，微信零钱包将收到的红包存入零钱，用来支付或者提现，还可以对零钱进行充值。

4. 积分支付

用户在交易平台获得的积分，可以用来购买平台中的商品，这个支付过程中只有信息流的流转，并不会有实际资金流的流转。

5. 代币支付

交易平台会发行自己的代币，最典型的就是 Q 币。用户获得代币后，可以在平台商城进行消费。

13.5.5　银行接口

任何一家支付机构后台都要接入许多银行来完成代收的操作。目前银行开放给第三方机构（包括第三方支付平台）的接口大概有 4 类——POS 收单接口、网银接口、快捷支付接口以及代扣接口。这 4 类接口的作用就是把资金从用户的银行卡划转出来。

我们经常所说的网银支付、快捷支付其实是针对银行接口来说的，它们并不是第三方支付方式，只不过第三方支付平台要完成扣款的操作，必须接入这些银行接口。用户在第三方支付平台选择使用网银支付时，第三方支付平台就充当了银行网关的作用。但是并不能说网关支付就是网银支付，这是两个不同的概念，网关支付是针对第三方支付平台来说的，网银是针对银行来说的。只不过因为使用网银进行支付时，第三方支付平台充当了一个网关的角色，所以经常有人把这两个概念混淆。

13.5.6　如何对接第三方支付公司

为了设计涉及支付业务的产品，首先要明确的是，只有拥有支付牌照的主体才可以对外输出支付业务，所以公司产品要想接入支付模块，必须对接第三方支付机构。在一些中小型公司中，没有专门的对外采购部门来进行支付渠道的采购，这个工作通常由产品经理来干，好处是可以锻炼产品经理的市场调研和对外商务能力。

为产品的支付模块对接第三方支付公司，通常分为 4 个阶段——选择合适的第三方支付公司，进行商务对接，进件开户，技术对接并测试上线。

1. 选择合适的第三方支付公司

要选择一家合适的第三方支付公司，除调研支付公司基本的背景信息以及行业口碑之外，还需要注意以下事项。

- 业务覆盖范围。要明确自己的产品有哪些支付应用场景，如支付、充值、提现、转账、代扣等。

- 支付通道稳定性和成功率。支付通道首先需要具有足够的稳定性，不稳定的支付通道可能会导致支付流程崩溃或掉单等情况发生，会带来较差的用户体验。在支付通道稳定的基础上，要关注支付通道的历史成功率，同样的条件下优先选择成功率较高的第三方支付公司。

- 支付手续费。支付渠道的使用并不是免费的，通过支付渠道完成的每一笔交易都会被支付公司收取一定的手续费。平台存在大量交易的情况下，选择手续费高的支付渠道会导致平台支付渠道的成本变高。因此，对比多家支付渠道的情况后，最好选择手续费较低且稳定性和成功率有保障的公司。

  一般大型平台可以拿到较低的手续费，比如，支付宝和微信等第三方支付渠道给大型交易平台的支付手续费率一般会在 0.3%以下，甚至更低。而个人商户或者小平台的费率比较高，可能达到 0.6%左右。

- 银行覆盖率和支付限额。首先，要提前了解支付渠道的银行覆盖率和银行限额，同等条件下优先选择覆盖银行多的第三方支付渠道。其次，要注意银行卡限额。一般银行会根据第三方支付公司的信誉给第三方支付公司一个额度（单笔/单日限额），而第三方支付公司会根据客户的资质再给出不同的限额。在选择支付渠道时，支付限额较高的渠道相对来讲具有更大的支付便捷性，在用户支付大的订单金额时，不会很容易被限制，进而导致无法完成单笔支付。

- 其他因素（支付流程）。支付流程主要是关于支付渠道的产品细节沟通，比如，要了解支付公司提供哪些支付场景和业务，是使用 API 形式还是 SDK 嵌入形式。

SDK 嵌入形式会导致平台端无法获取底层数据，平台能获得的就是一个支付结果，而 API 形式可以让平台自己监控整个支付流程，包含支付中发生的异常情况监测，如响应超时的情况等。

2. 进行商务对接

在初步确定好最优的支付公司后，产品经理需要梳理出涉及支付功能的业务场景，一般的支付业务场景包括支付、充值、提现、代扣、代付等，然后与第三方支付公司沟通，看是否能满足当前的支付场景需求。如果能满足，则进行下一步的进件开户和技术对接；如果不能满足，则换一家支付公司。

3. 进件开户

确定能满足当前的支付需求后，产品经理需要在第三方支付公司进行"进件开户"。进件开户指的是对接第三方支付公司的时候，需要提供本公司的相关材料证明，并在第三方支付公司开户申请，通过审核后才可以接入第三方支付公司的支付业务。

4. 技术对接并测试上线

在确认好业务支付流程和具体的产品方案细节后，就将进入技术对接的阶段。在这个阶段，双方公司的技术人员会进行技术层面的对接和调试，一般需求方技术人员按照支付公司提供的接口文档等资料来进行支付功能的开发。在技术对接阶段完成基本对接并通过测试后，支付功能即可正式上线，整个第三方支付公司支付渠道的接入完成。

第 14 章　产品学习方法和职业进阶

14.1　培养多元化的产品设计能力

需求逻辑产品化是产品经理最核心的工作环节，即挖掘出真实、有价值的用户需求，然后根据需求设计出可行的产品方案。这个过程体现了产品经理能力模型中很重要的一项能力——产品设计能力。

纵观产品经理的整个职业生涯，产品设计能力的提升主要有两种途径：一种是主动学习，在业余时间对产品设计知识进行自主学习；另一种是被动学习，即为了完成工作而被动地学习产品设计知识。

产品经理在职业成长的过程中，如果只有工作中的被动学习，那么他的产品知识体系肯定是不完整的。例如，有一个一直做前端的产品经理，他从未接触过管理后台的产品设计，如果公司因为业务需要突然要求他设计 CRM 系统，但他没有管理后台产品的设计经验，需要临时去学习与管理后台相关的产品设计知识，这在影响工作效率的同时也会增加职业焦虑。

虽然很多企业在招聘时对产品经理的职位会有垂直、细分的要求，例如，产品经理分为支付产品经理、App 产品经理、小程序产品经理等，但是这种垂直和细分是建立在产品经理拥有完整的产品知识体系和设计能力的基础上的，而不是说认定自己做 App 产品或者过去一直在做 App 产品的产品经理就不需要学习管理后台等方面的产品设计知识。这不仅会让自己的能力面和求职面变窄，还不利于接触完整的产品形态和积累设计经验。前端产品设计更注重用户体验和交互设计，管理后台产品设计更注重对业务逻辑的理解和抽象，支付产品设计需要对支付体系有全面的了解，小程序产品设计需要熟悉微信小程序的规则。只有具备不同产品形态的设计能力，产品经理才能对产品设计有一个完整的理解和把控。

事实上，培养多元的产品设计能力引出了一个重要的课题，那就是产品经理在职业成长的过程中如何对待"博学"和"专精"。面对这个课题，产品经理通常将成为"T 字形"人才作为自己的职业目标，即依附于产品能力基本面，然后重点培养自己的优势，例如，产品经理被细分为数据产品经理、小程序产品经理、支付产品经理等。"T 字形"人才模型要求产品经理要具备多元化的产品设计能力，不仅要懂前端产品，还要懂后端产品；不仅要懂小程序规则，还要懂支付规则；最后在自己擅长的领域钻研，要把"T"的一横一竖都拉得足够长。

产品经理在职业生涯中，要主动学习各种形态的产品的设计方法（如管理后台产品、App 产品、H5 产品、小程序产品、PC 网站产品），了解各种通用的业务规则（支付业务规则、会员/积分业务规则、分销业务规则、红包/优惠券规则、团购/秒杀规则等）。

主动学习通用的产品设计方法和业务规则，不仅能让产品经理的产品设计能力更加完善，还可以扩大产品经理的求职面，让产品经理在职业成长的过程中更加具备竞争优势。

14.2　"山"字学习模型

著名的出版家王云五先生曾提出过一个"群峰绕主峰"的人才模型。他指出，"所谓通才是指专攻某一学科之人，尚能旁通与所学有关系的其他专科者。由于各种专科总不免有连带关系，例如，一位工程师不能不旁通经济学；一位农学家不能不旁通水利工程学；一位外交家不能不旁通政治学和经济学；一位政治学者不能不旁通法律学、社会学和经济学；一位商学家不能不旁通法律学和心理学；一位法学家不能不旁通社会学和国际私法。"他还说："各位无不知道一群的山中必有一个最高峰，但最高峰并不是平地直起的唯一峰顶，往往有许多较低的山峰环绕着它。这个最高峰好像是一项专攻的学科，而环绕着它的较低峰顶，好像是这位专家应该旁通的其他学科。对于专攻某一专科的人，其所主修者犹如最高峰，其所兼涉者犹如众峰。我之所谓通才，正可以群山式形容之。因此，为学当如群山式，一峰突起众峰环。"

王云五先生的"群峰绕主峰"人才模型给我们的产品学习带来了一个新的思路，我把它称为"山"字学习模型。"山"字最底下的一横要求我们对整个产品知识体系和能力模型要有一个全面的了解；"山"字中间的一竖要求我们在对整个知识体系有全面了解的基础上，建立自己的方法论，即产品学习方法化、产品技能专业化、产品能力全面化；"山"字中稍微短一点的竖要求我们对整个知识体系外部的交叉知识进行学习，通过对交叉知识的学习，反哺产品知识体系的学习，这个过程和诗人陆游提出的"功夫在诗外"颇有几分相似。

为了把"山"字学习模型具体运用到产品经理的职业成长和进阶的过程中，我们需要按阶段提升自己。

第一阶段，我们要了解产品助理、产品经理、高级产品经理、产品总监等职业阶段必须具备的产品知识体系能力。

第二阶段，在产品工作和学习的过程中，要有意识地建立需求分析的方法、产品设计的方法、项目管理的方法以及建立原型和文档的模板与规范的方法。

第三阶段，了解运营知识、设计知识、技术知识、心理学知识、经济学知识、管理学知识、营销学知识等交叉的学科知识，通过将产品知识体系和辅助学科知识体系融合，达到扩充现有产品知识体系的目的。

这里举一个产品设计的实例。如果你是一个电商平台的产品经理，最近对销售数据进行分析后，发现平台用户的购买力降低，部分老客户流失严重。此时你需要设计一个产品方案，以达到对平台用户召回、促活、提升购买率的目的。你分析需求后，想出了两种行业内通用的产品方案，第一种是设计商品降价、打折、满减等活动，以促进用户的回归、活跃以及购买。第二种是发放优惠券。

你对两种方案进行分析，价格、打折、满减等可以直接促使用户参与活动，间接地挽回流失用户，促进平台用户活跃，以及增强用户购买的需求。但是活动容易引起用户对服务水平和商品质量下降的关联想象，而且价格下降是针对所有用户的，无法针对特定群体，玩法太少。

如果你了解经济学的知识，综合来看，你可能会选择发放优惠券的方案，因为优惠券本质上是一种价格差异，可以实现对不同用户的差异化定价。对于同样的产品和服务，会有对价格敏感和不敏感的用户。对价格敏感的用户给予价格上的优惠，既能实现平台用户的召回、促活、提高购买率等，又能让平台实现利润最大化。

事实上，"山"字学习模型为我们成为"T字形"人才提供了很好的方法论。"T字形"人才是指按知识结构区分出来的一种新型人才类型：一横表示知识的广度，一竖表示知识的深度。两者结合意指既有较深的专业知识，又有广博的知识面，这类集深与博于一身的人才不仅在横向上具备比较广泛的一般性知识修养，而且在纵向的专业知识上具有较深的理解能力和较强的创新能力。

所以，产品经理可以试着运用"山"字学习模型给自己的产品职业生涯制订一个完整的学习进阶计划，让优秀变得有迹可循。

14.3 产品工具的学习曲线模型

在日常的产品工作中，产品经理经常会用到许多工具，例如，写文档需要用到 Word 文档工具，做演示需要用到 PPT 演示工具，统计和分析数据需要用到 Excel 表格工具，画原型图需要用到 Axure 原型工具等。

为了能够熟练地使用工具，投入相应的学习时间是应该的，但是真的有必要精通每一个工具吗？答案是否定的。因为熟练和精通是两个不同的概念，尤其是对于那些只需要花费一定的时间学习就能熟练运用的工具，可能要花费 4 倍的时间学习才能精通。工具学习的进步曲线如图 14-1 所示。

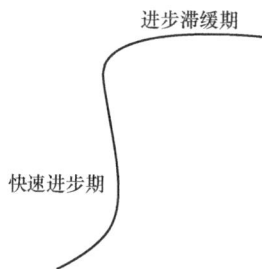

进步滞缓期

快速进步期

▲图 14-1　工具学习的进步曲线

上图中的曲线可以模拟大多数工具的学习过程。刚开始学习一个工具的时候，我们可以查找资料、看教学视频，通过知识归纳总结取得快速的进步。但是伴随着学习的深入，归纳法进入不可避免的滞缓期，花费相同的时间，取得的进步会变得越来越小。

举一个例子。学习 Axure 软件的基本操作的时候，80%的常用功能在前 20%的课程里面讲到了，后面我们开始深入学习中继器、变量以及函数操作，学习这些功能花费的时间带来的价值远比不上之前投入相同的时间进行基础知识学习带来的价值。因为在产品设计的实际过程中，我们很少会需要用到这些复杂的功能，所以后期投入大量的时间获得的有价值的进步是很小的。

某企业家在创校交流活动中说道："我甚至认为，孩子的数学、语文成绩有 85 分就不错了，到 95 分就很好了，当然考不到 80 分肯定也是不行的。但是，95 分跟 97 分其实没有本质区别，从 95 分考到 97 分，孩子付出的代价可能让人难以想象。我觉得倒不如让孩子把花在这上面的时间用在体育、绘画、唱歌上面。"

该企业家其实是在强调一种现实经营活动中的投入产出比思维。对于工具学习也是一样，如果工具只是工具，只用来辅助工作，那么没必要对任何工具都精通，如果熟练就足够用，那么请把多余的时间花在产生更大价值的地方。

所以，学习一项新技能的过程中，当快速成长的曲线开始变得平缓的时候，也就是时间成本大于学习产生的价值时，我们应该快速地切换学习曲线，去学习新的知识和技能，以保证整体学习效益的最大化，这也是经济学中著名的边际效益递减规律在学习过程中的体现。

值得强调的是，任何真理都有其限定条件。也就是说，并非所有学习的投入和产生的效益都符合工具学习的进步曲线，有些知识和技能需要反复地学习才能理解得更深刻，对于这样的知识和技能则不适合采用这样的曲线模型。

此外，在学习的时候，要培养成本意识和投入产出比意识。我们经常听到这样一句话："我不会，但我可以学。"这句话虽然听起来很励志，但是缺少一些限定条件，以至于它看起来不那么合理。

道理很简单，不同人的学习成本是不一样的，同样一个人在人生的不同阶段的学习成本是不一样的，同样的知识对于不同的人来说学习的成本也是不一样的。在学习某种知识时，要付出的不仅是学习过程中的时间成本和精力成本，还包括放弃学习另一个知识而产生的沉没成本。所以，如果你不会，你可以学，但是请你选择学最有价值的。

任何时候抛开成本去谈质量，都是不合理的，抛开成本去学习所有的知识，是不明智的。在需求分析的过程中，我们需要对产品需求进行价值评估，量化需求实现的投入产出比，从而决定要不要满足这个需求，这和决定要不要学习一些知识和技能，学习到什么样的程度，是同样的道理。

14.4　学会建立自己的产品知识库

产品经理不仅要懂用户，会分析需求和设计产品，还要懂业务、技术、设计、运营等相关知识。很多知识如果仅仅依靠大脑记忆是远远不够的，而知识库可以很好地解决这个问题。产品经理可以根据产品知识的分类来进行相关类别的知识的收集和存储，以便根据需要随时调用。

知识库实践的理论源自个人知识管理。个人知识管理是一种新的知识管理的理念和方法，能将个人拥有的各种资料、随手可得的信息变成更具价值的知识，最终应用于自己的工作、学习和生活中。

通过对个人知识的管理，人们可以养成良好的学习习惯，提高信息素养，完善自己的专业知识体系，提高自己的能力和竞争力，为实现个人价值和可持续发展打下坚实的基础。

产品知识库有利于产品经理在日常的产品工作中，快速找到自己收藏的文档来解决问题，系统化地管理产品知识，清晰地反映出自己的知识结构，并根据情况进行结构调整或内容更新。

产品知识库管理通常需要相关的知识管理软件，在选择知识管理软件的时候，要注意以下问题。

（1）有完善的知识分类体系功能，包括统计等。

（2）快速搜索必须是基于索引的搜索，而不是对文本的扫描。随着知识库中信息的不断增加，搜索功能会被频繁地使用。

（3）支持任意格式的文件，对所有文件都能直接编辑、索引，而不仅仅是 HTML 格式的文件。

（4）有自动备份功能，最好有云端自动备份功能，重要数据如果不能自动备份到云端，当本地软件或者环境出现问题时，可能会造成很大的损失。

那么，产品经理的产品知识库里面应该包含什么内容呢？图 14-2 展示了产品知识库的目录。

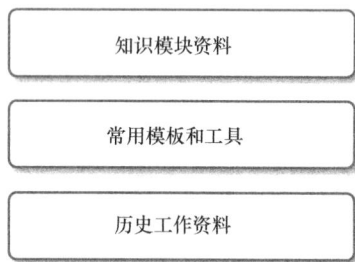

▲图 14-2　产品知识库的目录

1. 知识模块资料

首先，产品知识库要包含所有产品知识模块的资料，如用户调研知识、需求分析知识、产品设计知识、项目管理知识、数据分析知识、技术理解知识、行业和商业分析知识等。这些资料可以是自己收藏的文章和课程，也可以是自己的一些工作和学习笔记，目的是以后在工作中能快速地调用，提高工作的效率。

2. 常用模板和工具

其次，产品知识库要包含产品工作中常用的一些模板和工具，如需求文档模板、原型控件模板、产品验收模板、通用的流程图模板、产品分析报告模板、会议纪要模板、产品日报模板等，以及 Office、Axure、Visio、Mindmanager 等常用的工具。

3. 历史工作资料

最后，历史工作资料也要放在产品知识库中。工作中会产生大量资料，其中一些资料具备行业的复用性和迁移性，即使换了公司和行业也可能会用到。将这些资料放在知识库里，以方便日后随时查找。

这里推荐主流的知识库管理工具，分别是印象笔记、为知笔记、有道云笔记以及语雀。这4 款知识库管理工具都是云端工具，作者比较常用的是网易的有道云笔记，读者可以试着体验一下以上推荐的几款知识库管理工具，选择一款适合自己的。

要强调的是，工具只起辅助作用，选择哪一款工具来管理知识库并不是那么重要。重要的是，要在产品工作和职业成长的过程中有意识地管理自己的产品知识库，并建立全面的知识体系，这有利于在职业上快速取得进步并提高自己的竞争力。

14.5　产品知识的封装和调用能力

在面向对象的编程思想中，封装就是为了实现各式各样的数据传送，将抽象出的数据和行为（或功能）相结合，形成一个有机的整体，并将被传送的数据结构映射进另一种数据结构的处理方式。封装通常的应用范围为计算机程序封装（软件封装）和电子封装（硬件封装）。而调用指的是将程序的执行交给其他的代码段，该代码段通常是一个子例程，同时保存必要的信息，从而使被调用代码段执行完毕后返回调用点，继续执行。

很多知识具备跨学科的迁移性，类似于封装和调用这样的软件工程编程思想，往往对我们理解并处理现实世界的问题有很大的启发，例如，对于封装好的电子元器件，我们只需要知道每个引脚的功能，无须关注电子元器件内部的构造。又例如，在利用 Axure 进行原型设计时，我们经常会用到通用的组件，这种组件本身就是封装好的，设计产品的时候只需要知道什么组件能实现什么样的功能就可以了，并不需要关注组件内部是如何组合的。

将封装和调用这样的概念应用到我们的思考过程中，有利于我们产生封装思维和调用思维，并形成一种由专业知识的封装能力以及非专业知识的调用能力组成的能力模型，如图 14-3 所示。

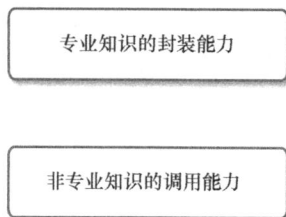

▲图 14-3　基于封装调用思维的能力模型

封装思维告诉我们，在自己的专业领域，应尽量把自己的专业知识进行封装后再对外输出，从而降低外部获取专业知识的成本，例如，一般人通过说明书就可以组装出一台台式计算机，因为显示器、鼠标、主机、键盘等已经封装好，使用者并不需要知道这些部件内部的原理。这些部件内部的原理对一个仅有计算机使用需求的人来说，几乎没有价值。封装大大地降低了用户的使用成本。

那么在日常的产品工作和学习过程中，形成自己的方法论、模板库、组件库，把一个复杂的产品需求用简洁的语言讲给其他人，这些其实都是封装思维的体现。封装思维有利于我们在复用时，高效地处理一些重复性的工作，同时方便他人调用我们封装好的知识和方法。

并不是所有的知识和技能都需要学习，因为学习是需要成本的，而人的时间总是有限的。例如，使用计算机不一定需要掌握计算机内部的硬件构造和原理，只需要学会简单的鼠标单击和键盘操作即可。"会使用"指的就是调用能力。

延伸到我们平时的产品工作中，这也是我们无须懂代码实现逻辑但是我们要有技术思维的原因，技术思维体现的就是一种调用能力。复杂的专业技术知识被封装在技术人员的知识体系里面，我们只需要根据产品需求用一定程度的技术思维来调用封装好的技术知识体系，从而让技术人员理解产品需求，实现产品逻辑到技术逻辑的转换，以促进良好的沟通。

同样，调用思维也体现在我们平时学习新知识的过程中，例如，互联网上有大量的知识，不是所有知识都有必要学习。学习如何更好地使用搜索引擎比学习一些知识更重要，因为学会高效的搜索方法，有利于快速精准地调用你需要的知识。所以进入一个新的知识领域，最有效的学习方式就是学习如何调用这个领域的知识，然后再根据需要随时调用知识去打开那些封装好的知识"黑盒"。

封装思维与调用思维有利于我们培养专业知识的封装能力和非专业知识的调用能力，职业成长过程中越早培养这样的能力，越有利于我们高效地学习和总结，实现职业生涯的快速成长。

14.6 产品工作的常识、技术和艺术

吴军指出，任何工作中，拥有"常识"可以让我们把事情做到 50 分，利用"技术"可以让我们把事情做到 90 分，而 90 分以上就需要靠"艺术"。对于产品工作，该结论也成立。

在产品经理的职业领域中，常识代表着一种泛化的知识体系和经验性的技能习得，如果所有的产品工作都依靠产品经理自己的主观认识而进行，没有规范而量化的工作标准，缺少需求分析的方法论，也没有产品设计的方法论，这样设计出来的产品很可能会是一个"50 分"的作品，处在及格线的边缘。一旦常识出现误判，就可能会产生一个失败的产品，即使勉强能得 50 分，也会是一个平庸的产品。

这也是为什么"人人都是产品经理"这样的口号会广为流传。似乎人人都可以成为产品经理，产品经理的工作看似人人都可以"胜任"，但事实上这样的"胜任"只能基于常识。从整个职业生涯来看，凭借常识来做产品工作的产品经理，最多只能是一个 50 分的产品经理。

而要突破 50 分，仅仅依靠泛化的知识技能体系是不够的，而需要结构化的知识技能体系。这种结构化的知识体系指的就是产品工作的"技术"范畴，包括文档撰写方法、原型设计方法、用户调研方法、需求分析方法、产品设计方法、项目管理方法、数据分析方法、技术理解方法、行业和商业分析方法等。对于每一项基本的工作技能，产品经理都应该形成自己的方法论，从而形成结构化的知识及技能体系。所有的产品工作都是按照方法论来进行的，这些方法都是利用"技术"将工作从 50 分做到 90 分的基本方法。

所有的思考和输出都基于模型、框架以及方法论，从而让我们把工作做到 90 分。

但是要达到 90 分以上就需要"艺术"层面的东西了，例如极致的热爱、天赋、信仰等。在各行各业里，做得最好的 5% 的人都是兴趣和天赋使然，兴趣让他们有非常大的动力去掌握技术，天赋让他们将事情做得尽善尽美。总有一些优秀的产品经理在艺术层面做出了绝妙的产品。

产品做到 50 分靠常识，从 50 分做到 90 分靠技术，从 90 分做到 100 分靠艺术，每一个阶段都是不能跳跃的。常识人人都懂，但常识只能帮助我们把产品做到 50 分，而技术是需要努力才能获得的，技术可以帮助我们把产品做到 90 分，至于是否能做得更好达到 100

分，就因人而定。毕竟不是所有人都有天赋和运气做出绝妙的产品，绝妙产品的诞生不仅基于产品本身，还基于行业和商业等诸多因素，在技术范畴内做到最好就足够了，不必有所负担。

14.7　产品经理的"技术"进阶和能力复制

既然技术可以让产品经理把产品工作从 50 分做到 90 分，那么产品经理职业成长过程中的"技术"指的是什么呢？产品经理的技术进阶框架如图 14-4 所示。

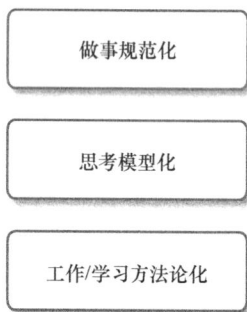

▲图 14-4　产品经理的技术进阶框架

1. 做事规范化

规范性是所有"技术"的基本属性。做事规范化指的是在产品工作中，有关文档撰写、需求分析、价值评估、产品设计、需求排期等一系列的过程和决策，产品经理都应该形成一套自己的规范。规范不仅能让工作变高效，还是对外彰显自己的专业化和职业化的基础。

2. 思考模型化

思考模型化要求产品经理在思考问题时，要有意识地利用有效的思考模型。思考模型让发散的思维有了路径和边界，且不基于具体问题而转移。一个思考模型往往解决的是一类问题，当产品经理积累的模型库内容足够多的时候，就能轻松应对具体的问题。同时，产品经理要不断地建立自己的思考方法，让自己的思考模型库变得丰富、完整，从而在遇到相似的问题时，快速地决策。

图 14-5 展示了产品工作中常用的思考模型，感兴趣的读者可以根据名称去了解并学习各种模型的定义与使用方法。

麦肯锡七步成诗法	5W2H模型	PEST模型
波特五力分析模型	SWOT模型	商业模式画布
生命周期模型	AARRR模型	波士顿矩阵
归纳模型	演绎模型	自上而下模型
自下而上模型	用户体验5要素	其他

▲图 14-5　常用的思考模型

3. 工作/学习方法论化

把一件事情从现象上升到逻辑，再从逻辑上升到方法，最后从方法上升到一整套方法体系的过程就叫方法论。无论你从事什么工作，建立自己的工作或学习的方法论，是达到"技术"层面，把事情从 50 分做到 90 分的必要条件。

在职业生涯的各个阶段，产品经理对于所有习得的产品知识和技能都应该形成自己的一套方法论。例如，当我们撰写 PRD 时，可以总结出一套撰写 PRD 的方法论；当我们在挖掘用户需求时，可以归纳总结出挖掘用户的真实需求的方法论。这些方法论是模板化、框架化以及流程化的总结，可以一直使用和迭代优化。当所有的基本工作单元都形成了方法论的时候，产品工作就会通过各种方法论分解，以保证能够快速高效地完成工作。

学习也是一样，掌握一种好的学习方法胜过了解大量具体问题的解决方案。如果把自己的学习方法形成方法论，那么任何一个领域的知识都可以按照总结好的方法论进行学习，从而让新知识的获取变得更高效，职业成长更快速。

技术可以让我们把工作从 50 分做到 90 分，技术是可复制的，那就意味着从 50 分到 90 分的能力是可以复制的。如果现在公司为你招聘了一个产品助理，他除辅助你处理一部分产品工作外，更多时候需要你快速地培养他并让其工作从 50 分做到 80 分甚至 90 分。这要求你知道如何批量化复制自己的能力，也就是所谓的"个人能力批量化"。你教给他的知识和技能都是基于模型、框架和方法论的，这些高阶的知识能让新人学习和成长得更快。而个人能力批量化的基础就是我们在平时的工作中要做到做事规范化、思考模型化以及工作/学习方法论化。

个人工作上的优秀是一种能力，但要把自己的优秀批量化地复制给其他人，则需要拥有将自己的能力批量化输出的能力，这也是个人把工作从 50 分做到 90 分所需的核心竞争力。

14.8　建立自己的产品方法论

产品经理的技术进阶要满足 3 个要求——做事规范化、思考模型化以及工作/学习方法论化，这说明了能力批量化输出的重要性。对于前两个要求，14.7 节已经做了详细说明，本节详细介绍最后一个要求——建立自己的产品方法论。

在产品经理职业成长的过程中，我们要建立起至少以下 3 种基础方法论（见图 14-6）。细心的读者会发现，整本书的内容也是基于这几个基础方法论展开的。

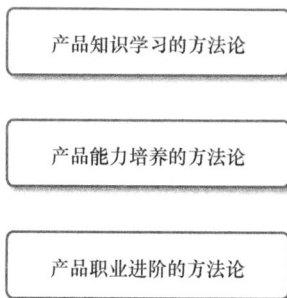

产品知识学习的方法论

产品能力培养的方法论

产品职业进阶的方法论

▲图 14-6　建立自己的产品方法论

1.　产品知识学习的方法论

产品知识学习的方法论主要分为两个部分，分别是产品知识体系和产品学习方法，前者提出了学什么（What），后者给出了怎样学（How）。

首先，我们要对整个产品知识体系有一个框架性的认识，对文档撰写、原型设计、用户调研、需求分析、产品设计、项目管理、技术理解、数据分析、行业/商业分析等知识模块逐个学习，哪里欠缺学哪里，尽量在职业生涯早期掌握整个产品知识体系。

其次，要掌握学习的方法，学习如何学习比学习一个具体模块的知识更有价值。学习新知识的方法会在 16.2 节详细介绍。

2.　产品能力培养的方法论

产品知识主要强调的是在产品工作中必须具备的一些基础知识和技能，而产品工作能力则强调的是产品工作中的"软能力"，如沟通能力、表达能力、逻辑抽象能力、团队协作能力、组织策划能力、团队领导能力、解决问题能力、项目管理能力等。

例如，在开产品需求评审会时，如何组织会议，并控制会议的主题和节奏？在和技术人员沟通的过程中，如何更加清晰地表达产品需求，让技术人员更容易理解？在解决一个具体的问题时，如何从具体的现象找到问题的本源，并给出解决方案？这些具体的理论、技巧、方法是每一个产品经理所需要具备的。

所以，在日常的产品工作中，产品经理要注意对这些能力的培养，不断地通过实践和思考总结出具体的方法论，为职业进阶所需要的能力模型打好基础。

3.　产品职业进阶的方法论

产品职业进阶的方法论和产品学习学习的方法论一样分为两个部分，分别是产品职业的进阶路径和每个阶段的能力要求。前者介绍了整个产品职业生涯需要经历哪些阶段，后者介绍了每个阶段所需要的知识、技能以及能力。

首先，产品经理要清楚自己的职业成长路径是什么，需要经历哪些阶段，如产品助理阶段、产品经理阶段、高级产品经理阶段、产品总监阶段等。其次，产品经理要知道胜任各阶段的产品工作，需要具备什么样的知识技能与能力模型。

然后，产品经理沿着制订好的进阶路线，不断增加自己的知识，提升业务技能，一步一步实现产品职业进阶。产品经理的职业成长路径与各阶段所需的能力会在第 15 章详细介绍。

第15章　产品经理的职业成长

15.1 产品经理职业成长的路径、要求与建议

在产品经理这个职业圈内流传着这样一句话："产品经理是 CEO 的学前班。"很多著名公司的 CEO 其实有产品经理的职业背景，如苹果公司的乔布斯、小米公司的雷军、腾讯公司的马化腾、360 公司的周鸿祎等，这句话不仅说明了产品经理未来职业晋升的无限可能性，还说明了产品经理这个职业对个人多元化的能力有着很高的要求。

百度、阿里巴巴、腾讯公司的产品职位晋升体系一般是产品助理→产品专员→产品经理→高级产品经理→产品总监，甚至可能成为 CEO。大公司为整个行业提供了产品职业晋升体系的全貌，很多中小型公司在学习，但是要根据公司规模和资源多少，不可以完全照搬。

综合行业整体的情况可以看出，大多数产品经理的职业进阶的路径为产品助理→产品经理→高级产品经理→产品总监。事实上，任何职位的能力要求最终都会反映在招聘市场的供求关系链上，所以综合产品经理招聘市场的情况，可以总结出各职业阶段对产品经理的能力要求。

15.1.1 产品助理阶段

1. 工作要求

一般对产品助理的工作要求如下。

（1）辅助产品经理完成产品工作，包括调研、设计、开发、上线等。

（2）配合产品经理完成产品测试工作，驱动产品质量提升。

（3）产品研发前体验竞品，产品上线后持续体验、测试，挖掘改进需求，输出优化方案。

（4）全日制本科毕业，理工科、计算机相关专业优先。

（5）对研发测试流程和方法论有一定了解。

（6）要有发现问题并力求解决问题的能力，有较强的沟通协作能力。

产品助理阶段是产品职业生涯的第一个阶段，也是每个产品经理必经的阶段之一。在这个阶段，要以学习为核心，除自己要学习文档撰写、原型设计、流程图绘制等基本技能外，还要跟着产品经理学习需求分析、产品设计并跟进项目。在这个阶段也会要求产品助理接受一些小需求，然后设计出满足需求的产品功能，立项评审，最后跟进研发测试并验收上线，体验产品设计研发的整个流程。

从招聘市场的职位描述可以看出，产品助理阶段需要具备文档处理能力、原型设计能力、资料和需求的收集能力、项目跟踪和反馈能力等，这个阶段更多的工作是协助产品经理完成日常拆分出来的任务。

2．职业建议

在职业选择方面，产品助理是产品职业生涯的第一个阶段，选择一个喜欢的行业，找到一个能带你入门的导师很重要。产品助理阶段的大多数工作比较琐碎，要保持良好的心态，并在这个过程中学习和成长。对于文档撰写、原型设计、用户研究、需求分析、产品设计、项目跟踪等，要养成建立模板库和知识库的习惯。在职业生涯的早期养成这样的习惯，对整个后续的职业进阶都有很大的帮助。

15.1.2　产品经理阶段

1．工作要求

对产品经理的工作要求如下。

（1）分析行业状况，观察市场变化和挖掘用户需求，能完成 App、Web、小程序、HTML5 等产品的规划与设计。

（2）对产品的商业成功负责，而不是只关注产品有什么功能。

（3）与开发人员顺畅地协调沟通，负责项目管理，保证研发效率。

（4）对各产品的运营数据进行监控和分析，对比行业内的竞争者，定期提出优化和创新方案。

（5）独立完成产品文档的编写（产品规划、需求说明书、应用手册、问题诊断、对接文档等）。

从以上产品经理的招聘要求可以看出，产品经理阶段更多要具备完整的产品设计能力，即从开始的用户调研和需求分析到需求价值评估，然后立项评审，最后研发、测试、验收、上线。整个流程需要产品经理全程参与并跟进，这个过程不仅需要产品经理具备基本的用户调研、需求分析、产品设计等能力，还要具备对整个项目的统筹和管理能力。能独立地完成一款产品的设计和上线，是对一个合格的产品经理的基本要求。

此外，产品经理要掌握多样的产品设计方法，既要熟悉前端产品的设计，也要了解后端产品的设计，还要懂得各种通用的产品设计思路，如 CRM 系统、账户体系、权限体系、积分会员体系等。

2. 职业建议

产品经理阶段需要有意识地把在实际产品工作中学到的经验和方法上升到方法论的层面，逐步搭建出整个知识体系和产品方法论。这个阶段应尽可能多地接触各种基础系统、通用体系、常见功能、公共逻辑的产品设计方法，培养可迁移的产品设计能力，为后续的高级产品经理阶段在垂直领域的深耕打好基础。

15.1.3　高级产品经理阶段

1. 工作要求

一般对高级产品经理的工作要求如下。

（1）深入了解现有的线上和线下业务场景，结合市场实际需求，进行合理的产品设计和架构，提出改进意见。

（2）负责 C 端平台产品的业务流程设计、功能设计、产品优化等工作。

（3）负责需求及市场环境的分析，进行原型设计，完成产品的功能设计、方案规划。

（4）具有大学本科及以上学历，5 年以上互联网产品规划和体验设计相关经验，熟悉从需求分析到产品发布的完整过程。

（5）对互联网产业发展有深刻的理解，熟悉互联网应用和用户需求，能针对问题挖掘潜在需求，提出创新的优化方案或有前瞻性的需求方案。

（6）具有优秀的逻辑分析、判断和语言表达能力。

以上是典型的高级产品经理的职位要求。一般产品经理在成长几年后，对产品整体的设计和研发已经足够了解，参与设计过多款产品，项目经验也足够丰富，这个时候就可以进入高级产品经理阶段。

高级产品经理阶段的基本工作职责和产品经理阶段是一样的，不同的是高级产品经理阶段的产品工作更加垂直，负责的产品或项目通常较复杂且具有较大的规模，所以要求高级产品经理对某个领域有深耕的经验和具备把控宏观项目的能力。

2. 职业建议

高级产品经理阶段已经对产品知识技能体系有了完整的认知，同时对各种产品形态和通用的产品设计方法有了全面的了解。这个阶段重要的是要选准一个自己精通的方向并深耕，例如，产品经理可以主攻数据，做数据产品经理；主攻前端，做前端产品经理；主攻后端，做后端产品经理；主攻支付，做支付产品经理。除扎根于某个垂直领域并深入地了解这个领域的行业和商业逻辑之外，还要注重管理能力的培养，为后续的产品总监阶段做好准备。

15.1.4 产品总监阶段

1. 工作要求

一般对产品总监的工作要求如下。

（1）协助开发团队理解和掌握需求，对产品方向和易用性负责。

（2）负责已上线模块的需求跟踪和控制，推动与视觉人员、开发人员、测试人员、运营人员的紧密合作。

（3）研究市场和用户需求，不断优化产品，改善用户体验。

（4）研究国内外行业现状，分析竞争对手，发现新方向，提供有建设性的建议。

（5）带领团队负责公司 App、Web、小程序的策划设计和项目管理。

（6）负责相关职位人才的招聘与管理。

产品总监阶段是对高级产品经理阶段的提升，除延续高级产品经理阶段的基本职责之外，还要参与管理工作，如产品线的管理、产品团队的管理、目标管理、战略管理等，同时还要参与产品团队的招聘工作，以及负责对外协调和向上汇报等工作。

2. 职业建议

很多人在从普通职位到管理职位晋升的过程中遇到了职业上的瓶颈，因为普通层级的进阶（如产品助理→产品经理→高级产品经理）是相对平缓的能力递进，而管理能力则瞬间拉高了能力递进的梯度。因为管理能力是一种复杂的能力，依靠具体的理论和方法是做不好管理的，所以从高级产品经理到产品总监，产品经理需要做好管理实战经验的积累，这个话题会在 15.7 节中详细介绍。

在了解了产品经理职业成长各阶段所需要具备的基本能力后，产品经理应分析并定位自己当前属于哪个阶段，然后制订出合适的进阶计划，让职业成长变得有迹可循。

15.2　如何转行做产品经理

产品经理的职业门槛相对较低，外加这个职业的入门要求兼容大部分其他职业，包括但不限于技术岗位、运营岗位、设计岗位以及测试岗位等，所以很多从事这些职业的人可以选择转行做产品经理。那么从事其他职业的人该如何顺利地转行做产品经理呢？

大体来讲，从事其他职业的人转行做产品经理需要具备 3 个基本条件——能力、心态和方法。

首先，从其他职业转行做产品经理的大多数人在实际的工作中一定接触过产品经理这个职业，也了解产品经理的职责要求，并且拥有其他职业的知识和经验，转行会具有双重优势。例如，若转做产品经理的人员既懂技术又了解产品，在后续的产品对接技术的过程中，工作开展得会比不懂技术的产品经理更加顺利。

但是，无论是从哪种职业转做产品经理，基本的产品能力是要必须具备的。在转岗前要系统性地学习产品经理入门的知识，包括基本的文档处理能力、原型设计能力、需求分析能力、产品设计能力等，这些基本能力是转岗的敲门砖。

要想获得这些能力，你可以独立自主地学习和练习，也可以报一些产品经理培训课程，或者读相关的产品经理图书。在选择课程和图书的时候，要注意其目录，优秀的课程和图书都会具备某种结构，要么是完整的、渐进的知识体系结构，要么是理论结合实践的结构，或者是从具象知识到抽象思维的结构等。

其次，和直接从产品助理开始的职业路径不同，很多从其他职业转做产品经理的人可能已经有了一定的工作经验，这个时候要从事一个新的职业，首先要放平心态，以一个学习者的姿态来面对新的职业。

很多人不愿意从产品助理开始做起，想直接转为产品经理。当然，这个没有绝对的要求，还要看个人现阶段的产品能力。如果觉得自己能直接胜任产品经理的工作，且有合适的机会，那就可以直接转为产品经理。如果觉得自己还需要锻炼，那就放低姿态从产品助理开始，付出学习成本和其他成本。

最后，从其他职业转产品经理通常分为公司内部转岗和社招转岗。如果你对工作环境和业务熟悉，并且个人的工作能力很强，已被公司认可，那么内部转岗比较容易，岗位迁移的成本相对较低。

如果自己在现有公司没有转产品经理的机会，或自己的能力还没有得到公司的认可，还可以通过社招转岗。社招转岗相对内部转岗来说要难一些，要经过基本的简历撰写和现场面试等阶段。两种转岗方式分别适用于不同的情况，根据自身情况择优选用。关于产品经理求职过程中的简历撰写和面试方法，将在下一节详细介绍。

15.3　产品经理求职面试指南

在职业生涯中，选择一个好的行业和公司，用一份优秀的简历和一次完美的面试获得心仪的工作，是每个人都向往的事情。那么产品经理在求职面试的过程中该如何准备，以更容易找到一份好工作呢？

有一句网络流行语是这样说的：实力强到一定程度，面试的套路和技巧也就不重要了。但因为大多数人的实力水平差不多，所以人们普遍认为，面试技巧很重要。这里的"技巧"是在求职面试的过程中基于经验而总结出的方法。掌握了有效的方法，虽然不能保证每一次求职面试都一定能拿到心仪的录用通知，但是可以提高面试成功的概率。在漫长的职业生涯里，当面试的次数足够多的时候，概率的优势就体现出来了。

图 15-1 展示了产品经理的求职面试指南，从如何选择行业和公司，到面试前的准备，再到面对多个录用通知如何选择，以事物发展的顺序介绍了产品经理在求职面试过程中所使用到的各种方法。

整个求职面试指南的内容框架分为 6 个部分，分别是如何选择行业和公司，如何撰写求职简历，面试前应该做好哪些准备，如何为面试过程做好准备，求职面试过程中应有的心态，面对多个录用通知如何选择。

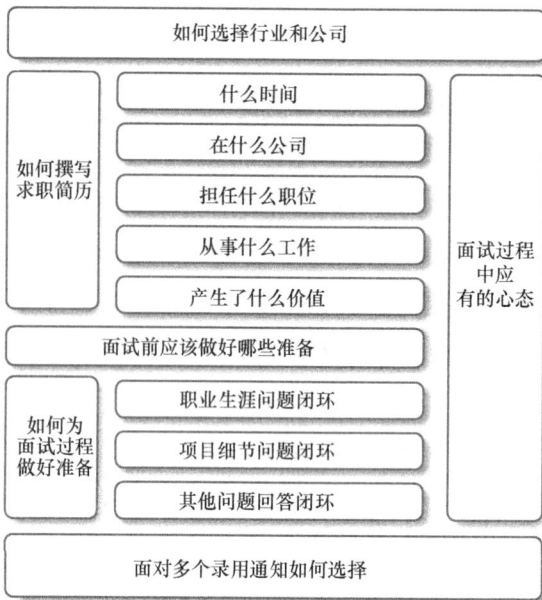

▲图15-1　产品经理的求职面试指南

1. 如何选择行业和公司

一个人如果能在职业生涯伊始，就找到自己喜欢的行业和工作是一件很幸运的事情。喜欢意味着能投入更多的热情，这不仅有利于个人工作幸福指数的提高，还有利于职业的成长，这也是为什么以"喜欢"为导向的职业选择成了现今社会的一种普遍共识。

如果你内心中的目标很明确，你有自己喜欢的行业和向往的公司，那就积极地朝着喜欢的行业和公司靠近，例如，在投简历的时候优先考虑自己喜欢的行业和公司。但还有一些并不知道自己喜欢什么行业和公司的人，他们对自己的职业选择没有特别明确的方向，唯一明确的目标就是找到一份产品经理的工作。

如果你实在不知道自己喜欢什么行业和公司，可以有两种方案：一种是不考虑行业和公司，海投各种产品经理职位，只要给面试机会和录用通知，在其他条件满足的条件下就可以接受；另一种是选择规模大的行业和公司，选择这样的行业和公司可以降低选错的概率和成本。

2. 如何撰写求职简历

首先，一份合格的求职简历要符合基本的描述闭环，即什么时间，在什么公司，担任什么职位，从事什么工作，产生了什么价值，再辅以基本的个人信息、能力和技能描述，从而构成一份完整的简历。

在进行简历撰写的时候，首先注意语言逻辑的表达要流畅。当然，文字驾驭能力是需要练习的，作为产品经理，平时应该刻意地练习自己的表达，从语序到用词尽量做到规范和专业。

其次，整个工作经历、工作内容和工作成绩要形成完整的闭环，很多面试问题是基于简历来问的，撰写简历的时候要提前想好如果写下的内容被提问，自己是否有一个合理的答案。

最后，要注意简历关键信息的突出表达。简历筛选者一天会看很多简历，在工作量很大的情况下，往往根据关键信息来挑选合格的简历。如果用人部门的招聘需求是有 CRM 系统设计经验，而你的简历中突出了 CRM 这个关键字（使用字体加粗、增大字号等格式），那么在一定程度上就能增加被选中的概率。以此类推，根据目标公司的招聘要求，撰写定制化的简历可以增加面试的机会。

3.　面试前应该做好哪些准备

古语云：知己知彼，百战不殆。对面试公司和面试者了解得越多，需求越明确，面试通过的概率就越高。

例如，你可以提前了解面试公司的背景、业务模式以及岗位描述中所涉及的知识，了解面试官的特点和喜好等。知乎网友分享过一次面试经历：面试前，自己提前搜索了面试官的个人信息，通过面试官的微博了解到他很喜欢锤子手机，于是面试前借了朋友的锤子手机来用，面试的时候被面试官看到，两人就锤子手机的话题聊得很愉快。当然，作者不鼓励所有人都用这种投机取巧的方式，但是充分做好面试前的准备，是一件有意义且必要的事情。

4.　如何为面试过程做好准备

面试的过程实际上是面试官和面试者一问一答的过程，在这个过程中，面试者的回答要逻辑清晰、表达流畅。而清晰、流畅的背后要求面试者形成面试话术闭环。面试过程中面试官提出的大部分问题来自简历，所以面试者在面试前要将简历中所有的细节想清楚。

在所有可能被问及的问题中，有两大模块的问题需要面试者认真准备，一个是职业生涯问题闭环，另一个是项目细节问题闭环。前者常常出现在自我介绍的过程中：我是谁，到目前为止都在哪些公司工作过，分别担任了什么职位，主要做了哪些工作和项目等。这个过程要描述自己整个职业生涯的框架，在面试官提具体问题之前，不要主动地描述细节。面试是一场博弈，在没有把握的情况下，暴露的信息越少，被提问的问题就会越少。后者指的是简历中的项目细节内容闭环：这个项目的背景，我参与了项目的什么工作，取得哪些成果和价值。这个时候则要展示出更多的细节，让面试官觉得你对他提出的问题回答得足够详细，详细往往代表着你对自己做过的项目足够清楚。

除以上两个重要的问题模块之外，还有其他常见的问题，例如，上一份工作中离职的原因是什么，你认为自己最大的缺点是什么等。对于这些通用型问题，面试者在面试前可以从网上收集一些面试常见技巧，针对每一个可能被问到的问题做好预演和练习。准备充分不仅可以让自己更自信，还可以在一定程度上增加面试通过的概率。

5. 面试过程中应有的心态

面试前的所有准备工作都是为了增加面试通过的概率。概率一词意在说明面试是一个充满随机性和不确定性的过程，太多的因素会影响最后的结果。

大部分事情往往不会按照你预想的那样发生。而当现实与理想之间有较大的落差时，重要的是要有乐观的心态。真正的从容和淡定是能够平静地接受自己无法控制的事情，不再纠结于无法改变的事实。

若你投了很多简历之后，很长时间都没有面试机会，不要焦虑和心急，从容等待，好好准备；明明面试中的表现很好，却遭心仪的公司拒绝，告诉自己已经尽力，不要责备和否定自己，从而失去信心；一下子收到了好多面试通知，收到了许多录用通知，要理性筛选，无须窃喜。

面试的过程中要有乐观的心态，要理解和接受人生中的随机性和不确定性。

6. 面对多个录用通知如何选择

当你要在多个录用通知中选择时，可以把所有的条件罗列出来，例如，这些待选公司所在的行业发展前景，这些公司的现状，在这些公司提升的空间，公司的领导层背景以及整个公司的氛围，这些公司的薪酬福利以及加班制度等。当然，你还可以罗列更多的对比维度，最终通过层层对比选择条件最优的公司。

15.4 如何快速了解新入职的公司

进入一家新的公司后，如何快速融入其中是首先要面对的问题，融入的前提是对新公司足够了解，具体应如何快速了解新入职的公司如图 15-2 所示。了解一家新公司，从外部要了解整个公司所处的行业格局以及公司的商业模式，从内部要了解公司的人、事以及规则。

▲图 15-2 如何快速了解新入职的公司

1. 了解整个公司的行业格局/商业模式

新入职一家公司，无论是大公司还是小公司，都不要有"螺丝钉"的心态，认为自己只需做好本职工作，行业格局和商业模式都是高层领导考虑的事情。尤其是作为产品经理，你不仅要了解用户和产品，还要了解整个行业和商业模式。很多时候产品经理仅仅了解用户是不够的，还要有敏锐的行业和商业洞察力。例如，从互联网到移动互联网，从功能机到智能机，以及从传统媒体到自媒体转变的过程中，产品经理所创造出的产品都是基于商业驱动和行业变革的。

2. 了解人——了解整个公司的组织架构

组织架构指的是支撑整个公司运行的各种职能部门，如产品部门、市场部门、运营部门、设计部门、技术部门、品牌部门、财务部门、采购部门等。产品经理还要清楚每个部门具体负责什么样的职能，不要进入一家新公司只关注自己部门的事情，不愿主动去了解整个公司的组织架构。很多跨团队的项目是需要多个部门协作完成的，提前了解和熟悉公司的组织架构有利于工作的顺利开展。

3. 了解事——了解整个公司的业务（产品/服务）架构

作为产品经理入职一家新公司，你需要快速地了解整个公司的业务架构，以便于进行产品方案的输出。在了解业务的过程中，要有框架思维和系统思维，基于商业模式从整个业务出发，整理并输出一个大的混合架构图。这张图中要有目前公司的业务模块和实体产品，然后再慢慢地填充细节的逻辑和规则。即使负责单一业务模块的员工，也要清楚整个业务的框架。

4. 了解规则——了解整个公司的规章制度

想玩好一场游戏，最重要的一点就是遵守游戏规则，新入职一家公司，最重要的一点就是熟悉公司的基本规章制度，如上下班的制度、迟到早退的惩罚制度、请假调休制度，以及各种流程的申报审批制度等。当然，也会存在一些在组织演化的过程中潜移默化形成的、没有明文规定的规则，这些就需要花时间和心思去了解。

15.5 产品经理的专业化和职业化要求

无论是何种职业，职业生涯里很重要的两点就是专业化和职业化。专业化强调用专业的知识和技能来解决问题，职业化强调按照要求的标准、规范和制度来展现自己的专业。一个专业化和职业化的人，首先会让行外的人觉得专业，其次会让行内的人觉得靠谱，在外赢得用户和客户的认可，在内赢得领导和同事的尊重。那么，做到哪几点，才能说一个产品经理专业化和职业化呢？图 15-3 展示了相关要求。

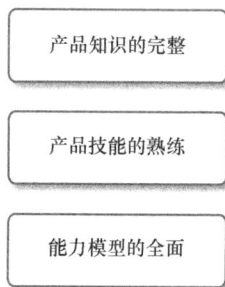

```
┌─────────────────┐
│   产品知识的完整   │
└─────────────────┘

┌─────────────────┐
│   产品技能的熟练   │
└─────────────────┘

┌─────────────────┐
│   能力模型的全面   │
└─────────────────┘
```

▲图 15-3　产品经理的专业化和职业化要求

首先是产品知识的完整。产品经理要对本职业的知识体系框架有一个完整的认识，完整的知识框架是专业化的前提。例如，现在需要设计一个 CRM 系统，如果产品经理的知识体系里没有 CRM 系统的设计方法，那么他就会陷入困境，需要临时补充这部分知识，这不仅会影响工作的进度，还会造成一定程度的知识焦虑。拥有完整的知识框架能有效地提高产品经理的工作效率，面对外界用户和业务的多样性以及需求的不确定性，产品经理都能够从容地面对。

细心的读者会发现，本书其实就是围绕着产品经理完整的知识体系展开讨论的，读者可以自查，看看自己还缺少哪部分的知识，哪里欠缺补哪里，逐渐构建起自己完整的产品知识框架。

其次是产品技能的熟练。熟练的产品技能体现在产品经理能够进行规范的文档撰写、高效的原型设计，掌握用户研究的方法、需求分析的方法、产品设计的方法、项目管理的方法等。产品技能的熟练保证了基础工作的高效完成，而熟练背后依靠的是模板、规范、原则、理论以及行之有效的方法论。

最后是能力模型的全面。全面的能力模型要求产品经理具备基本的独立思考能力、逻辑抽象能力、沟通表达能力、组织策划能力、团队协作能力、项目管理能力、团队管理能力、同理和共情能力、受挫能力、应变能力、创新能力、情绪化解能力、信息筛选能力、自主学习能力等。

在职场中，完整的产品知识会让人觉得你专业，熟练的产品技能会让人觉得你靠谱，而全面的能力模型在协作中会让人觉得你高效，最终认可你的优秀。产品经理的专业化和职业化要求每个产品经理根据以上 3 个维度进行自我审查并不断提升业务能力。

15.6　成为组织架构里的结构洞

结构洞理论是一种人际网络理论，它强调人际网络与分工协作过程中存在的结构洞可以为处于该位置的组织和个人带来信息和其他资源上的优势。

结构洞描述的是具有非重复关系的人之间的联系，非重复关系和资源通过一个结构洞联系起来，处在结构洞位置的人将获得非重叠（异质）的利益。比如网络中有 4 个人——A、B、C、D，其中 B、C、D 之间相互没有联系，A 处在中心位置，另外的人必须通过 A 才能产生联系，因此 A 所处的位置在整个网络中就形成了一个结构洞。对于 A 而言，B、C、D 是非冗余性的，因为他们分别给 A 带来了异质性的信息利益和控制利益。

因此，个人或组织要想在竞争中保持优势，就必须建立广泛的联系，同时占据更多结构洞，掌握更多信息。事实上，产品经理角色就是一种天然的结构洞角色。

新进入一家公司，长期来看，产品经理在增强自己的不可替代性的同时，要想获得组织的认可和晋升机会，就要试图成为公司组织中的结构洞。如图 15-4 所示，产品经理职位有天然的结构洞优势，在日常的产品工作中会以产品逻辑来连接业务、技术、设计、测试、运营、财务、市场、法务等部门，天然地形成了这些角色的结构洞。

当然，除先天的职业优势之外，还要想办法扩大优势成为更大的结构洞，产品经理可以从 3 个层面扩大自己的优势，这 3 个层面分别是产品层面、业务层面、组织层面。

在产品层面，要展示出自己的专业能力，从需求分析、文档撰写、原型设计、产品规划、项目管理等工作内容中表现出自己的专业化和职业化，并以此来不断地强化产品经理角色本身的结构洞优势。

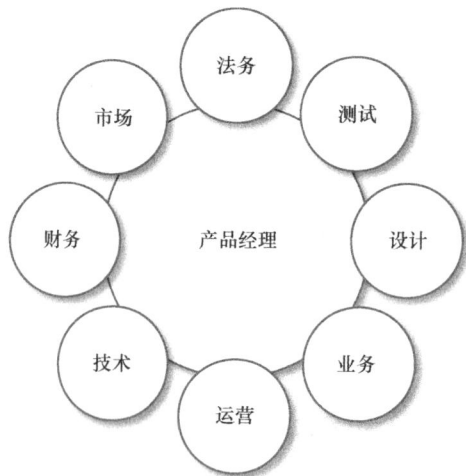

▲图 15-4　产品经理的角色结构洞

在业务层面，要对整个公司的业务逻辑非常熟悉，并对业务架构有深刻的认识。日常工作中，很多公司的产品线会划分得比较明确，一个产品经理可能只负责一个业务模块，但产品经理不仅要关注自己工作模块的业务，还要多花时间去了解其他模块的业务，力图了解整个公司业务模式的运转机制，成为了解整个业务链路的人。本质上，这也是在强化自身角色的结构洞优势。

在组织层面，产品经理除要展示出自己专业的产品能力之外，还要展示出自己跨部门协作的能力，以及对行业和市场的理解和商业分析能力，这些能力都有助于产品经理强化自身的结构洞属性，让产品经理在组织架构中往更高处发展。

产品经理通过在以上 3 个层面的努力，成为组织架构里的结构洞，通过不断地扩大自己的结构洞优势，增强自己的稀缺性和不可替代性，从而获取更多的资源和机会。

15.7　从产品经理到产品总监：产品进阶之路的管理瓶颈

本节主要介绍从产品经理到产品总监进阶过程中的职业瓶颈问题。瓶颈期是指事物在变化发展过程中进入的一个艰难时期。如果跨过它，产品经理就能更上一层楼；反之，则可能停滞不前。对于大多数产品经理来说，职业发展阶段遇到的第一个瓶颈期就是从产品经理到产品总监职级的时期。

从产品经理到产品总监为什么会呈现难以跨越的瓶颈呢？本质上是因为自身能力和层级要求之间的不匹配，如图 15-5 所示。

产品经理工作几年之后，具备了产品经理的基础能力，因为产品经理的基础能力的进阶是相对平缓的，每一个职级能力上升的台阶相对容易跨越。但是，一旦到了产品总监这个职级的时候，因为职级能力要求较高，所以跨越变得相对困难。

产品总监更多要求的是一种管理能力，管理能力是一种相对复杂的能力。程序员与代码打交道时，无论代码多么复杂，这样的复杂性都是精确的，是 0 就是 0，是 1 就是 1，是真就是真，是假就是假。但是管理是与人打交道的，人性是复杂且不确定的，有的人表面上答应好的事，私下里却不好好去完成。人性的复杂性和不确定性是管理难的原因。

管理虽然有全面的知识体系和方法论，但需要实践。管理和个人的性格特征有很大的关系。同样的管理方法由不同的人使用，造成的结果不一定是相同的。这就导致管理工作变得相对复杂，不是简单地学习一些管理知识就能做好，这也是进阶过程中的门槛突然变高的原因。所以很多产品经理在晋升产品总监职位的时候就遇到了难以跨越的瓶颈。

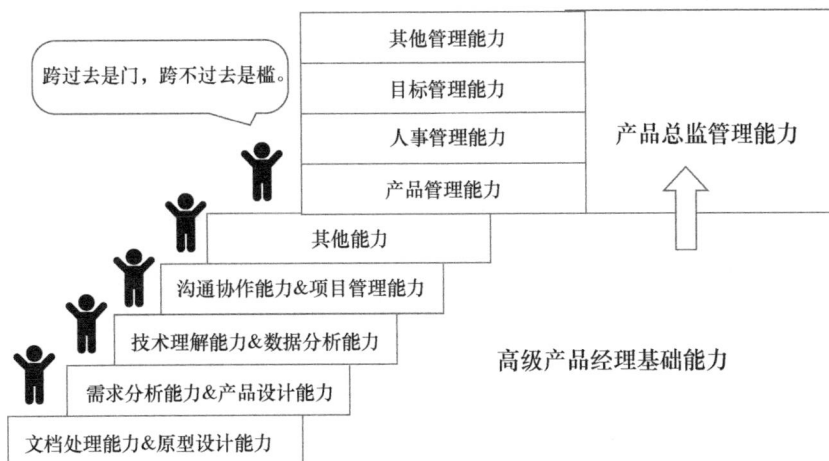

▲图 15-5　产品经理成长阶梯

所谓门槛，跨过去就是门，跨不过去就是槛。法国著名昆虫学家法布尔曾经说："机会总是留给最有准备的人的。"那么在晋升产品总监职位的机会到来之前，首先需要做好跨越"门槛"的准备，否则机会也会被拒之门外。所以产品经理至少要提前培养产品总监所应具备的 3 种基础能力——产品管理能力、人事管理能力以及目标管理能力。

首先，产品管理要针对整个产品生命周期中的所有事物进行管理，而不只局限于产品功能的设计和上线。思考一下，如果你在一家刚起步的公司做产品总监，需要先建立一条产品线，解决基本的产品定位、规章制度以及人员配备等问题，想一下自己该如何解决，其实这些都是对产品管理能力的基本要求。

其次，还要具备一定的人事管理能力。产品总监要对产品线上的产品经理职位进行招聘和管理。如何招到一个合适的人，并在以后的产品工作中管理好这个人，是值得提前思考的问题。因为人性是一个"黑盒"，太过复杂了，所以产品总监要有面对不确定性的心态和处理不确定事物的能力。人事管理能力是一种复杂的能力，这也是管理既是技术又是艺术的原因之一。

最后，目标管理不仅是对产品层面的战略发展目标进行管理，还包括对整个产品线或者产品部门不同周期的阶段性工作目标进行管理。既然有目标，就要按照目标去制定达成目标的方案，产品总监负责从方案制定到目标达成过程中所有的事务，这让目标管理的过程变成了一个复杂的系统性工作。要保证系统稳定运行，要求产品总监对系统性工作很熟悉，且拥有系统性的管理能力模型，这通常体现在产品线的建设、产品制度的制定、产品战略的管理、产品团队的管理等方面。

以上是作者对从产品经理到产品总监职位进阶的过程中的"瓶颈"的思考，希望能对即将面临这个过程的读者有所帮助。

第16章 产品之外

16.1 学习与成长过程中的秩序和混乱

很多产品经理在日常的产品工作中，没有养成一种遵守规范的习惯，缺乏规范意识，一方面是因为规范、流程、制度、模型、框架、方法论这样的东西和自律一样，本身具有约束感，很难遵守；另一方面是因为对遵守规范的重要性认识不够。

事实上，一个领域的专家往往都是规范的遵守者和推崇者。对于绝大多数学习者来说，"先规范学习，再自由创造"是一条必由之路，这两种方式构成了一个连续的时间轴，只有经过足够数量的规范学习，才可能一步步地迈向自由创造，不可能大踏步地跨越过去。

图 16-1 是毕加索从第 1 稿到第 11 稿画牛的过程，你可能看过毕加索画的几何化的简笔牛，也可能看过他笔下惟妙惟肖的牛，但是将毕加索画牛的过程连贯起来，最开始的惟妙惟肖的牛不断地被解构、被几何化，最后画出第 11 稿中的简笔牛。

有人会觉得，第 11 稿的简笔牛，小孩子都会画，为什么毕加索画的牛就这么具有艺术价值呢？是因为他是毕加索吗？对于这个疑问，毕加索自己说："我十几岁就画得像拉斐尔一样好了，但是我花一生的时间，去学习像孩子那样画画。"

事实上，在二十多岁的时候，毕加索的古典油画方面就已经达到一定高度了，经过多次艺术风格的升级，到最后他的作品在形式上非常简单，只有简单几笔，简单得就像小孩子胡画，但是这确实是艺术上的创新和突破。

从毕加索画牛的过程我们可以看出，他是在驾驭了规范的前提下，进行了艺术性的创新，而普通人也许一开始就能画出毕加索第 11 稿的牛，但是没有前 10 稿的积累，终究也只能画普通的牛。

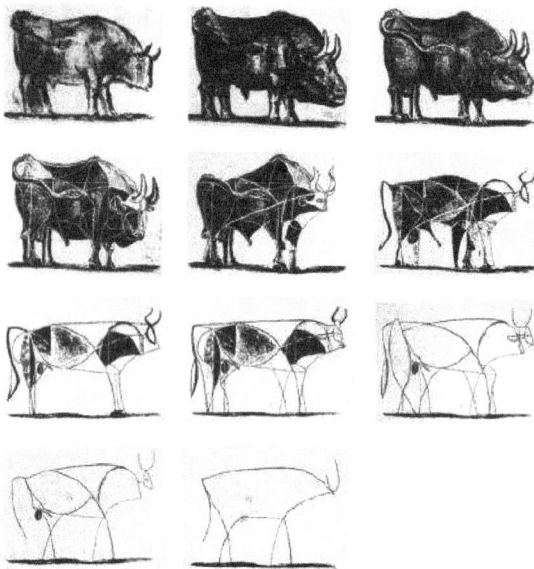

▲图 16-1　毕加索画牛的过程

图 16-2 中的左图是著名抽象表现主义画家波洛克，右图是他的成名画作《1948 年第五号》，而波洛克在很年轻的时候就能画出像用相机拍出来一样的画。

▲图 16-2　波洛克和他的《1948 年第五号》

无论是毕加索还是波洛克，这些艺术家都严格地践行了"先规范学习，再自由创造"的创作之路。这种规范性其实是对"秩序"的一种驾驭，驾驭了秩序之后，再引入创造性的"混乱"才是有价值的创新。

事实上，他们的"混乱"是驾驭了秩序之后一种有意引入的创造性混乱，而普通人的"混乱"是逃避秩序前无力掌控的毁灭性混乱。

有一本书叫《每日仪式：艺术家们如何工作》（*Daily Rituals: How Artists Work*），这本书汇总分析了历史上 161 位创作者的日常生活。这上百个艺术家之间有一个共同点，都是通过日常规则去实现创造性工作，通过日常惯例实现自己创造力的持续爆发。

作者以前还是产品助理的时候，出于对工作的热爱和对产品的追求，总是希望画原型的时候每一个页面都好看，但自由发挥之后，输出的原型没有整体性和一致性，呈现出一种无秩序的混乱，看起来像是很多人画出来的。

作者明白了建立在秩序上的"混乱"才是创造性的"混乱"这样的道理之后，每次画原型都会定义好设计规范和 UI 框架，逐渐开始感觉到规范带来的美，以及遵守规范带来的简洁、流畅、高效。这样的习惯让作者更坚信在秩序的框架和规范下，有意引入的创造性"混乱"才是有价值的创新。

歌德在《自然与艺术》中指出："放荡不羁的精神，企图实现纯粹的崇高，只能是白费力气。兢兢业业，方能成就大事；在限制中，大师得以施展，能给我们自由的唯有规律。"

人性的弱点之一就是自由散漫，不屑于被已经定义好的东西约束，不喜欢被规范束缚，但不遵守规范本身并非个体个性的表达，而是人性中懒惰和逃避的表现。如果你想在一个领域表现得优秀，至少应该先遵守这个领域内的规范，驾驭了规范之后再去创造，那才是能掌控的、有价值的创造。

对于产品经理而言，越自我的东西，距离用户越远。正如交互设计之父阿兰·库珀说过的一句话："除非有更好的选择，否则就遵从标准。"如果在产品工作中，你没有建立自己的规范，那么就请参考行业中已经成熟的规范，驾驭规范后再引入自己的创造和创新，最终形成自己完整的知识体系和产品方法论，这是从普通到优秀的必经之路。

16.2 如何学习新领域的知识

无论是产品工作还是职业成长，我们都需要不断地学习新的知识，以保证持续的进步，让我们在胜任工作的同时快速地成长。那么面对一个新的领域，什么样的学习方法最有效，是每一个学习者应该思考的问题。学会如何学习比学习本身更有价值。图 16-3 展示了如何学习新领域的知识。

高格局指的是开始学习新的知识之前，要对整个知识体系有一个框架性的认识，例如，整个知识体系由哪些知识模块构成，要对整个知识体系的起源和发展，以及最前沿的研究有一个清晰的认识。

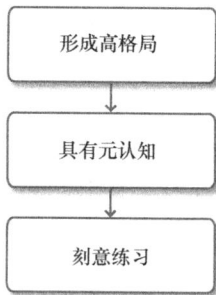

▲图 16-3　如何学习新领域的知识

例如，从产品经理职业的由来，到用户、需求、产品、BPR、MRD、PRD、原型图、流程图、架构图、用户画像、产品分析报告、数据埋点等一系列基本概念，再到用户研究、需求分析、产品设计、文档撰写、原型设计、需求评审、项目管理、产品分析、数据分析、行业和商业分析等一系列基本方法，最后到管理后台系统产品设计、App 产品设计、H5 和 PC 网站产品设计、小程序产品设计等一系列终端产品设计方法，以及前端产品经理、后端产品经理、数据产品经理、支付产品经理、SaaS 产品经理、商业产品经理等多元且垂直的产品职业发展趋势，这些内容共同构成了产品知识体系的基本框架。

开始学习新领域的知识之前，首先要拥有"高格局"的意识，通过信息收集，输出整个行业知识体系的基本框架，然后依据基本框架，按照从底层到表层、从简单到复杂、从知识学习到实践练习的学习路径来完成整个知识领域的学习。对于新领域的知识，很多人没有看到一个完整的知识框架就开始基于一个点进行学习。事实上，任何知识体系都不是由孤立的知识拼凑形成的。知识模块之间相互关联，为了学习模块 C，首先要学会模块 B，要理解模块 B，首先要弄明白模块 A 是怎么回事，如果没有一个清晰的路径，通常会导致学习效率低下。

在了解清楚了整个知识体系的基本框架后，再利用"元认知"的方法，对整个知识体系基本的概念和理论有一个深刻的认识。任何的知识体系里面的知识点都不是孤立存在的，而是具有关联性和衍生性的。前文提到，很多看似复杂的知识体系往往是从一些基础的概念或理论衍生出来的，了解并掌握支撑整个知识体系底层的基本概念和理论，是打开这个知识体系大门的最好方法之一。

而深刻地理解一个知识体系中的基本概念和基础理论，是学习这个知识体系的重点。学校老师让学生打好基础，各种运动教练让运动员练好基本功，其实都是在用"元认知"的方法，让学习者明白底层知识和技能的重要性。

在构建了完整的知识框架，以及深刻地理解了基础知识之后，再沿着指定的学习路径进行大量的"刻意练习"，从而完成整个知识体系的学习。"刻意练习"是一个比"10000 小时理论"

更有效的方法论。关于"刻意练习"读者可以自行在网上搜集资料，也可以通过阅读安德斯·艾利克森的《刻意练习》一书，来了解并学习这种学习方法。

以上 3 个过程就像盖楼一样。首先，在高格局下构建知识体系的过程就好比盖楼之前进行图纸设计，设计图决定了大楼的建造目标和方向，如同知识体系的建立决定了学习的路径。

其次，元认知的过程就是打地基的过程。如果底层地基打好了，那么盖楼的过程中出现的问题也容易解决；如果地基没有打好，那么中间的过程中出现的问题将会是非常严重的问题，就好比对一个知识领域的某个基本概念的错误理解，会导致对与这个概念相关的所有知识模块都理解错误。

最后，按照知识框架进行刻意练习的过程，就是给大楼框架添砖加瓦的过程，完成整个知识领域的学习就完成了大楼的建造。

16.3　如何克服 VUCA 时代的知识焦虑

我们当今的时代是一个 VUCA 时代，即是一个处于不稳定（Volatile）、不确定（Uncertain）、复杂（Complex）、模糊（Ambiguous）状态的时代。

在这样的时代，由互联网和移动互联网的兴起催生的新知识和新职业，以及带来的生产关系的变革，使得对个人的知识储备要求和能力要求更加多元，这一切都加重了人们在成长过程中的焦虑。

这种焦虑一方面来自自身对于未来发展的迷茫；另一方面来自迷茫之下，对个人能力的不自信。换言之，如果我们有足够的知识，就能走出迷茫，在这复杂多变的时代找到自己的定位；如果我们有足够的知识，就能实现职业的上升和人生的进步。所以这样的焦虑又被普遍地定义为"知识焦虑"。

首先要承认，焦虑在心理学上并不都是消极的，它有很多正向作用，例如，焦虑可以产生更大的动力，可以提高工作效率，可以让人进入深度学习，以及让人更加认真和谨慎等。但是，焦虑会让我们感觉到压力，压抑轻松愉悦的心情，严重的还会导致失眠等，影响我们的健康。

要克服知识焦虑，首先要清楚知识焦虑的根源，产生知识焦虑的本质原因是没有知识安全感。具体表现为总觉得自己的知识不够用，觉得新知识很多，自己始终处于无知的状态；别人都在进步，自己不能落后；职业成长和发展需要更多的知识来提升自己的认知，增加知识储备是提升个人能力的必要条件等。

所以，要克服知识焦虑，首先要建立起知识安全感。而安全感基于确定性和稳定性，计划、目标、体系、框架、方法论这些东西本身就具备确定性和稳定性。所以，答案很明确，克服知识焦虑的方法就是建立自己的知识学习体系。

图 16-4 展示了知识学习体系的构建过程。

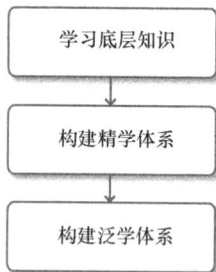

▲图 16-4　知识学习体系的构建过程

1. 学习底层知识

底层知识通常有三大特点——基石性、普遍适用性、可迁移性。底层知识往往具备基石性，是其他知识的"母知识"，底层知识包括哲学、数学、自然科学、经济学、管理学、心理学、社会学、文学等基础学科知识，这些底层知识适用于社会各行各业，具备普遍的适用性。同时，这些知识不会随着时间和空间的变化，以及市场和商业环境的变化而快速失效，所以具备可迁移性。

事实上，当底层知识足够丰富时，你就会发现很多新生知识都是底层知识衍生出来的，也就不会被各种层出不穷的新知识、新概念、新名词所迷惑，从而也不会产生焦虑。很多时候这种焦虑都是刻意制造的。

要根据以上 3 个基本属性，分辨哪些知识属于职业成长过程中的底层知识，从简单的录用通知到复杂的企业管理，都可以作为自己学习计划中的一部分。明确地知道自己需要学习什么知识，建立明确的学习路径，而知识学习路径带来的正是基于确定性和稳定性的知识安全感。

2. 构建精学体系

精学体系指的是那些对我们当下的个人成长和职业发展最重要的知识体系，这些知识体系通常具备很高的实用价值和能快速应用的现实基础，是我们工作中需要的专业知识。

这些知识具备很强的实用性，可以帮助我们实现个人成长和职业发展的快速进阶。例如，产品经理的精学体系就是自己的产品知识体系，产品经理不仅要全面地掌握整个知识体系的基础知识和技能，还要对整个知识体系有深刻的元认知，并且对每一个知识模块进行刻意练习。这是实现个人专业化和职业化的基础（会带来职位的晋升和相应薪资水平的提高），也是知识学习在职业进步层面的现实性和目的性的体现。

3. 构建泛学体系

构建泛学体系指的是在学习底层知识和专业知识的同时，也多元化地学习其他各种知识。多元化的知识可以拓展我们的知识视野和格局，让我们针对同一个问题可以站在不同的知识领域，使用不同的思维来分析。

此外，个人的成长和职业的进阶往往依赖这些泛化的知识体系来保持多元性和可能性。很多人会转岗和转行，从一个行业跳到另一个行业，从一个职位换到另一个职位，从一个角色转变成另一个角色，都是因为泛化的知识体系带来的多元性和可能性。

泛学体系的构建可以从 3 个维度的重叠部分来筛选，如图 16-5 所示，分别是有用、底层、有趣。有用指的是要关注知识的现实意义，毕竟"知识焦虑"一定程度上建立在"个人进步"的基础上，没有实用基础和现实意义的知识，需要控制好"摄入量"；底层指的是构建泛学体系的知识要具备上文中提到的 3 种基本属性，即基石性、普遍适用性、可迁移性；有趣指的是这部分知识可以满足自己的好奇心、探索欲以及求知欲，只有这样的知识才能真正让你有兴趣去学习。

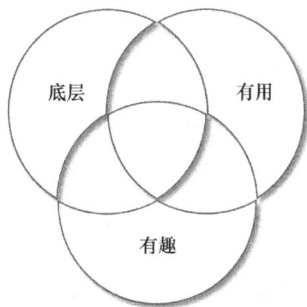

▲图 16-5　兼具 3 个维度的知识

兼具这 3 个维度的知识，可以纳入泛学体系的知识范畴。泛学体系的构建相对比较轻松，没有底层知识体系构建那么枯燥，也没有精学知识体系构建那么重要，可以优先选择自己喜欢的知识领域，同时保证它具备一定的基石性和实用性就可以了。

综上所述，对底层知识的学习克服了我们不断地获取新知识的焦虑，精学知识体系的构建克服了我们对个人成长和职业进阶知识匮乏的焦虑，泛化知识体系的构建克服了我们对缺乏知识视野和知识格局的焦虑。让框架、体系和方法论支撑我们的知识学习，在任何时候都要清楚自己需要什么知识、该学什么知识、没必要学习什么知识，也就不会有那么多知识焦虑。

16.4　如何甄别优秀的书籍和课程

在个人学习成长的过程中，我们普遍会通过购买各种图书，报各种课程来拓展我们的知识面，特别是随着"知识付费"的兴起，各种知识被包装成了能缓解焦虑的商品，各种营销策略和文案的包装，让人难辨其价值。

事实上，书有"好书"和"烂书"，同样一个知识领域中，阅读一本"好书"和一本"烂书"，带来的阅读体验和知识习得效率自然是差别巨大的。那么，面对海量的图书和课程，我们该如何区分出哪些是值得学习的呢？

事实上，我们可以从 3 个方面来大致判断图书或课程是否有价值，具体方式如图 16-6 所示。

▲图 16-6　如何判断图书或课程是否有价值

首先，看目录。好书或者好课程通常都有一个好的目录。首先，整个目录具备完整性，整个目录会形成一个相对较完整的知识体系；其次，整个目录具备渐进性，内容由浅入深、由底层到表层、由抽象到具象、由理论到实践、由现实描述到思想升华等。

当然，看目录这种方法有两个局限性：首先，这只适合纯知识性的书籍筛选，对于小说等书籍，则不适合用这个方法；其次，这个方法并非绝对有效，一些图书或课程的目录即使不具备完整性和渐进性，也不妨碍它们本身具有很高的质量。

其次，看评价。例如，为了判断一本书是否有必要读，你可以去豆瓣读书看看读过读者的评价，如果大部分是好评，则大致可以认为这是一本好书；同样，要选择一门课程，你可以通过学习过这门课程的人的评价来判断其是否是一门好课程。

最后，看作者。你可以通过作者的职业背景、工作经历，以及其他作品等来判断他的书和课程是否值得看和学习。当然，如果你已经很了解一个作者，在其他方面很认可这个人，那么他的书和课程大致也是不错的。

当然，甄别书和课程是否值得选择，除以上方法之外，一些人还会参考出品方，对应的就是书籍的出版社和出版商，而对于课程来说就是发布课程的平台。

通过对上一节和这一节的学习，读者应该都具备了建立起自己的知识学习方法论的意识，面对海量的知识，不仅要明确我们需要学习哪些知识（底层知识、精学体系、泛学体系），还要明确面对同样的知识，如何筛选出最有价值的载体（看目录、看评价、看作者），而这些都是克服甚至消灭知识焦虑的好方法。

16.5 避免成为"油腻"的产品经理

油腻指的是一些让人看着讨厌的特质集中在一个人身上后给其他人的感觉。这些特质通常包括油腔滑调、不修边幅、不求上进，没有真正的才学和能力却又喜欢自我吹嘘。总之，油腻的人是不招人喜欢的。

事实上，我们不仅在生活中要避免成为这样的人，还要在职业成长的过程中避免成为一个"油腻"的产品经理。那么，"油腻"的产品经理都有哪些特征？职业成长过程中的"油腻"状态有哪些危害呢？具体内容如图 16-7 所示，作者总结了"油腻"的产品经理的特征、表现以及危害，希望读者在日常的产品工作中有所警惕，避免成为"油腻"的产品经理。

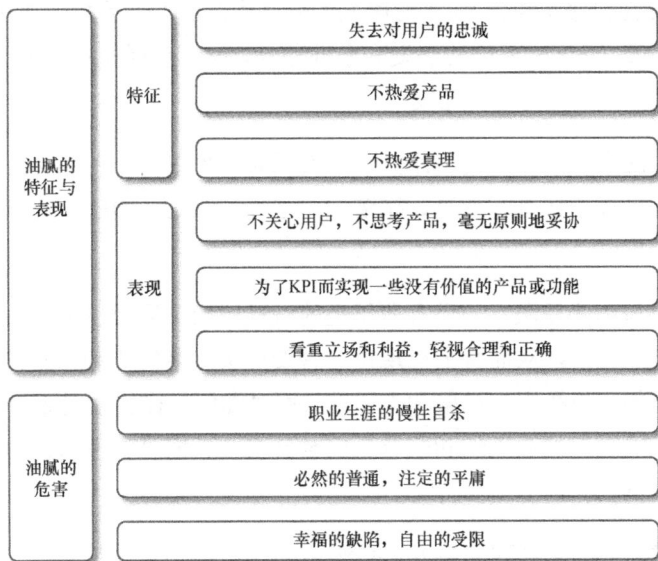

油腻的特征与表现	特征	失去对用户的忠诚
		不热爱产品
		不热爱真理
	表现	不关心用户，不思考产品，毫无原则地妥协
		为了KPI而实现一些没有价值的产品或功能
		看重立场和利益，轻视合理和正确
油腻的危害		职业生涯的慢性自杀
		必然的普通，注定的平庸
		幸福的缺陷，自由的受限

▲图 16-7 避免成为"油腻"的产品经理

1.　"油腻"的产品经理的特征与表现

"油腻"的产品经理的特征和表现如下。

- 失去对用户的忠诚。失去对用户需求深入挖掘的耐心，仅进行粗略的需求分析，仅基于自己的知识和经验设计出产品方案并投入研发，不去进行多方面的验证和修正。具体表现为毫无原则地妥协，工作中和和气气，认为项目差不多能进行下去就行，不关心用户，不思考产品。

- 不热爱产品。对产品没有自己的追求，对有用、好用、有价值缺乏深刻的认识，对产品的设计只停留在能满足需求的基础上，不会花时间深入地思考用户体验，抄袭竞品，认为做到差不多就行。满分 100 分，只满足于 60 分，对 80 分甚至 100 分没有强烈的追求，甚至为了 KPI（Key Performance Indicator，关键绩效指标）而去实现一些没有价值的产品和功能。

- 不热爱真理。这里的"真理"指的是正确和合理的事情。基于某种原因或者出于某种目的，失去了对正确合理的事物的坚持。即使内心判断是对的，也会做出违心的事情。具体表现为在日常的工作中看重立场和利益，轻视合理和正确。

2.　"油腻"的危害

"油腻"的危害如下。

- 职业生涯的慢性自杀。事实上，"油腻"反映的是当事人生活和工作过程中的心理特征，即不求上进、安于现状，缺乏对工作的热爱和敬业精神，很难获得职业生涯过程中的进阶。"油腻"的态度等同于职业生涯的"慢性自杀"。

- 必然的普通，注定的平庸。我们称赞一个人优秀，通常是因为他身上具备某种优秀的特质，这些特质通常是专业、认真、负责、靠谱、上进等，但是"油腻"状态的人显然是不具备这些特点的。

- 幸福的缺失，自由的受限。一个人在年轻的时候，为了迎合世俗的规则，刻意地去追求某种被社会急需的"成熟"，从而身上呈现出一种变形的"老练"和"圆滑"，但这样刻意的"成熟"是缺乏智慧的，是经不起推敲和考验的。而"油腻"往往就是这种缺乏智慧的成熟的一种表现，看似可以聪明地驾驭工作和职场上的林林总总，但是在漫长的职业生涯中，这样的小聪明是不能够长久的。

失去对用户、对产品、对真理的热爱，必然导致失去对职业成长的追求，以及对自我价值的实现，这样的态度和心态也必然导致"胜任感"的缺失（7S 幸福理论模型将幸福划分为 3

个维度，即胜任感、自主感、归属感），也最终会导致整体幸福感的缺失。

"油腻"会导致很多生活和工作中的准则，违背了内心最初关于合理和正确的价值判断，这样的心态也必然会导致内心和人格的不自由。我们经常听到这样一句话："勿忘初心，方得始终。"对于真正能坚守住自己最初的价值观的人，无论现实如何，他的内心都是自由的，人生都是幸福的。

16.6 优秀产品经理的典型特质

产品经理在职业成长的过程中，不仅要避免成为一个"油腻"的产品经理，还要努力地成为一个优秀的产品经理。那么，产品经理要怎样才能被称为优秀呢？图 16-8 展示了优秀的产品经理普遍具备的典型特征。

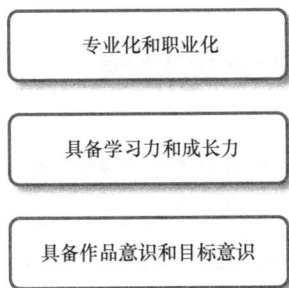

▲图 16-8 优秀的产品经理普遍具备的典型特征

1. 专业化和职业化

优秀的产品经理很大的一个特质是专业化和职业化，即拥有完整的产品知识、熟练的产品技能以及全面的产品能力模型。职业化和专业化会让外行人觉得产品经理专业，内行人觉得产品经理靠谱。

2. 具备学习力和成长力

优秀的产品经理更具备渴望获得学习和成长的原动力，这种原动力也称为上进心。当带领一批水手远航时，船长要做的不是先造一艘船，而是先培养出水手们对大海的渴望。同样的道理，要想变得优秀，首先要培养自己对优秀的渴望，让自己拥有持久的学习力和成长力。

3. 具备作品意识和目标意识

优秀的产品经理普遍具备作品意识和目标意识。拥有作品意识的人，会把自己设计的产品看作一个作品，而作品是需要接受用户审视的，既然要接受用户审视，产品经理必然会对自己设计的产品有所追求。只有在这种追求的驱使下，才能设计出更能让用户满意的产品。

而具备目标意识的人会为自己的职业生涯制订清晰的计划和目标，通过不断地完成一个又一个目标，实现个人的成长和职业的进阶。

所以，产品经理在职业成长的过程中，首先，要让自己变得职业化和专业化，让人觉得你专业和靠谱；其次，要努力保持学习力和成长力，以培养自己的上进心，不断进步；最后，要把自己设计的产品当作自己的作品，对自己的作品有所追求，并对个人的成长目标和职业进阶目标有清晰的认识和规划。

做到以上几点，必然会让产品经理摆脱普通，变得优秀。

16.7　日常的工作中产品之光常耀

乔布斯把产品经理比作一个乐团的指挥家，虽然这个指挥家不一定精通管乐，也不一定精通弦乐，但是他能指挥一个乐团表演一场动人的乐曲。这个比喻很恰当，产品经理也许不是那么懂技术、懂设计、懂运营，但是能协同技术人员、设计人员和运营人员共同设计出满足用户需求的产品。产品经理在一定程度上属于产品的缔造者。

当初选择产品经理这个职业的人中，大多数会有"指挥家"这样的身份认同感。人人都是产品经理，人人都想设计一款产品，满足用户需求的同时，也期待它能改变世界，这是产品经理的初心，也是产品经理的梦想。

最初进入产品经理这个行业时，画原型、写文档、沟通需求、设计产品、开评审会、跟踪产品研发和上线，随着时间的推移，产品经理掌握了很多产品知识和技能，经验逐渐丰富。此时的产品经理会面临一个重大的问题，那就是在职业生涯的大多数时间里，我们在做着很多重复的事情，会别无选择地陷入平常的产品工作之中，我们也许永远都没有机会设计出一款改变世界的产品。现实如此，我们还会坚持初心，热爱自己所做的工作吗？失去了最初的热爱，我们还会有继续向上的动力吗？

作者曾经在产品经理的群里问过这样一个问题：日常的产品工作过程中，有哪些时刻让你觉得很有成就感？有的人说第一次面试产品经理通过的时候；有人说开完评审会确定排期的时候；有人说自己把一个功能逻辑讲清楚，大家都听明白的时候；有人说自己设计的第一款产品上线的时候；有人说看到用户使用自己设计的产品的时候。

看到这些回答的时候，作者突然发现，这样的"问题"原来是一个伪命题，成为产品经理的初心是细节，而不是结果。我们真正热爱的东西会融入我们实际的产品工作中。在点滴之中，我们用初心创造出属于自己的乐趣，那些乐趣来自明确了用户需求，来自设计出了满足需求的产品方案，来自产品方案通过评审、拿到排期，来自产品正式上线，来自收到用户的好评和点赞，来自为公司带来商业价值。我们认真做事、享受完事、期待成事。

胡适说过："怕什么真理无穷，进一寸有一寸的欢喜。"怕什么没机会设计出改变世界的产品，完成眼前的产品，完成一个有完成一个的乐趣。在这些点滴的乐趣中，我们感受到产品工作本身就是带着光的。

愿这些乐趣陪伴产品经理的整个职业生涯，驱逐日常工作中因重复带来的消极，带来积极向上的动力。愿日常的工作中产品之光常耀。

后　记

纵观人类历史，每一次技术进步总是会催生出伟大的产品，如蒸汽时代的蒸汽机、电器时代的电灯泡、互联网时代的计算机、物联网时代的机器人。它们的发明者分析了用户需求并设计出满足用户需求的产品，从某种程度上说，他们都是伟大的产品经理。所以，这是一个人人都是产品经理的时代，因为只要你的设计和创造满足了某种需求，你就是一个产品经理。

但是，极致而宏大的抽象总会让许多细节失真。回归到朴素的现实，并不是人人都能成为产品经理，产品经理是有门槛的，是需要努力学习产品知识才能入门的，是需要具备完整的产品知识体系的。

这个完整的产品知识体系关乎用户的研究、需求的分析、产品的设计、工具的使用、项目的管理、数据的分析、商业和行业的分析、职业的进阶路径和能力模型等，关乎信息输入控件的设计、信息反馈控件的设计、信息输出控件的设计、注册/登录逻辑的设计、非法输入校验逻辑的设计、公私海逻辑的设计、优惠券逻辑的设计、CRM 系统的设计、WMS 的设计、账户体系的设计、权限体系的设计等，关乎产品设计的一致性、整体性、容错性、拓展性、复用性、高内聚低耦合性等，关乎用户体验知识、设计知识、技术知识、运营知识、心理学知识、经济学知识、营销学知识、传播学知识、社会学知识、文学知识、美学知识等。

以上这些内容只是产品知识体系的基础框架，为了进入不同的行业和公司，产品经理还要学习行业知识和业务知识，然后结合产品的专业知识，才能做到理解用户、理解需求，从而设计出满足用户需求的产品。

所以，在高喊人人都是产品经理的时代，我们更应该客观清醒地认识到并非人人都是产品经理。这样说一方面是为现在的产品经理正名，表明成为产品经理是需要门槛的，是需要具备完整的知识体系的，而不是大众所调侃的不会技术、不会设计、不会测试、不会运维，什么都不会就能做产品经理；另一方面是为想入行的人做一个引导，以本书作为学习产品经理知识体系的入门读本，摒弃传统零散的知识和经验积累式的学习方式，按照知识体系框架进行学习，让学习变得高效，让入行变得简单。

知识体系承载的是结构化的知识，而结构化的知识培养的是我们标准化、规范化以及方法论化的工作习惯，是最终让我们具备职业化和专业化素养的基本功。在未来，产品知识体系会朝着专业化、学术化的方向发展，产品经理的职业和工作会被清晰定义，门槛会更加明确，考核会更加严格，晋升路径也会更加清晰。而拥抱这一切的前提是，我们要拥抱结构、拥抱体系。

并非人人都是产品经理，致依然在需求分析和产品设计中奋力拼搏的产品经理们，与君共勉！